Über den Verfasser

Manfred Geier, Prof. Dr. phil., geboren 1943 in Troppau. Studium der Germanistik, Philosophie und Politikwissenschaft in Frankfurt, Berlin und Marburg. Promotion über Noam Chomskys Sprachtheorie und die amerikanische Linguistik 1973. Seit 1982 als Sprach- und Literaturwissenschaftler an der Universität Hannover tätig.

Veröffentlichungen: Linguistischer Strukturalismus als Sprachkompetenztheorie, Marburg 1973; Sprache als Struktur, Tübingen 1976; Kulturhistorische Sprachanalysen, Köln 1979; Methoden der Sprach- und Literaturwissenschaft, München 1983; Dr. Ubu und ich, Rheinbach-Merzbach 1983; Die Schrift und die Tradition, München 1985; Linguistische Analyse und literarische Praxis, Tübingen 1986; Das Sprachspiel der Philosophen, Reinbek bei Hamburg 1989; Der Wiener Kreis, Reinbek bei Hamburg 1992; Karl Popper, Reinbek bei Hamburg 1994; Das Glück der Gleichgültigen, Reinbek bei Hamburg 1997. – Zahlreiche Artikel und Essays zu linguistischen, literaturwissenschaftlichen und philosophischen Themen in Fachzeitschriften und Sammelbänden.

Manfred Geier

Orientierung
Linguistik

Was sie kann,
     was sie will

rowohlts enzyklopädie

rowohlts enzyklopädie
Herausgegeben von Burghard König

Originalausgabe
Veröffentlicht im Rowohlt Taschenbuch Verlag GmbH,
Reinbek bei Hamburg, Oktober 1998
Copyright © 1998 by Rowohlt Taschenbuch Verlag GmbH,
Reinbek bei Hamburg
(Abb.: Ferdinand de Saussure, Archiv für Kunst und Geschichte, Berlin;
Noam Chomsky, Jill Krementz)
Umschlaggestaltung Beate Becker
Satz aus der Sabon und Syntax PostScript (PageOne)
Gesamtherstellung Clausen & Bosse, Leck
Printed in Germany
ISBN 3 499 55602 2

Inhalt

VIER

Vom Sprachgefühl zur Sprachwissenschaft

FÜNF

Hauptströmungen der Sprachwissenschaft

Nachwort 169

Anhang 173

Vorwort

Was ist Sprache? Diese Wesensfrage haben die Menschen zu beantworten versucht, seit ihnen bewußt wurde, daß sie miteinander sprechen können. Aber gibt es darauf eine definitive Antwort? Zwar ist uns alltäglich vertraut, was wir alles mit Sprache tun können. Wir können sprachlich Gefühle äußern und verschleiern, wahre Aussagen über Sachverhalte machen oder andere Menschen belügen. Wir können sprachlich verführen und abrichten, fragen und antworten, bitten und beten, beraten und versprechen, Gedichte schreiben, Geschichten erfinden und Witze erzählen. Demagogen und Ideologen können mit sprachlichen Mitteln Verachtung und Haß hervorrufen. Sprachkritische Skeptiker wie Molière oder Voltaire waren davon überzeugt, daß die Sprache dem Menschen nur gegeben ist, um seine Gedanken zu verbergen. Dagegen steht die Hoffnung, daß es die Sprache ist, die dem Menschen aus dem Dunkel und Unwissen einen Ausweg eröffnet. Im biblischen Schöpfungsmythos war es Gottes Wort «Es werde Licht», das die Wüste, Leere und Finsternis der Welt besiegte. Kinder, die sich in der Dunkelheit fürchten, bitten, daß man zu ihnen spricht, damit es hell werde. Das Licht der Aufklärung vertraute auf eine klare und deutliche Sprache, um aus der Unwissenheit befreien zu können und dem Denken einen unbegrenzten Spielraum zu ermöglichen.

Die Sprache ist kein statisches Gebilde, sondern eine dynamische Kraft. Nur im Gebrauch lebt sie. Aus dieser Überzeugung entstanden die sprachwissenschaftlichen Untersuchungen des preußischen Bildungsreformers Wilhelm von Humboldt (1767–1835). Ludwig Wittgenstein (1889–1951), der die Sprache ins Zentrum der modernen Philosophie rückte, thematisierte sie in seinen «Philosophischen Untersuchungen» als eine unbegrenzbare Mannigfaltigkeit verschiedener «Sprachspiele», in denen der Gebrauch der Sprache wichtiger ist als ihre logische oder grammatische Form. Auch der amerikanische Linguist Noam Chomsky (geboren 1928), der durch seine mathematisierten Modelle grammatischer Strukturen zum führenden Theoretiker der modernen Linguistik wurde, sah die Sprache als Ausdruck der kreativen Möglichkeit, unendlichen Gebrauch von endlichen Mitteln machen zu können. Von diesen Hinweisen hat sich dieses Buch seinen Kurs vorgeben lassen.

Was kann und was will die Linguistik? Sprachwissenschaft ist, so lautet die tautologische Antwort, die wissenschaftliche Beschäftigung mit Sprache. Sie ist nichts anderes als ein rationaler, durch wissenschaftliche Methodik gelenkter Versuch, das intuitive, unreflektierte und alltäglich eingespielte Sprachbewußtsein und -vermögen in eine bewußte Kenntnis zu überführen. Vom Sprachvermögen zum linguistischen Wissen: Aus dieser Bewegung bezieht die Linguistik ihre Kraft und Ausdauer, ihre Zielvorstellung und ihre Verfahrensweisen.

Warum Sprachwissenschaft studieren? Weil man sich für die Sprache in der Vielfalt ihrer Gebrauchsmöglichkeiten interessiert. Und weil man auf die Fragen nach der Sprache wissenschaftlich fundierte Antworten erhalten kann, die zwar keine absolute und endgültige Gewißheit vermitteln, aber doch so gut begründet sind, daß man zu erkennen lernt, was sprachlich möglich ist und wie es praktisch funktioniert. Das Spektrum reicht vom Zusammenspiel sprachlicher Laute *(Phonologie)* über Regeln der Wortbildung *(Morphologie)*, des Satzbaus *(Syntax)*, der Bedeutungshaftigkeit *(Semantik)* bis zu Handlungsmöglichkeiten des kreativen Sprachgebrauchs *(Pragmatik)* und Zusammenhängen zwischen Sprache und Geist *(Psycholinguistik)*, Sprache und Gesellschaft *(Soziolinguistik)* oder Sprache und Geschichte *(Historiolinguistik)*. Das Studium der Linguistik umfaßt die Untersuchung der eigenen Sprache (Germanistische Linguistik) ebenso wie die fremder Sprachen. Es vermittelt Einblicke in die Gesetzmäßigkeiten des kindlichen Spracherwerbs, aber auch in die Bedingungen und Formen des aphasischen Sprachverlusts und anderer Sprachstörungen. Zu den Gegenständen des Studiums gehören die Poesie und die Informations- und Kommunikationstechnologie des Cyberspace, die Struktur grammatisch wohlgeformter Sätze und die Regeln gelingender Sprechhandlungen, die Gegenwartssprache und die Geschichte ihrer Veränderungen.

Das Studium der Sprachwissenschaft, in Verbindung mit anderen Fächern, kann berufliche Optionen anbieten. Es kann auf Berufsfelder vorbereiten, die mit neuen Kommunikationstechnologien zu tun haben, mit Künstlicher Intelligenz und Computersprachen. Es kann für die Arbeit im medialen Bereich qualifizieren, von der Werbung über die Publizistik bis zur Politik, sofern dabei sprachliche Fähigkeiten eine Rolle spielen. Es kann für den Sprachunterricht ausbilden, im schulischen Bereich des mutter- und des fremdsprachlichen Lehrens und Lernens oder im Gebiet «Deutsch als Fremdsprache», das in einer Migrationsgesellschaft zunehmend relevant wird. Auch das Feld «Sekundärer Dienstleistungen» erweitert sich und eröffnet neue Arbeitsmöglichkeiten: Weiterbildung, Kommunikationsberatung und -training, Datenverarbeitung, Sprachdiagnostik und -therapie.

Dieses Buch bietet Orientierungshilfen für Schüler/innen, die sich überlegen, ob und was sie studieren wollen, und auch mit dem Gedanken spielen, ein sprachbezogenes Studium (Germanistik, Romanistik, Anglistik u. a.) in die engere Wahl zu ziehen. Es gibt Anregungen für Studierende, die nur ein verschwommenes Bild der Linguistik haben oder auf der Suche nach Themen sind, die sie in Seminar- oder Prüfungsarbeiten behandeln wollen. Und nicht zuletzt ist es für alle geschrieben, die sich überhaupt für Sprache interessieren und wissen wollen, was es mit der Sprachwissenschaft auf sich hat.

EINS

Sprachwissenschaft als Studienfach

Von der Sprachfähigkeit zum linguistischen Wissen

> «Wenn wir einen Chinesen hören, so
> sind wir geneigt, sein Sprechen für ein
> unartikuliertes Gurgeln zu halten. Ei-
> ner, der chinesisch versteht, wird darin
> die *Sprache* erkennen. So kann ich oft
> nicht den *Menschen* im Menschen er-
> kennen.»
>
> *Ludwig Wittgenstein* (1977, S. 11)

Wozu Linguistik?

Sprachfähigkeit gehört zum Ureigensten des Menschen. Bereits die griechischen Philosophen, auf der Suche nach einer Wesensdefini- tion des Menschen, haben ihn als «zoon politikon» begriffen, als ein soziales Lebewesen, das mit seinesgleichen sprachlich verkehrt. Der Mensch – das «zoon logon echon», das miteinander spre- chende Tier.

Kein anderes Lebewesen kann, was jeder Mensch aufgrund seiner angeborenen Sprachfähigkeit bemerkenswert schnell erlernt: Ein- gebunden in kommunikative Lebensformen, vermag er lautliche Geräusche zu formen, die beim Ausatmen von Luft entstehen. Das flüchtigste Material, das man sich denken kann, der Atem, wird benutzt, um Empfindungen zu äußern, Gefühlen einen sprachlichen Ausdruck zu verleihen und Gedanken anderen mitzuteilen. Wir können den Menschen im Menschen erkennen, wenn wir seine Sprache verstehen.

Bereits auf der elementaren Ebene der Lauterzeugung und -wahrnehmung geht es erstaunlich zu. Komplizierte Artikulations- werkzeuge sind, fein aufeinander abgestimmt, am Arbeiten, wenn der Atem in einer Art Hindernislauf verschiedene Höhlungen und

Engstellen durchquert, um sprachliche Äußerungen erklingen zu lassen. Wenn die Luft durch das Ansatzrohr gedrückt wird, strömt sie durch den Kehlkopf, wobei die Stimmlippen entweder mit hoher Frequenz zu schwingen beginnen und die resultierende Vibration stimmhafte Laute entstehen läßt; oder sie lassen ohne Schwingung die Luft vorbeiströmen, was die Erzeugung stimmloser Laute zur Folge hat. Sind die Stimmlippen passiert, kann der Artikulations- und Widerstandsraum der Luft vielfältig variiert werden. Tritt der Atem ungehindert aus, ergeben sich Vokale, die durch verschiedene Zungen- und Lippenpositionen gebildet werden. Durch Verengungen und zeitweisen Verschluß an unterschiedlichen Stellen der Mundhöhle werden dagegen Konsonanten artikuliert.

Nur der Mensch verfügt über diesen Sprechapparat, der es ihm ermöglicht, je nach Einzelsprache zwischen 20 und 40 unterschiedliche Laute zu produzieren, und zwar in einer bemerkenswerten Geschwindigkeit. Bis zu 45 Geräuscheinheiten kann ein Sprecher pro Sekunde hervorbringen, die von einem Hörer als differenzierte Sprachformen wahrgenommen werden. Sprech- und Hörfähigkeit leisten etwas, das an ein physiologisches Wunder grenzt. Während nichtsprachliche Geräusche zu einem niederfrequenten Rauschen verschwimmen, wenn sie aus mehr als 20 Einheiten pro Sekunde bestehen, sind sprachliche Äußerungen auch jenseits dieser Grenze noch klar und deutlich wahrnehmbar.

Bleiben wir einen Moment bei der Schnelligkeit. Woran liegt es, daß wir zum Beispiel die konsonantischen Verschlußlaute g und k, d und t, b und p, bei denen dem Luftstrom kurzfristig durch Gaumen, Zähne oder Lippen der Weg versperrt wird, als stimmhaft bzw. stimmlos formen und wahrnehmen können? Messungen haben ergeben, daß wir es hier mit rasanten Geschwindigkeiten zu tun haben: Setzt die Vibration der Stimmlippen weniger als 25 Millisekunden (25 Tausendstel einer Sekunde) nach der Öffnung des Verschlusses ein, so äußern wir einen stimmhaften Konsonanten und nehmen ihn als solchen wahr: b, d, g. Ist diese Anlautzeit länger als 25 Millisekunden, so entstehen stimmlose Konsonanten: p, t, k. Winzige Sekundenbruchteile entscheiden darüber, ob wir «Bein» oder «Pein» sagen und verstehen, «Dorf» oder «Torf», «Gunst» oder «Kunst».

Aus einzelnen Lauten werden Wörter gebildet, die einen Sinn haben. Wer miteinander spricht, hat sich etwas zu sagen. Sprachen bestehen nicht aus Geräuschen und unartikuliertem Gegurgel, sondern aus Zeichen, die etwas bedeuten. Wir hören die lautlichen Differenzen zwischen «Bein» und «Pein», weil wir sie als unterschiedliche Wörter der deutschen Sprache verstehen. Die sensorische Wahrnehmung ist durch sprachliches Wissen gesteuert. Die artikulatorischen Unterschiede sind funktional mit bedeutsamen Informationen verbunden und nur deshalb als sprachliche Ausdrucksformen erkennbar.

Die Äußerung isolierter Einzelwörter ist ein Ausnahmefall. In der Regel verbinden wir Wörter zu Aussagen. Jede menschliche Sprache ist grammatisch organisiert. Sätze sind kein Wörtergemisch, sondern Gebilde, die eine komplexe grammatische Struktur besitzen. Auch hier waren es, innerhalb der abendländischen Wissenschaft, vor allem die griechischen Grammatiker (von griech. «gramma», Buchstabe, Schriftzeichen), die nicht nur auf geniale Weise den artikulierten Lautstrom durch einzelne Lautzeichen des Alphabets (von griech. alpha, beta, ...) abzubilden begannen, sondern die auch die Baupläne erforschten, die der grammatischen Kombinatorik von Buchstaben zugrunde liegen.

Mit etwa 30 differenzierten Artikulationseinheiten kann nicht nur unaufhörlich geredet werden. Es können auch ständig neue Sätze gebildet werden, mit denen sich auf eine unabschließbare Weise jeder denkbare Gedanke sprachlich ausdrücken läßt. Das Verfahren der Sprache ist äußerst produktiv im Spielraum der Möglichkeiten, der zwar durch grammatische Regeln beherrscht wird, aber dennoch keine feste Grenze besitzt. Menschliche Sprachfähigkeit findet ihren Ausdruck in der Sprache als Möglichkeitsgebilde. Jede menschliche Sprache steht dabei, wie es Wilhelm von Humboldt um 1830 prägnant formulierte, «einem unendlichen und wahrhaft grenzenlosen Gebiete, dem Inbegriff alles Denkbaren gegenüber. Sie muß daher von endlichen Mitteln einen unendlichen Gebrauch machen, und vermag dies durch die Identität der Gedanken- und Spracheerzeugenden Kraft» (Humboldt 1963, S. 477).

Doch diese Kraft ist nicht nur im Ausdruck von Gedanken wirksam, bei dem es um die Mitteilung dessen geht, was Menschen über die Welt wissen oder zu wissen glauben. Auch die sozialen Lebensformen des «zoon politikon» sind wesentlich durch Sprache vermittelt. Mit Sprache kann man alles Mögliche tun. Wir können Kontakt und Vertrauen zu anderen Menschen aufbauen oder zerstören, wir erlangen Macht, manipulieren andere, gewinnen Freunde, halten sie fest oder verlieren sie – vor allem durch Sprache. Die Sprache der Intimität und der Liebe vermag ihre verführerische Kraft zu entfalten. Manchmal gelingt es, worauf besonders die psychoanalytische Rede-Kur vertraut, den sprachlich unbewußten Ursachen neurotischen Verhaltens auf die Spur zu kommen und einen Heilungsprozeß in Gang zu setzen. Neue Techniken des «Neuro-Linguistischen Programmierens» (NLP) werden in Bereichen der Psychotherapie, der Konfliktbearbeitung, der Organisationsentwicklung oder des Verkaufs eingesetzt, um auch in schwierigen Situationen integrationsfähige Verhaltensweisen entwickeln zu können. Eloquente Demagogen können Menschen ideologisch auf ein totalitäres System einschwören, das der Freiheit des kritischen Ausdrucks keinen Raum läßt. In George Orwells Alptraum «1984» braucht es keine Folter, um die Bewohner von Ozeanien gleichzuschalten. Es genügt die «Neusprache», um die Herrschaft des Großen Bruders zu stabilisieren und jedes abweichende Gefühl oder oppositionelle Denken auszumerzen.

Wozu Linguistik (von lat. «lingua», Zunge, Sprache)? Wenn man sich den reichen, von der Sprachwissenschaft gelieferten Erkenntnissen zuwendet, so gibt es auf diese Frage nur eine einfache Antwort, die sich auf alle Stadien der Wissenschaftsgeschichte beziehen läßt: weil der Mensch nicht nur das sprechende Tier ist, sondern auch das Lebewesen, das sich mit theoretischer Neugier allem zuwendet, was es verwundert. Die Menschen denken, seit sie sich der erstaunlichen Fähigkeit des Sprechenkönnens bewußt wurden, über das Wesen der Sprache nach. Die wissenschaftliche Beschäftigung mit der Sprache ist ebenso alt wie die anderen Zweige der abendländischen Wissenschaft, die im schwindeligen Erstaunen (griech. «thaumazein») ihren anfänglichen Grund besitzen, mit dem an Thaumas, den Gott der Wunder, erinnert wird. Wie die ersten Physiker und Kosmologen die Gesetze der unbelebten Natur und des kosmischen Alls zu erkennen versuchten und wie die Biologen sich auf die überwältigende Vielfalt lebendiger Organismen konzentrierten, so wurde auch das Sprachvermögen des Menschen zum Gegenstand eines wissenschaftlichen Staunens, das in ein gewußtes Wissen überführt werden sollte. Man wollte nicht nur sprechen können, sondern auch wissen, warum, wie und wozu man es konnte. Von der sprachlichen Fähigkeit zum linguistischen Wissen: Dieses Erkenntnisinteresse beherrscht die Sprachwissenschaft von ihren Anfängen, bei denen es zunächst um die grammatische Analyse des richtigen Sprachgebrauchs und um die etymologische Erklärung der wahren Wortbedeutungen ging, bis zu den gegenwärtigen Anstrengungen, menschliche Sprachkompetenz durch digitalisierte Computerprogramme zu simulieren, um ihr Funktionieren technologisch erklären zu können.

Das ganze Spektrum der Phänomene, die wir kurz Revue passieren ließen, von den elementaren physiologischen Prozessen der Lauterzeugung und -wahrnehmung über geregelte Wort- und Satzbildungen bis hin zu den mannigfaltigen Zwecken des Sprachgebrauchs, bilden den Gegenstand der Sprachwissenschaft. Trotz aller internen Differenzen und unterschiedlichen Schwerpunktsetzungen kann über der Linguistik die Berufsbezeichnung Roman Jakobsons (1896–1982) als Motto stehen, der neben Ferdinand de Saussure (1857–1913) und Noam Chomsky zu den herausragenden Sprachwissenschaftlern des 20. Jahrhunderts zählt: «Linguista sum; linguistici nihil a me alienum puto.» (Ich bin Linguist, nichts Sprachliches weiß ich, das mir fremd wäre.) Doch diese allgemeine Bestimmung muß etwas genauer unter die Lupe genommen werden, wenn man auf die Legitimationen achten will, mit denen sich die moderne Sprachwissenschaft seit etwa 200 Jahren als eine autonome Fachdisziplin begründet hat.

Denn erst zu Beginn des 19. Jahrhunderts gewann die Sprachwissenschaft ihre Eigenständigkeit innerhalb des klassischen Fächerkanons. Sie wurde um ihrer selbst willen zu praktizieren begonnen und befreite sich vom Zwang einer fremden Legitimation. Sie diente nicht mehr den traditionsreichen Philologien zum Verstehen alter Texte, der theologischen Interpretation biblischer Glaubensliteratur, der philosophischen und logischen Reflexion über Voraussetzungen und Gesetze des menschlichen Denkens oder der rhetorischen Analyse und Ausbildung eines überzeugenden Redens. Die in verschiedenen Disziplinen verstreute Sprache wurde zum Erkenntnisobjekt einer selbständigen Wissenschaft, die sich auf die

Sprache in ihrem eigenen Sein konzentrierte. Die Sprache zu erkennen, hieß nicht mehr, sich der Literatur, dem Glauben, der Erkenntnis oder der Überzeugungskraft selbst möglichst genau anzunähern, sondern bedeutete, die Methoden des Wissens auf die Sprache in ihrer eigenen Objektivität anzuwenden. Es galt, die Gesetzmäßigkeiten ihrer geschichtlichen Entwicklung und ihres grammatischen Aufbaus zu erkennen. Nur so glaubte man, sie auch als das Kunstmittel aller Verständigung begreifen zu können, das den Zusammenhalt einer Sprachgemeinschaft zu garantieren vermag.

Die Linguistik des 20. Jahrhunderts hat diese Perspektive um einen neuen Gesichtspunkt erweitert. Wie der Mensch insgesamt unter die Objekte der Technik geraten ist und seine Fähigkeiten zum Gegenstand von Berechnungen geworden sind, so fand auch in der Linguistik eine technologische Ausrichtung statt. Berechenbarkeit drängte Verständigungsfähigkeit zurück. Informations- und Kommunikationstechnologien rückten in den Vordergrund. Kybernetische Sprachmodelle, mathematische Berechnungsverfahren grammatischer Möglichkeiten und Entschlüsselungen des genetischen Codes, der das Sprachvermögen als «mentales Organ» steuert, sind Erkennungszeichen einer modernen Linguistik, die sich aus einer rein geistesgeschichtlichen Tradition befreit hat und aus dem Anschluß an die Natur- und Informationswissenschaften ihre aktuelle Legitimation bezieht.

Doch diese technologische Wende hat nicht zerstört, worum es der Sprachwissenschaft seit ihren Anfängen ging. Sie hat die alten Fragen nach dem Menschen als «zoon logon echon» nur mit neuen Erkenntnisinteressen konfrontiert, denen sich jeder stellen muß, der Sprache als Gegenstand seines Forschens, Lehrens und Lernens gewählt hat. Zwar bleibt das linguistische Erkenntnisobjekt weiterhin ein sprachliches, also geistiges und kulturelles Phänomen. Es ist keine ‹natürliche› Gegebenheit physikalischer Geräusche, die nur einen akustischen Wert besitzen. Bedeutungshaftigkeit, Sprachbewußtsein und Sprecherintention spielen weiterhin eine entscheidende Rolle und verhindern, daß die Sprache zu einem rein naturwissenschaftlichen Gegenstand wird. Aber die Sprachwissenschaft orientiert sich doch zunehmend an den Methoden, die innerhalb der Naturwissenschaften zu deren Erfolg beigetragen haben.

Sie wird immer mehr zur Linguistik. Sie bemüht sich um ein Verständnis der Gesetzmäßigkeiten, die Sprache und Geist zugrunde liegen. Sie will nicht nur sprachliche Äußerungen interpretatorisch verstehen, sondern ihre Struktur und Funktionsweise systematisch erklären.

Die Verlagerung vom geisteswissenschaftlichen ‹Verstehen› zum naturwissenschaftlichen ‹Erklären› hat zur Folge, daß das Studium der Linguistik nicht mehr unter dem beherrschenden Leitbild einer humanistischen Bildung steht, zu der Sprache und Literatur einen Königsweg eröffneten. Es bildet nicht mehr ausschließlich den klassischen Philologen (von griech. «philos», Freund, Liebhaber; «logos», Wort, Geist), der sich begeistert in die überlieferten Dokumente der Geistesgeschichte versenkt und lange genug stolz darauf sein konnte, von Naturwissenschaften, neuen Technologien oder Informationstheorie keine Ahnung zu haben. Linguistik ist zu einem Studienfach und Forschungsunternehmen geworden, das im interdisziplinären Netzwerk technologischer Erklärungsmöglichkeiten seinen Platz gefunden hat, ohne seine geisteswissenschaftliche Herkunft zu verleugnen. Befreit aus der traditionsmächtigen Trennung zwischen den beiden geistes- und naturwissenschaftlichen Kulturen, erkundet die internationale Linguistik gegenwärtig einen neuen Weg, der ihr im Rahmen einer «dritten Kultur» (vgl. Brockman 1996) eröffnet wird. In ihr arbeiten Linguisten und Computerwissenschaftler, Kognitions- und Kommunikationstheoretiker, Evolutionsbiologen und Semiotiker (Zeichentheoretiker) zusammen, um die tiefere Bedeutung unseres Lebens und Sprachvermögens sichtbar zu machen und neu zu definieren, wer und was wir sind.

Zwischen Bildung und Ausbildung

Dieser dritte Weg, der die Sprachwissenschaft aus ihrer geisteswissenschaftlich-humanistischen Tradition hinausführt, deutet eine Tendenz an, die innerhalb der geisteswissenschaftlichen Studienfächer und Forschungsgebiete zunehmend stärker wird, auch wenn sie nicht unwidersprochen bleibt. Die traditionsreichen Sicherheiten der Philologien (Germanistik, Romanistik, Anglistik u. a.) haben sich aufgelöst. Allgemein wird von einer «Legitimationskrise» gesprochen, aus der Auswege gesucht werden, auf Tagungen des Deutschen Germanistenverbandes (vgl. Janota 1993) und interdisziplinären Expertensymposien (vgl. Jäger und Switalla 1994). Wozu überhaupt noch ein geisteswissenschaftliches Studium, wenn die Naturwissenschaften die Zukunft im Auge und die Welt in Händen haben? Wenn die geisteswissenschaftlichen Orchideenfächer an gesellschaftlicher Wertschätzung verloren haben oder als bloße ‹Diskussionswissenschaften› mit unzeitgemäßem ‹Bildungsballast› verächtlich gemacht werden? Wenn die finanziellen Ressourcen knapper werden und der Staat sich zunehmend weniger Geld für die Bildung, für eine weitere universitäre Öffnung für «bildungsferne Schichten» und noch eine Bildungsreform leisten kann? Und wenn die Berufschancen für Geisteswissenschaftler / innen sich zunehmend verschlechtern?

In einer «Denkschrift Geisteswissenschaften» des Wissenschaftsrats (vgl. Frühwald, Jauß u. a. 1991), in der Bund-Länder-Kommission für Bildungsplanung und Forschungsförderung, in der Enquête-Kommission des Deutschen Bundestages «Bildung 2000», auf der Kultusministerkonferenz und der Hochschulrektorenkonferenz, in den Kultus- und Wissenschaftsministerien der Länder, überall werden diese skeptischen Fragen gestellt und zu beantworten versucht. Es wird gerechnet und geplant (wieviel Studierende auf wieviel Ausbildungsplätzen für welche Berufsfelder?), wobei nicht zu übersehen ist, daß die Zahl der Hochschulzugänger und -abgänger keine Rücksicht auf Universitäts- oder Arbeitsmarktkapazitäten nimmt. Die allgemeine Situation ist unübersichtlich, und die Haltungen schwanken zwischen hoffnungsfrohem Optimismus, trotzigem Dennoch und fatalistischem Achselzucken. Ein Grund dieser Verwirrung liegt in der Tradition der deutschen Universitäten selbst. Das Problem besteht in einem ungelösten Widerstreit zwischen *Bildung* und *Ausbildung*, der nicht nur die Legitimation der geisteswissenschaftlichen Studienfächer beherrscht, sondern auch die Art und den Zweck des Studiums selbst.

Auf der einen Seite lebt noch immer die Idee der deutschen Universität, die Anfang des 19. Jahrhunderts von Johann Gottlieb Fichte, Friedrich Schleiermacher und Wilhelm von Humboldt, dem

Gründer der Berliner Universität (1809), entwickelt worden ist. Die Entstehung und Etablierung der geisteswissenschaftlichen Philologien an den Universitäten sollte, so hieß es in den programmatischen Grundschriften (vgl. Anrich 1964), der *Bildung freier Individuen* in einer bürgerlich-demokratischen Gesellschaft dienen, die jedem einzelnen zur ganzheitlichen Steigerung seiner Individualität verhilft. Das Studium der Kunst, Philosophie, Theologie, Literatur und Sprachen sollte keinen spezialisierten ‹Geschäftsmann› ergeben, sondern einen gebildeten Menschen, der seine eigenen Wesenskräfte erkennen und entfalten kann. Immanuel Kant hatte es bereits 1783 als Wahlspruch der Aufklärung formuliert: «Sapere aude! Habe Mut, dich deines eigenen Verstandes zu bedienen!» Der Mensch soll frei sein, aus seiner selbstverschuldeten Unmündigkeit erlöst, um ganz er selbst zu werden. Diesen aufklärerischen Impuls haben die Universitätsreformer aufgegriffen und organisatorisch weiterentwickelt. Die deutsche Universität sollte Lehrende und Lernende in einem dialogischen Prozeß verbinden, in dem, wie es Humboldt 1809 in seinem Königsberger Reformplan formulierte,

> «der Universitätslehrer nicht mehr Lehrer, der Studirende nicht mehr Lernender ist, sondern dieser forscht nun selbst, und der Professor leitet seine Forschung und unterstützt ihn dabei. (...) Das wesentlich Nothwendige ist, daß der junge Mann zwischen der Schule und dem Eintritt ins Leben eine Anzahl von Jahren ausschließend dem wissenschaftlichen Nachdenken an einem Orte widme, der Viele, Lehrer und Lernende in sich vereinigt.» (Humboldt 1985, S. 103)

Die Freiheit der Forschung und Lehre, das Angebot von Lehrveranstaltungen, zwischen denen die Studierenden wählen können, die weitgehende Eigenverantwortung für ein intensives und erfolgreiches Studium, die vielfältigen Kombinationsmöglichkeiten verschiedener Studienfächer, die Anregung zu eigenen Forschungen, all diese Chancen leiten sich aus der Überzeugung ab, daß zwischen Schule und Berufsleben ein Raum der Freiheit besteht, der sich um die Ideale des forschenden Lernens, der wissenschaftlichen Neugier und des selbständigen Nachdenkens organisiert. Auch die Studienanfänger der Sprach- und Literaturwissenschaften, gefragt nach den Motiven ihrer Studienwahl, geben neben fachspezifischen Interessen (78 %) vor allem Neigungen und Begabungen (75 %), persönliche Entfaltung (60%), viele Berufsmöglichkeiten (50%) und Selbständigkeit im Berufsleben (50%) als bevorzugte Gründe an. Gezielte fachliche Qualifikation für einen bestimmten Beruf spielt nur eine sekundäre Rolle.

Auf der anderen Seite muß das wissenschaftliche Studium in der Perspektive einer *Ökonomie des Ausbildungssektors* gesehen werden. Die gesellschaftliche Relevanz der Sprach- und Literaturwissenschaften bemißt sich nicht mehr ausschließlich am Ideal eines allseitig gebildeten Individuums, sondern auch an der erforderlichen Qualifikation für verfügbare Arbeitsplätze. Wo einst viele vereinigt sein sollten, um gemeinsam frei forschen und lernen zu können, sind es sehr viele geworden, für deren Anzahl immer wieder neue universitäre Kapazitätsberechnungen angestellt werden. Der Ausbildungssektor wird ökonomisch am Arbeitskräftebedarf in verschiedenen Berufssparten auszurichten versucht. Die Freiheit der individuellen Entfaltung hat sich zu einer ungesicherten Qualifikation für eine ‹freie Laufbahn› verschoben, für deren Erfolg es längst keine Garantie mehr gibt. Flexible Berufsfelder sind an die Stelle lebenslanger Berufskarrieren getreten. Aus den Nur-Studierenden, die sich eine Anzahl von Jahren dem wissenschaftlichen Nachdenken verschrieben haben und die Universität als Lebensmittelpunkt sehen, sind Auch-Studierende geworden, die sich an der Universität als einem Anlaufpunkt unter anderen einschreiben. Schließlich ist auch die Freiheit des Studiums zunehmend durch festgelegte Studienpläne und Prüfungsordnungen geregelt worden, die zwar noch immer einen selbstorganisierenden Spielraum lassen, aber doch vorschreiben, wie man innerhalb der durchschnittlichen Regelstudienzeit einen erfolgreichen Abschluß erreichen kann.

Zwischen offenen Bildungsmöglichkeiten und geplanten Ausbildungsnotwendigkeiten, zwischen Freiheitschancen und Risikogesellschaft bewegen sich die Studierenden, um ihren Weg zu finden. Sie geraten in einen spannungsreichen Zwischenbereich, für den der Slogan «Humboldt oder Henkel?» gefunden wurde. Steht auf der einen Seite der Name Humboldts für das überlieferte Bildungsideal der deutschen Universitäten, so steht der Name des Waschmittelkonzerns Henkel für eine wirtschaftlich nützliche Berufsqualifikation. Auf diesen Widerstreit sollte man vorbereitet sein, wenn man sich für ein sprach- und literaturwissenschaftliches Studium entscheidet, und es spricht einiges dafür, daß die Studierenden in dieser Hinsicht oft klarer sehen als die Lehrenden:

«Die Studierenden (…) erwarten von ihrem Studium vor allem zwei Dinge: in erster Linie eine fachlich und didaktisch qualifizierte Lehre, zum anderen jedoch auch einen verstärkten Praxisbezug. Die Germanistik-Studierenden der 90er Jahre sind Träumer und Realisten zugleich: das Studium darf und soll eine qualifizierte Schutzzone des Denkens, Nachdenkens und Gesprächs über Sprache und Literatur sein, aber alle wissen: irgendwann ist diese Zeit vorbei und dann gilt es, mehr in indirekter als in direkter Form die Qualifikationen des Studiums zu nutzen.» (Welbers 1997, S. 326)

Lehrangebote und Lernanforderungen

Die Frage «Wozu Linguistik?» war einfach zu beantworten und konnte auf die wissenschaftliche Neugier verweisen, mit der sich der sprachbewußte Mensch seiner eigenen Fähigkeit zuwendet. Die Eingliederung der sprachwissenschaftlichen Erkenntnis in ein geisteswissenschaftliches Studium verführte bereits in einen Widerstreit, der keine einfache Lösung mehr zuließ und für die Lehrenden und Lernenden zu einer umstrittenen Herausforderung geworden ist. Schwierig wird es, wenn man sich einen Überblick über die institutionalisierte Situation der Sprachwissenschaft/Linguistik an den deutschen Hochschulen zu verschaffen versucht, über Studiengänge, Prüfungsanforderungen, Forschungsschwerpunkte, Spezialgebiete, zusätzliche und weiterführende Studienangebote. Jedes universitäre Seminar/Institut, an dem linguistisch geforscht und gelehrt wird, besitzt sein eigenes Profil. Die Lehrangebote sind vielfältig ausdifferenziert, die Prüfungsanforderungen sind von Universität zu Universität verschieden, und auch die Sprachwissenschaft bildet kein einheitliches Fachgebiet, sondern folgt unterschiedlichen Orientierungen: sprachbeschreibend, historisch-vergleichend, typologisierend, systematisch erklärend, mathematisch berechnend, sprachdiagnostisch und -therapeutisch. Diese Vielfalt, die als Zeichen für eine Orientierungskrise oder als Indiz für die Lebendigkeit und

Wandlungsfähigkeit des linguistischen Studienfachs gesehen werden kann, hat vor allem zwei Ursachen.

Die Situation war überschaubar, solange das sprachwissenschaftliche Studium auf zwei festen Fundamenten ruhen konnte. Zum einen war bis in die siebziger Jahre die Sprachwissenschaft als Studienfach eingebunden in die traditionsreichen *Philologien*. Die Liebhaber/innen der Sprache und Literatur lehrten und studierten Germanistik, Romanistik, Anglistik, Slawistik u. a. und konnten auf die Einheit der Sprach- und Literaturwissenschaften vertrauen. Man vertiefte sich in die deutsche Literatur und Sprache, in die englische Literatur und Sprache usw., wobei die Sprachwissenschaft weitgehend eine Dienstleistungsfunktion zum Verständnis nationalsprachlicher Texte besaß, vor allem, wenn es sich um Erzeugnisse aus älteren Sprachepochen handelte. Man benötigte zum Beispiel Kenntnisse der historischen Laut- und Formenlehre des Mittelhochdeutschen, seiner grammatischen Struktur und besonderen Wortbedeutungen, um die Minnelieder Walthers von der Vogelweide oder die großen Epen Hartmanns von Aue («Erec», «Gregorius», «Der arme Heinrich», «Iwein»), Wolframs von Eschenbach («Parzival», «Willehalm») und Gottfrieds von Straßburg («Tristan») verständnisvoll lesen zu können.

> Ein ritter sô gelêret was
> daz er an den buochen las
> swaz er daran geschriben vant.
> der was Hartman genant,
> dienstman was er ze Ouwe.
> er nam im mange schouwe
> an mislîchen buochen:
> daran begunde er suochen
> ob er iht des funde
> dâ mite er swaere stunde
> möhte senfter machen.

So beginnt die höfische Legende vom Leiden und Protest, von der Opferbereitschaft und Heilung des armen Heinrich, die der dichtende Ritter Hartmann von Aue, ein Liebhaber französischer Romane und lateinischer Schriftwerke, um 1195 n. Chr. einer lateinischen Quelle nachgedichtet hat. Er führt sich selbst als ein gebildeter Leser ein, der für die Schuld seines Helden Vergebung sucht und dadurch auch für sich eine Erlösung erhofft: Ein Ritter war so gut unterrichtet, daß er auch in den Büchern las, was er darin alles geschrieben fand. Sein Name war Hartmann, Ministeriale (Dienstadliger) bei den Herren von Aue. Er sah sich viel in Büchern verschiedener Art um. In ihnen begann er zu suchen, ob er nicht etwas davon fände, womit er sich die Stunden seiner Schwermut leichter machen könnte.

Zum andern bestimmte sich das philologische Studium der Sprachen und Literaturen durch eine anerkannte gesellschaftliche Funktion. Es diente der Ausbildung von Lehrern und Lehrerinnen für die (höheren) Schulen. Die Studiengänge waren auf ein *Staatsexamen* ausgerichtet, das zum schulischen Unterricht qualifizierte. Das erklärt, warum sich die Sprachwissenschaft, eingebunden in die Einzelphilologien, vor allem auf die praktische Vermittlung von Lese- und Schreibfähigkeiten konzentrierte. Die Lehr- und Lernbarkeit der Sprachen stand im Mittelpunkt des sprachwissenschaftlichen Interesses.

Seit Ende der siebziger Jahre hat eine entscheidende Umorientierung stattgefunden. Die beiden Fundamente der Sprach- und Literaturwissenschaften wurden brüchig. Das Lehramtsstudium wurde durch die restriktive Einstellungspolitik der Länder begrenzt. Obwohl die Nachfrage nach einem philologischen Studium zunahm, ging der Anteil der Lehramtsstudierenden drastisch zurück. Statt zum Studienverzicht führte der Verlust der gesellschaftlichen Funktion zu einer Umstrukturierung. *Magister*-Studiengänge wurden entwickelt. An die Stelle des Staatsexamens trat die Magisterprüfung, deren Anforderungen nicht mehr durch staatliche Prüfungsämter kontrolliert, sondern den einzelnen Universitäten überantwortet wurden. Man qualifizierte sich nicht mehr für die schulische Arbeit, sondern erwarb den akademischen Titel «Magister Artium» (M. A.), eines «Meisters der (freien) Künste», der für eine freie Laufbahn ausgebildet wurde, für die keine klaren, traditionellen Berufsfelder existierten. Oder man entschied sich für ein Promotionsstudium, um mittels einer Dissertation seine Fähigkeit zum selbständigen und innovativen Forschen zu dokumentieren und die Befugnis zu erhalten, den Titel «Dr. phil.» vor seinem Namen zu führen.

Mit dieser Umorientierung mußte auch die Fachwissenschaft

neue Perspektiven entwickeln. Die philologische Einheit der Sprach- und Literaturwissenschaften zerbrach. Neue Institute wurden gegründet, neue Studiengänge und Prüfungsordnungen wurden entwickelt, die dem sprachwissenschaftlichen Studium ein *autonomes* Gewicht verliehen. Die Sprachwissenschaft wurde von ihrer philologischen Dienstleistungsfunktion und pädagogischen Ausrichtung befreit. Sie löste sich aus ihrer Bindung an die Literaturwissenschaft. Statt dessen schloß sie sich der internationalen Entwicklung einer modernen Linguistik an. Die Gegenwartssprache wurde als Untersuchungsobjekt ebenso wichtig wie die Sprachgeschichte. Die Konzentration auf die Literatur wurde aufgehoben zugunsten eines Interesses an allen Formen der sprachlich vermittelten Kommunikation, von der Gebärdensprache gehörloser Menschen über die alltäglich gesprochene und geschriebene Sprache bis zu den computerisierten Informations- und Kommunikationstechnologien. Schließlich wurde auch die Fixierung auf eine Nationalsprache aufgegeben und die «Sprache überhaupt» als Grundbedingung menschlicher Existenz zum Gegenstand einer allgemeinen Linguistik, deren Methodik sich auf die Sprache der nordamerikanischen Hopi-Indianer und der australischen Ureinwohner (Tiwi, Walmatjari, Walbiri u. a.) ebenso anwenden läßt wie auf die überlieferten Texte der deutschen, englischen oder französischen Literaturgeschichte. Die Herauslösung der Sprachwissenschaft aus ihrer philologischen Tradition hatte einen ungeheuren Innovatonsschub zur Folge.

Doch diese Verselbständigung zu einem autonomen Forschungsgebiet und Studienfach löste nicht völlig die alten Bande. Es gibt weiterhin die Germanistik, die Anglistik und Amerikanistik, die Romanistik, Slawistik, Skandinavistik oder Orientalistik, in deren Rahmen man deutsche Literatur und Sprache, englische Literatur und Sprache usw. studieren kann. In der Regel besitzen beide Teilfächer ein gleichberechtigtes Gewicht. Wer zum Beispiel Deutsch studiert, sei es für ein Lehramt oder einen Magisterabschluß, muß sich mit der germanistischen Literaturwissenschaft beschäftigen und mit der germanistischen Linguistik. Indessen gibt es nun auch die Möglichkeit, *Linguistik als Hauptfach* im Rahmen eines eigenen Magisterstudiengangs wählen zu können. An allen Universitäten mit philologischen Fächern gibt es das Studienfach

Linguistik. Und wo einst der Sammelname «Seminar für deutsche Philologie» vorherrschte, existieren Fachbereiche, Lehrstühle oder Institute für Germanistische Linguistik, Allgemeine Sprachwissenschaft, Theoretische Linguistik, Computerlinguistik, Linguistische Datenverarbeitung, Sprachliche Informationsverarbeitung u. a. Hinzu kamen an vielen Hochschulen zusätzliche oder weiterführende Studienangebote im linguistischen Bereich, insbesondere die Fachgebiete «Didaktik» (des Deutschen, Englischen, …)», «Deutsch als Fremdsprache», «Medienwissenschaften», «Informationswissenschaft» oder «Computerlinguistik».

Während sich der Staat für Bereiche eines besonderen öffentlichen Interesses (z. B. den Schulbereich) das Recht vorbehält, durch eigene Prüfungsämter den Abschluß eines Lehramtsstudiengangs zu kontrollieren, sind Magisterstudiengänge und -prüfungen eine Sache der jeweiligen Universität. Das erklärt die Unübersichtlichkeit im Bereich des linguistischen Magisterstudiums. An jedem Seminar/Institut, an dem Linguistik als Haupt- oder Nebenfach studiert werden kann, herrschen andere Studienordnungen. Die Lehrangebote und Lernanforderungen, die sprachwissenschaftlichen Schwerpunkte und berufspraktischen Ausrichtungen wechseln von Ort zu Ort. Die Bezeichnung «Linguistik» dient als eine Klammer für mannigfaltige Studienangebote und Prüfungsbedingungen, die von den universitären Lehr- und Forschungsinstituten in ihrer Autonomie entwickelt worden sind.

Trotz dieser Vielfalt zeichnen sich an den Hochschulen von Aachen bis Dresden, von Flensburg bis Konstanz gemeinsame Tendenzen ab. Mehr oder weniger reformfreudig reagieren die sprach- und literaturwissenschaftlichen Seminare auf die Spannung zwischen linguistischer Fachwissenschaft und sprachbezogener Berufsorientierung. Dabei nimmt eine Metapher die Schlüsselstellung ein, die bereits 1973 vom damaligen Direktor des Instituts für Arbeitsmarkt- und Berufsforschung bei der Bundesanstalt für Arbeit ins Spiel gebracht wurde, um Perspektiven für die erforderliche Studienreform zu eröffnen. Dem Bildungssystem wurde die Aufgabe zugedacht, *Schlüsselqualifikationen* auszubilden. Mit diesem Begriff wurde das Hochschulstudium an der Nahtstelle zwischen Bildung und Ausbildung plaziert. Konzepte beruflicher Ausbildung, auf die die Forderung nach Schlüsselqualifikationen zunächst zielte, sollten an wissenschaftlich begründete Konzeptionen der Bildung anschließen.

> «Attraktiv ist dies insbesondere für eine Hochschulausbildung, die ihren Praxisbezug intensivieren will, gleichzeitig aber den ‹Eigensinn› einer Bildung durch Wissenschaft behauptet. Attraktiv erscheint dies insbesondere insoweit, als Schlüsselqualifikationen einen Weg für wissenschaftliches Lehren und Lernen weisen, der den Wandlungen des Wissenschaftssystems in Richtung von Ausdifferenzierung und Expansion folgt. Soll einer unendlichen Vermehrung der Stofffülle in den Studiengängen Einhalt geboten werden, so ist es unvermeidlich, die Qualifikation von Wissenserwerb auf das Erlernen von Strategien zu verlagern, sich immer neues, unbekanntes Wissen zu erschließen.» (Wildt, in: Welbers 1997, S. 200)

Für die Sprachwissenschaft hat dieses übergreifende Leitmotiv zur Folge, daß sich das Studium zunehmend von philologischen Lehramtsstudiengängen in Richtung der Ausbildung sprachlich-kommunikativer Schlüsselqualifikationen verschiebt. Neben die allgemeinen, fächerübergreifenden Qualifikationen (wie Kommunikations- und Kooperationsfähigkeit, Flexibilität, Kreativität, Problemlösungsfähigkeit, Lernbereitschaft, Kritik- und Diskussionsfähigkeit) treten in den sprachwissenschaftlichen Studienfächern *linguistisch begründete* Kenntnisse, Fähigkeiten und Fertigkeiten. Die Lehrangebote und Lernanforderungen konzentrieren sich dabei vor allem auf zwei Schwerpunkte: auf den Projektbereich der Schriftlichkeit mit dem Lernziel, die Sprach- und Schreibkompetenz in einer Kultur zu beherrschen, die sich zunehmend zu einer Informations-, Wissens- und Mediengesellschaft entwickelt hat; und auf den Bereich der Mündlichkeit mit dem Ziel einer Förderung von Rede- und Gesprächskompetenz. Wie diese literalen bzw. kommunikativen Schlüsselqualifikationen ihre linguistische Fundierung und sprachpraktische Ausrichtung erhalten, ist an den einzelnen Hochschulen verschieden. Neben den linguistischen Kernbereichen (Sprach- und Kommunikationstheorie, Sprachgeschichte und sprachliche Varietäten, anwendungsorientierte Linguistik) gibt es eine Fülle von Schwerpunktsetzungen und Ergänzungsstudiengängen, die vom praktisch-rhetorischen Sprachtraining bis zur computerlinguistisch ausgerichteten Kompetenz im Umgang mit mikroelektronisch organisierten Wissenssystemen reichen.

Angesichts der erwähnten Aufspaltung der sprachwissenschaftlichen Studiengänge findet man in den Studien- und Prüfungsordnungen dabei die Standardformulierung: «Germanistische (romanistische, anglistische …) Linguistik ist Teil des Faches Deutsch (Französisch, Englisch …) in Lehramtsstudiengängen sowie ein eigenständiges Fach in Magister- und Promotionsstudiengängen». Die konkreten Leistungsanforderungen unterscheiden sich dabei von Hochschule zu Hochschule. Gemeinsam ist ihnen nur die Organisationsform des Studienbetriebs, der sich allgemein in zwei Formen von Veranstaltungen (Vorlesungen und Seminare) und zwei Stufen des Studiums (Grund- und Hauptstudium) gliedert.

Vorlesungen sind für Studierende/Hörer aller Semester zugänglich. In ihnen vermitteln die Lehrenden einen ein- oder zweistündigen Überblick (pro Woche) über zentrale Bereiche des Studienfachs oder über bestimmte Teilgebiete, in denen sie selbst forschend tätig sind. In der Regel ist der Besuch von Vorlesungen nicht verpflichtend, und auch sporadisches Zuhören ist möglich. Aber man sollte sich die Chance nicht entgehen lassen, Vorlesungen zu besuchen, in denen man von der wissenschaftlichen Qualifikation der Lehrenden oft mehr erfahren kann als in den Seminaren, in denen sie vor allem zu studentischer Arbeit und Diskussion anregen.

Seminare sind Lehrveranstaltungen, in denen die Studierenden ein selbständiges wissenschaftliches Arbeiten erlernen sowie wissenschaftliche Probleme zu erkennen und zu lösen lernen. Hier werden die «Scheine» (Leistungsnachweise) erworben, die Voraussetzungen für das weiterführende Studium und die abschließenden Prüfungen sind. Im Grundstudium, das in der Regel vier Semester dauert, werden *Einführungen* und *Proseminare* angeboten, in denen erste wissenschaftliche Betrachtungsweisen und Arbeitsverfahren, wissenschaftliche Fachbegriffe und Theorien vorgestellt und diskutiert werden. Auch das Verfassen schriftlicher Arbeiten und der freie Vortrag eines Referats werden eingeübt. *Hauptseminare* sind für Studierende reserviert, die ihr Grundstudium abgeschlossen haben. Die Thematik ist spezialisierter als im Grundstudium. Vorherrschend ist das Prinzip des exemplarischen Lernens anhand ausgewählter Probleme aus dem breiten Spektrum der Fachwissenschaft. Das Hauptstudium, als Kernbereich des akademischen Lernens, ist an der Idee einer Forschungsgemeinschaft von Lehrenden und Lernenden orientiert. Der Freiheitsspielraum des ‹forschenden Lernens› ist sehr groß; Schwerpunktsetzungen bleiben den einzelnen überlassen.

Daneben gibt es *Übungen*, die nicht obligatorisch sind, sondern zur fakultativen (freiwilligen) Vertiefung des Lehrstoffs, zum Training bestimmter praktischer Fähigkeiten oder zur Diskussion von Problemen dienen, die am Rande oder außerhalb des ‹normalen› Stoffbereichs liegen; und *Oberseminare/Kolloquien*, in denen Studierende höherer Semester sich auf ihre Abschlußarbeiten, Klausuren und mündlichen Prüfungen vorbereiten können.

Nicht unerwähnt bleiben sollen die Möglichkeiten des *Selbststudiums*, in dem man sich allein oder in Gruppen entweder auf Themen und Probleme des Studienfachs konzentrieren kann, die man für sich weiterverfolgen will, oder sich solchen Fragen zuwendet, die im Studium selbst nur ansatzweise oder gar nicht behandelt werden. Anregend für ein solches Selbststudium ist der Blick in Fachzeitschriften, die in den Bibliotheken verfügbar sind, oder in Bücher, die man für sich entdecken muß, wenn sie im Studium selbst nicht empfohlen werden oder, aus welchen Gründen auch immer, nicht zur Kenntnis genommen werden. Alle Lehrenden haben ihre Vorlieben, die nicht unbedingt mit den Interessen der Studierenden übereinstimmen müssen.

Wer Sprachwissenschaft studiert, sollte sich zumindest mit den Schriften jener Autoren auseinandersetzen, die anfangs bereits erwähnt worden sind:

Wilhelm von Humboldt: Schriften zur Sprachphilosophie. Darmstadt 1963.

Ferdinand de Saussure: Grundfragen der allgemeinen Sprachwissenschaft. Berlin 1967.

Ludwig Wittgenstein: Philosophische Untersuchungen. Frankfurt 1960.

Roman Jakobson: Grundlagen der Sprache. Berlin 1960.

Noam Chomsky: Aspekte der Syntax-Theorie. Frankfurt 1969.

Es handelt sich um Sprachwissenschaftler und -theoretiker, deren Werke entscheidend zur Herausbildung und Profilierung der modernen Linguistik beigetragen haben – ‹Klassiker›, die nichts an Aktualität verloren haben. Man sollte sie lesen, auch wenn man ihnen während des Studiums nicht begegnet sein sollte.

Um einen ersten Einblick in die Ziele und Arbeitsweisen der Sprachwissenschaft zu bieten, soll eines dieser Bücher näher vorgestellt werden, in dem kein festes Lehrgebäude errichtet worden ist, sondern ein kühner Entwurf unternommen wurde, sich über das Wesen der Sprache und die Grundfragen der Sprachwissenschaft klar zu werden. Nicht endgültige Regeln prägen den Inhalt dieses Werks, sondern bahnbrechende Forschungshypothesen und weitsichtige Perspektiven. Es handelt sich um eine revolutionäre Schrift aus der Sturm-und-Drang-Bewegung der modernen Linguistik des 20. Jahrhunderts, von deren Begrifflichkeit, Methodik und theoretischen Zielvorstellungen die internationale Sprachwissenschaft noch heute zehrt: den «Cours de linguistique générale» (1916) des Genfer Sprachwissenschaftlers Ferdinand de Saussure, in deutscher Übersetzung als «Grundfragen der allgemeinen Sprachwissenschaft» 1931 zum ersten Mal erschienen, 1967 in zweiter Auflage.

ZWEI

Wie Ferdinand de Saussure die Linguistik begründet hat

Einige Grundfragen und ihre revolutionäre Wirkung

> «Im Leben des Einzelnen und der Ge-
> sellschaft gibt es nichts, was an Wirk-
> samkeit und Wichtigkeit der Sprache
> gleichkommt. Es ist daher auch nicht
> richtig, daß ihr Studium nur Sache eini-
> ger Spezialisten sei: in der Tat beschäf-
> tigt sich alle Welt mehr oder weniger
> damit.»
>
> *Ferdinand de Saussure* (1967, S. 8)

Die Ausgangssituation

Auch wenn sich «alle Welt» mit der Sprache beschäftigt, so gibt es doch Saussure zufolge kaum ein Gebiet, «wo mehr absurde Vorstellungen, Vorurteile, Wunderlichkeiten und Willkürlichkeiten zutage getreten sind» (S. 8). Sie gilt es zu zerstreuen. Nichts anderes wollte der Genfer Sprachwissenschaftler mit seinem «Cours de linguistique générale», in dessen Zentrum zwei Grundfragen stehen: Was ist das überhaupt – die *Sprache*? Und wie läßt sich eine Sprach*wissenschaft* begründen, die ihr Erkenntnisobjekt angemessen thematisiert und gegen traditionsmächtige Vorurteile und willkürliche Bestimmungen ins rechte Licht setzt?

Saussures Antworten haben der Sprachwissenschaft des 20. Jahrhunderts eine klare und deutliche Perspektive eröffnet. Über die epochale Bedeutung von Saussures Hauptwerk besteht kein Zweifel. Der «Cours» wird allgemein als ein Gründungstext der modernen Linguistik anerkannt und sein Autor als «Meister» einer neuen Möglichkeit, die Sprache als ein strukturiertes Gebilde zum Gegenstand einer eigenständigen Wissenschaft zu machen. Kein anderes Buch hat einen so breiten und tiefen Einfluß auf die internationale Linguistik ausgeübt, vor allem auf ihren mathematisch und technologisch ausgerichteten Zweig. Wir haben es hier mit einem ‹klassischen› Werk zu tun, das die Sprachwissenschaft ‹revolutioniert› hat.

Revolutionen gibt es nicht nur auf sozialem und politischem Gebiet, wenn Herrschaftssysteme zusammenbrechen und neue errichtet werden. Auch auf dem Feld des Wissens kommt es zu revolutionären Veränderungen. Thomas S. Kuhn hat in seiner Studie «Die Struktur wissenschaftlicher Revolutionen» die Mechanismen solcher Umwälzungen freigelegt, die von der wissenschaftlichen Gemeinschaft fordern,

> «eine altehrwürdige wissenschaftliche Theorie zugunsten einer anderen, nicht mehr mit ihr zu vereinbarenden, zurückzuweisen. Jede brachte eine Verschiebung der für die wissenschaftliche Untersuchung verfügbaren Probleme und der Maßstäbe mit sich, nach denen die Fachwissenschaft entschied, was als zulässiges Problem oder als legitime Problemlösung gelten sollte. Und jede wandelte die wissenschaftliche Vorstellung in einer Weise um, die wir letztlich als eine Umgestaltung der Welt, in welcher wissenschaftliche Arbeit getan wurde, beschreiben müssen.» (Kuhn 1967, S. 23 f)

So zerbrach Kopernikus das von theologischen Dogmen geprägte geozentrische Weltbild und rückte die Erde aus dem Mittelpunkt des Weltalls. Charles Darwin gliederte den Menschen in die natürliche Evolutionsgeschichte des Lebens ein und nivellierte seine herausragende, durch Transzendenzangebote begründete Sonderstellung. Albert Einstein brachte die absolute Raum- und Zeitvorstellung des Newtonschen Weltbildes ins Wanken. Die Quantentheorie setzte die in der Mechanik geltenden Vorstellungen von Kausalität und Determinismus im Bereich der Mikrophysik außer Kraft. Wissenschaftliche Revolutionen bringen ein neues *Paradigma* ins Spiel, worunter Kuhn jene allgemein anerkannten Vorbilder verstand, die für die ‹normale Wissenschaft› modellbildend sind und eine Matrix bieten, in der Theorien, Gesetze, praktische Anwendungen und forschungstechnische Hilfsmittel ihren Platz finden.

Saussure hat die Sprachwissenschaft seiner Zeit revolutioniert und ihr einen Raum eröffnet, in dem wir uns noch heute bewegen.

Um seine Leistung zu erkennen, muß man sich an die Situation erinnern, in deren paradigmatischem Rahmenwerk er sich befand. Saussure, am 26. November 1857 in Genf geboren, hatte sich schon als Schüler für Sprachen interessiert. Er hatte in der Schule, neben seiner französischen Muttersprache, Deutsch, Englisch, Latein und Griechisch gelernt und war von der Vielfalt der Sprachen fasziniert. 1876 bis 1880 studierte er in Leipzig und Berlin historische und vergleichende Sprachwissenschaft. Er lernte Altpersisch, Sanskrit, Litauisch und einige slawische Sprachen.

Es war die Blütezeit der «junggrammatischen Schule», mit deren Hauptvertretern Wilhelm Braune, August Leskien, Karl Brugmann und Hermann Osthoff der junge Student in näheren Kontakt kam. Durch die akribische Detektivarbeit zum Nachweis der Verwandtschaftsverhältnisse zwischen dem Germanischen, Keltischen, Slawischen, Baltischen, Lateinischen, Griechischen, Albanischen, Armenischen, Iranischen und Indischen war es gelungen, sie alle als ausdifferenzierte Sprachgruppen innerhalb einer gemeinsamen *indogermanischen Sprachfamilie* zu erkennen. Auch die sprachgeschichtliche Entwicklung war in ihren Grundzügen freigelegt worden, wobei vor allem die Untersuchung des Wandels einzelner Laute und Wortformen zu Einsichten in *historische Gesetzmäßigkeiten* geführt hatte.

Die materiellen Ähnlichkeiten einzelner Wörter im großen Fundus des überlieferten Textmaterials standen im Mittelpunkt des Forschungsinteresses. Das wissenschaftliche Verfahren war durch einen *Positivismus* bestimmt, der von jeder Wissenschaft forderte, sich an das unmittelbar oder ‹positiv› Gegebene zu halten. Eine strenge Wissenschaft hat sich auf eine möglichst exakte Beschreibung des sinnlich Wahrnehmbaren zu beschränken und auf die Feststellung der Beziehungen zwischen seinen Elementen. Deshalb konzentrierten sich die Junggrammatiker auf die einzelnen sprachlichen Gegebenheiten, die man in ihren geschichtlichen Zusammenhängen zu erforschen versuchte. Gegeben aber sind nur die einzelnen Wörter in ihrer hörbaren oder sichtbaren Gestalt. Die inhaltliche Seite der sprachlichen Ausdrücke interessierte deshalb sowenig wie das, was eine Sprache als Ganzheit auszeichnet. Man wollte nicht spekulieren und war äußerst zurückhaltend gegenüber jeder überflüssigen «Abstraktion».

Betrachten wir als ein Beispiel den neuhochdeutschen Ausdruck «Mutter», dem das spanische «madre», das französische «mère», das englische «mother» oder das niederländische «muoder» entsprechen. Im Lateinischen findet man die Form «māter», im altindischen Sanskrit «mātár», im klassischen Griechisch «matēr», im Altirischen «mathir», im Altslawischen «mati». Man hat daraus auf eine gemeinsame indogermanische Form «mātér» geschlossen, die sich dann in verschiedenen Sprachgruppen unterschiedlich entwickelte, wobei diese Veränderungen *lautgesetzlich* streng geregelt zu sein schienen.

Im *Germanischen* wurde der indogermanische lange Vokal «ā» in der Regel zu «ō» und der stimmlose Verschlußlaut «t» zum stimmlosen Reibelaut «ᚦ». Diese Erste oder Germanische Lautverschiebung, die etwa seit der 2. Hälfte des 1. Jahrtausends v. Chr. stattfand, erklärt zum Beispiel den Wechsel von altindisch «bhrátar» zum gotischen «broᚦar», dessen interdentaler Reibelaut im englischen «brother» bewahrt wurde. Aus indogermanisch «mātér» wurde dagegen das allgemein-germanische «mōðer», wie es im altsächsischen «modar», im altfriesischen «moder» und im altnordischen «moðir» nachklingt. Daß hier, entgegen der allgemeinen Regel («t > ᚦ»), ein stimmhafter Reibelaut «ð» entstand, hat der Däne Karl Verner 1875 durch das nach ihm benannte Vernersche Gesetz zu erklären versucht: Wenn im Indogermanischen der Wortakzent nicht vor, sondern hinter dem stimmlosen «t» lag, so wurde daraus ein stimmhaftes «ð»: «matér > moðer».

Aus dem Germanischen differenzierte sich dann, im 7. und 8. Jahrhundert n. Chr., das *Althochdeutsche* heraus. Das germanische lange «ō» wurde durch die Zweite oder Hochdeutsche Lautverschiebung zu «uo» diphthongiert (von lat. «di-phthongos», zweifach tönend); und der stimmhafte Reibelaut «ð» entwickelte sich, vor allem im Oberdeutschen und im Rheinfränkischen, zum stimmlosen «t». Aus «bloð» wurde «bluot», aus «moðer» wurde das alt- und mittelhochdeutsche «muoter», aus dem dann durch Monophthongierung (Reduktion zu einfachen Vokalen) unser neuhochdeutsches «Mutter» entstand.

Das theoretische Hauptwerk der junggrammatischen Schule, in der Saussure sein Handwerk gelernt hat, erschien 1880. Nicht ohne Stolz hat der Germanist und führende Theoretiker der Junggrammatiker Hermann Paul (1846–1921) in den «Prinzipien der Sprachgeschichte» das Programm und die reichhaltigen Forschungsergebnisse der deutschen Sprachwissenschaft vorgestellt, die weltweit führend war und ihren Erfolg vor allem ihrer Präzision bei der Verarbeitung des Datenmaterials und ihrem kriminalistischen Scharfsinn bei der Entdeckung von Gesetzmäßigkeiten der Lautentwicklung verdankte:

> «Es gibt keinen Zweig der Kultur, bei dem sich die Bedingungen der Entwicklung mit solcher Exaktheit erkennen lassen als bei der Sprache, und daher keine Kulturwissenschaft, deren Methode zu solchem Grade der Vollkommenheit gebracht werden kann wie die der Sprachwissenschaft.» (Paul 1970, S. 5)

Von den Ergebnissen der ungeheuren Fleißarbeit, die innerhalb des sprachhistorischen Paradigmas geleistet worden ist, profitieren wir noch heute. Die Wörterbücher und Grammatiken des Gotischen, Althochdeutschen und Mittelhochdeutschen, die wir Hermann Paul und Wilhelm Braune verdanken, sind Standardwerke für jeden, der sich dem Studium der deutschen Sprachgeschichte zuwendet.

Auch Saussure hat sich zunächst ganz in diesem gesicherten und erfolgreichen Rahmen bewegt. Seinen Lehrern gestand er das große Verdienst zu, «alle Ergebnisse der Vergleichung in die geschichtliche Perspektive zu rücken und dadurch die Tatsachen in ihre natürliche Verkettung einzugliedern» (1967, S. 6). 1878 erschien seine Untersuchung der Vokale des Indogermanischen. Als Dozent an der Pariser École des Hautes Études (1881–1891) und als Professor für Geschichte und Vergleich der indogermanischen Sprachen in Genf (1891–1912) hat er auf dem Gebiet der Laut- und Formenlehre weitergearbeitet.

Einen neuen Anfang wagen

Die Forschungsleistung der Junggrammatiker war zwar überwältigend. Aber Saussure erkannte zunehmend, daß das Rahmenwerk der positivistischen Sprachgeschichtsschreibung zu eng war. Die ausschließliche Konzentration auf die «natürliche» Entwicklung einzelner Elemente des Indogermanischen konnte weder ein klares Bild dessen liefern, was eine Sprache in ihrer Gesamtheit ist, noch eine verläßliche Grundlage für eine Sprachwissenschaft, die dem Wesen der Sprache gerecht wird, ohne sie in isolierte Bausteine zu atomisieren. Seit Beginn der neunziger Jahre begab sich Saussure auf die Suche nach leitenden Prinzipien, um eine neue Linguistik zu begründen, die sich über die Natur des sprachwissenschaftlichen Erkenntnisobjekts wirklich im klaren ist. Das Ergebnis seiner Überlegungen hat er in keinem Buch zusammengefaßt, sondern in drei Vorlesungen an der Genfer Universität (zwischen 1906 und 1911) vorgetragen, in einem «Cours» über allgemeine Sprachwissenschaft. Die zentralen Fragen lauten nun, befreit von der Aufräumarbeit in der disziplinären Matrix der historischen Laut- und Formenlehre: Was ist das überhaupt, eine Sprache? Was ist das spezifisch *Sprachliche der Sprache*, das es uns erlaubt, die unmittelbar gegebenen, materiellen Sprachdaten als sprachliche Erscheinungen erkennen und untersuchen zu können?

Um Sprache als solche begreifen zu können, mußte ein neuer Anfang gewagt und ein neues Paradigma entworfen werden. Es galt, einen überzeugenden linguistischen Gesichtspunkt zu finden, der es erlaubt, die Sprache als ein «einheitliches Ganzes» (S. 10) zu sehen. Saussure mußte das theoretische Rahmenwerk verlassen, das die Sprache nur als eine Ansammlung isolierter Elemente in ihrer Entwicklung zu begreifen versuchte. «Es gibt, unseres Erachtens, nur eine Lösung all dieser Schwierigkeiten: man muß sich von Anfang an auf das Gebiet der Sprache begeben» (S. 11). Fangen wir also mit Saussure bei diesem neuen Ansatz an.

Zunächst ist es notwendig, den Begriff «Sprache» zu erläutern und begrifflich zu präzisieren. Man muß ihn von seiner Vagheit und Vieldeutigkeit befreien. Saussure hat deshalb eine terminologische Explikation vorgenommen, die es ihm auch erlaubte, gegen den sprachgeschichtlichen Positivismus ein neues Bild der Sprache und ihrer Wissenschaft zu entwerfen, das als «Saussure-Paradigma» schulbildend geworden ist.

Le langage (la faculté du langage): allgemeine Sprachfähigkeit, menschliche Rede. Sie war und ist das Kernstück aller Diskussionen über das Wesen der menschlichen Sprache (im Unterschied zu

tierischen Äußerungsformen) und über den Menschen als sprach-
begabtes Wesen. Seit der griechischen Antike versucht vor allem
die Philosophie diese allgemeine Sprachfähigkeit zu erhellen. Auch
anthropologisch (von griech. «anthropos», der Mensch) orientierte Linguisten bemühen sich, die Wesensmerkmale dieses
Sprachvermögens aufzudecken. Aktuelle Anstrengungen, sie biologisch auf einen angeborenen Sprachinstinkt oder den genetischen
Code zurückzuführen, konzentrieren sich auf diese «langage»
ebenso wie die entgegengesetzten Bemühungen, sie als eine rein
kulturgeschichtlich geprägte Fähigkeit zu verstehen, die jeder einzelne Mensch für sich erwerben muß. Auch in soziologischen, psy-
chologischen und geschichtlichen Untersuchungen, die für ihre
Zwecke auf die Sprache zurückgreifen, wird sie meist als «langage» thematisiert. Saussure hat die Gefahr gesehen, die damit verbunden ist:

> «Wenn wir die menschliche Rede (langage) von mehreren Seiten aus zu-
> gleich studieren, erscheint uns der Gegenstand der Sprachwissenschaft
> als ein wirrer Haufe verschiedenartiger Dinge, die unter sich durch kein
> Band verknüpft sind. Wenn man so vorgeht, tritt man in das Gebiet
> mehrerer Wissenschaften ein – der Psychologie, Anthropologie, der nor-
> mativen Grammatik, Philologie usw. –, die wir klar von der Sprachwis-
> senschaft scheiden, die aber vermöge unkorrekter Methode die Sprache
> als einen ihrer Gegenstände beanspruchen könnten.» (S. 10)

Les langues: die verschiedenen Sprachen. Eine Universalsprache
gibt es nicht. In der Legende vom Turmbau zu Babel hat die Verschiedenheit der Sprachen ihre religiöse Deutung erfahren. Ob es
einmal eine gemeinsame Ursprache gegeben hat, ist umstritten. Jedenfalls können wir feststellen, daß es eine Vielfalt und Vielzahl einzelner Sprachen (wie Deutsch, Chinesisch, Hopi, Wolof usw.) in
ihren geographischen Verschiedenheiten gibt. Man schätzt ihre
Zahl auf etwa fünftausend. Eine Sprachen-Wissenschaft konzentriert sich vor allem auf historische und typologische Vergleiche.
Wie hat sich zum Beispiel die deutsche Sprache aus dem Germanischen entwickelt, das seinen sprachgeschichtlichen Stellenwert
innerhalb der indogermanischen Sprachenfamilie besitzt? Und welche typologischen Unterschiede oder universellen Gemeinsamkeiten bestehen innerhalb der ungeheuren Sprachenvielfalt?

La parole: das Sprechen. Hermann Paul hatte in seiner Prinzipienlehre die konkreten «Äußerungen» von Sprechern als den eigentlichen Gegenstand der Sprachwissenschaft bestimmt. Nur sie sind ja als materielle Phänomene «unmittelbar gegeben», in mündlicher oder aufgeschriebener Form. Alle Quellen, die der Sprachhistoriker untersucht, um Gesetzmäßigkeiten der Entwicklung festzustellen, sind beobachtbare Manifestationen einer stets individuellen Sprech- oder Schreibtätigkeit. «Das wahre Objekt für den Sprachforscher sind sämtliche Äußerungen der Sprechtätigkeit an sämtlichen Individuen in ihrer Wechselwirkung aufeinander» (Paul 1970, S. 24). Das sprachgeschichtliche Paradigma war mit einer Absage an alle «Abstraktionen» verbunden, die auf etwas Überindividuelles zielten, auf die Kunst, die Religion oder die Sprache. «Weg mit allen Abstraktionen» (S. 11) war das positivistische Losungswort. Es gibt nur die Fülle individueller Äußerungen von «Einzelgeistern», die miteinander auf dem physischen Weg der Lautübermittlung und -rezeption verkehren. Paul plädierte dafür, «daß sich keine Abstraktionen störend zwischen das Auge des Beobachters und die wirklichen Dinge stellen sollen, die ihn hindern, den Kausalzusammenhang unter den letzteren zu erfassen» (S. 11). – Diesen Aspekt hat Saussure übernommen, wenn er von «parole» sprach. Sprechen ist eine jeweils konkrete Tätigkeit einzelner Sprecher, und die «parole» als Ganzes ist die «Summe von allem, was die Sprachgenossen reden» (Saussure 1967, S. 23). Sie ist die Menge all jener sprachlichen Phänomene, die allein einer direkten Beobachtung zugänglich sind.

La langue: die Sprache. Aber wieso gelingt das Sprechen und Verstehen als ein intersubjektiver Vorgang? Wieso ist sprachliche Verständigung überhaupt möglich? Es muß doch etwas Allgemeines geben, eine Art «soziales Band» (S. 16), das alle Mitglieder einer Sprachgemeinschaft miteinander verbindet. Sprachliche Kommunikation ist ein sozialer Vorgang, der sich nicht in den individuellen Aktivitäten einzelner Subjekte erschöpft. Um «sprechen» zu können, bedarf es der «Sprache». Gegen die ausschließliche Fixierung auf die «parole» stellt Saussure die Idee einer «langue» als überindividuelle und soziale Gegebenheit. Man äußert nicht nur konkrete Lautformen, sondern spricht Deutsch als Muttersprache und lernt Französisch als Fremdsprache. Jede Einzelsprache «ist der soziale Teil der menschlichen Rede und ist unabhängig vom Einzelnen, welcher für sich allein sie weder schaffen noch umgestalten kann; sie besteht nur kraft einer Art Kontrakt zwischen den Gliedern der Sprachgemeinschaft. (...) Die Sprache, vom Sprechen unterschieden, ist ein Objekt, das man gesondert erforschen kann.» (S. 17)

Vor allem Saussures Trennung zwischen «langue» und «parole» wurde von den meisten Sprachwissenschaftlern übernommen. So unterschied man den Sprachbau vom Sprachgebrauch, das Sprachsystem vom Sprachverhalten, den sozialen Sprachbesitz von der individuellen Sprechäußerung, das virtuelle Sprachgebilde von der tatsächlichen Sprechtätigkeit, den Code von der Mitteilung, wobei vor allem die Sprache als *langue* ins Zentrum des Interesses rückte. Die Beobachtungsdaten des Gesprochenen dienen als Material, um dem Geheimnis der Sprache auf die Spur zu kommen, einem Erkenntnisobjekt, das man gesondert erforschen kann und das Saussure mit großer Kühnheit zu einem eigenen Gegenstand erklärt hat, gegen das positivistische Urteil, die Sprache sei eine überflüssige und störende Abstraktion: «Die Sprache ist nicht weniger als das Sprechen ein Gegenstand konkreter Art» (S. 18). Doch was ist sie nun genau: die Sprache?

Die Sprache als System von Zeichen

Im Rahmen des junggrammatischen Paradigmas waren sprachliche Äußerungen als «natürliche» Tatsachen untersucht worden, die historischen Gesetzmäßigkeiten unterliegen. Gegen diese verobjektivierte Natürlichkeit opponierte Saussure mit einem *semiologischen* Schachzug (von griech. «sema», Zeichen; «logos», Geist, Begriff, Wissen): «Die Sprache ist ein System von Zeichen» (S. 19). Saussure konnte sich dabei sowohl auf das alltägliche Sprachbewußtsein als auch auf die philosophische Tradition berufen. Die artikulierten, akustisch übermittelten und auditiv wahrgenommenen Lautfolgen interessieren uns als Sprachphänomene ja nur, weil sie Zeichen sind, die etwas bedeuten. Wir verstehen «Mutter» als Zeichen für ein verwandtschaftliches Verhältnis oder als (homonyme) Bezeichnung für einen Schraubenteil. Auch die Sprachphilosophie hat die Sprache

schon immer semiologisch reflektiert und nicht als bloße Geräusch-
folgen oder Sprechereignisse. Der griechische Philosoph Aristoteles
(384–322 v. Chr.) hat die gesprochenen Wörter als Zeichen für See-
lenzustände betrachtet, die wiederum bestimmte Dinge oder Sachverhalte bezeichnen. Der große lateinische Kirchenlehrer Augusti-
nus (354–430) hat zwischen *signans* (Bezeichnendes) und *signatum*
(Bezeichnetes) unterschieden. Immer steht das sprachliche Zeichen
für etwas anderes, das es bezeichnet, abbildet, widerspiegelt oder
repräsentiert: ein Name für einen Gegenstand, eine Aussage für
einen Sachverhalt, ein Text für eine Geschichte. Doch ist das wirklich so einfach? Saussure überrascht uns mit drei bedenkenswerten
Überlegungen.

1. «Das Zeichen vereinigt in sich nicht einen Namen und eine Sache, sondern eine Vorstellung (concept) und ein Lautbild (image
acoustique)» (S. 77). Mit dieser Bestimmung wandte er sich zunächst gegen eine einfache «Nomenklaturtheorie» (von lat. «no-
menclatura», Namensverzeichnis), der zufolge Sprachzeichen Namen für außersprachlich bereits vorhandene Gegebenheiten sind:
In der Welt des Bezeichneten gibt es die wirkliche Mutter, in der
Sprache wird sie durch «Mutter» etikettiert. Dagegen erhob Saussure einen doppelten Einwand. Denn auf der einen Seite steht doch
keine reale Person, wenn wir «Mutter» als Wort der deutschen
Sprache gebrauchen können. Es handelt sich hier um keinen Eigen-
namen, der wie ein Namenstäfelchen einem bestimmten Menschen
angeheftet ist. Es geht statt dessen um eine intersubjektiv verfügbare *Vorstellung*, über die trotz individueller Besonderheiten und
nuancenreicher Vielfalt eine kollektive Übereinstimmung besteht.
Wer von seiner Mutter spricht, mag damit alle möglichen Empfindungen verbinden, von Liebe und Urvertrauen bis zu Haß und Ab-
scheu. Im sprachlichen Konzept ist dagegen eine allgemeine Vorstellung fixiert, die als Inhaltsseite die Ausdrucksseite komplettiert.

Auf der anderen Seite stehen ebenfalls nicht die physikalisch stets
unterschiedlichen Sprechäußerungen von «Mutter». Ob dieses
Wort genuschelt oder deutlich artikuliert wird, laut oder leise,
schnell oder langsam, piepsig oder mit tiefem Baß gesprochen wird,
mit besonderer Akzentuierung oder gleichgültigem Tonfall, spielt
für «Mutter» als einen bezeichnenden Ausdruck der deutschen
Sprache keine wesentliche Rolle. Entscheidend ist hier nur, daß wir

in allen vielfältig variierenden Lautäußerungen stets das gleiche *Lautbild* als eine identische Spracheinheit erkennen können.

2. Statt von Lautbild und Vorstellung sprach Saussure lieber von «signifiant» (Signifikant, das Bezeichnende) und «signifié» (Signifikat, das Bezeichnete), um die Sprachwissenschaft nicht zu psychologisieren. Wir wollen doch wissen, wie die Sprache organisiert ist. Individuelle psychische Vorstellungen interessieren nur am Rande. Welche Beziehung besteht nun zwischen Signifikant und Signifikat? Saussure hat darauf eine deutliche Antwort gegeben: «Das Band, welches das Bezeichnete mit der Bezeichnung verbindet, ist beliebig» (S. 79). Saussure zufolge besteht zwischen der Vorstellung «Mutter» und dem entsprechenden Lautbild keinerlei notwendige, innere oder natürliche Zusammengehörigkeit. Das Zeichen ist unmotiviert, willkürlich, *arbiträr*. «Das beweisen die Verschiedenheiten unter den Sprachen und schon das Vorhandensein verschiedener Sprachen: das Bezeichnete ‹Ochs› hat auf dieser Seite der Grenze als Bezeichnung o-k-s, auf jener Seite b-ö-f (boeuf)» (S. 79).

3. Diese Arbitrarität hat nichts mit individueller Willkür oder Beliebigkeit zu tun. Die Zeichenrelation hängt nicht von der freien Wahl der sprechenden Person ab. Man kann nicht einfach «Mutter» sagen, wenn man die Schwester bezeichnen will, oder «Ochs», wenn es um den Vater geht. Es handelt sich bei eingespielten Zeichenrelationen um kollektiv anerkannte Beziehungen, die von Generation zu Generation überliefert werden und sich sprachgeschichtlich stabilisiert haben. Durch die sprachlich geregelte Zuordnung von Signifikanten und Signifikaten kommt eine arbiträre *Ordnung* ins Spiel, die einen doppelten Effekt bewirkt und der Sprache einen unschätzbaren Wert verleiht. Gäbe es zum Beispiel die Verbindung des signifikanten Lautbildes «Mutter» mit dem entsprechenden Signifikat nicht, so wäre unser Denken und Vorstellen völlig diffus, wie eine Nebelwolke ohne feste Gestalt; und auch die Masse der lautlichen Äußerungen bestände dann nur aus amorphen Geräuschen, die wir nicht als sprachliche Formen verstehen könnten. «Nichts ist bestimmt, ehe die Sprache in Erscheinung tritt» (S. 133). Erst durch die Sprache wird das gedankliche Chaos strukturiert und die Lautäußerung zur artikulierten Zeichengestalt.

«Es findet also weder eine Verstofflichung der Gedanken noch eine Vergeistigung der Laute statt, sondern es handelt sich um die einigermaßen mysteriöse Tatsache, daß der ‹Laut-Gedanke› Einteilungen mit sich bringt, und die Sprache ihre Einheiten herausarbeitet, indem sie sich zwischen zwei gestaltlosen Massen bildet.» (S. 134)

Aus diesen drei Überlegungen folgen brisante Konsequenzen. Wer ihnen zu folgen bereit ist, muß von der alltäglichen wie philosophischen Vorstellung Abschied nehmen, daß die sprachlichen Zeichen nur etwas re-präsentieren, das als vorsprachliche Präsenz bereits feststeht und nur noch nachträglich abgebildet werden muß. Denn es ist die Sprache selbst, die es uns überhaupt erst ermöglicht, von Müttern im Rahmen eines verwandtschaftlichen Bezeichnungssystems zu reden, sie gedanklich zu fassen und unsere Gedanken verstehbar zu artikulieren und mitzuteilen. Es ist ein Ziel der Sprachwissenschaft, uns über diese «einigermaßen mysteriöse Tatsache» aufzuklären, die als Vermittlungsinstanz zwischen Welt und Sprechäußerungen wirksam ist.

Keine Einheiten ohne System

Die Sprache ist ein System von Zeichen. Warum «System»? Bleiben wir bei unserem einfachen Beispiel. Wieso können wir in den individuellen Vorstellungen aller möglichen Mütter das gleiche Signifikat erfassen? Und wieso können wir in den so unterschiedlichen Lautäußerungen, mit denen wir «Mutter» aussprechen, immer wieder das gleiche Lautbild wahrnehmen? Eine rein physikalische Analyse des Signifikanten als Einheit der deutschen Sprache ist nicht in der materiellen Gleichheit des Gesprochenen begründet, wie es eine «positivistische» Sprachwissenschaft annahm, die nur das unmittelbar Beobachtbare als wirklich gegeben anerkannte und keine Abstraktionen zulassen wollte.

Denn unser Sprachbewußtsein läßt uns hinter allen Nuancen der Aussprache etwas Gleiches erkennen, das die Materialität einzelner Lautäußerungen übersteigt. Wie kann man es feststellen? Nur durch den Aufweis von Verschiedenheiten, lautete Saussures Antwort. Die Identität eines sprachlichen Signifikanten ist nicht in sich selbst begründet, sondern im Zusammenspiel mit anderen Signifikanten. Wir müssen den Spielraum begrenzen, in dem die lautlichen Äußerungen zwar variieren können, aber dennoch Erscheinungen des gleichen Signifikanten bleiben. So erhellt sich uns das Lautbild «Mutter» nur, weil wir seine vielfältigen Äußerungsformen mit ähnlich klingenden Wörtern vergleichen und von ihnen abgrenzen, von «Butter», «Futter», «Kutter» oder «Luther». Wir haben es in diesen Fällen mit anderen Zeichenrelationen zu tun. Wir dürfen die Grenze nicht überschreiten, welche die einzelnen Zeichen voneinander differenziert. Um die Identität des anlautenden /m/ erkennen zu können, müssen wir es von anderen Konsonanten wie /b/, /f/, /k/ und /l/ unterscheiden. Die Schrägstriche signalisieren dabei, daß es sich hier nicht um physikalische Sprechlaute handelt, sondern um «abstrakte», ausdifferenzierte «Phoneme», die als die kleinsten bedeutungsunterscheidenden Einheiten innerhalb des Zeichensystems funktionieren. Jeder Signifikant ist seinem Wesen nach nicht stofflich bestimmt, sondern durch seine *Differenz* zu anderen Signifikanten. Formale Differenzen sind entscheidend, nicht materielle Substanzen. Pointiert gesagt: «Die Sprache ist eine Form und nicht eine Substanz» (S. 146). *Im einzelnen Element das System seiner möglichen Relationen vorauszusetzen:* Das ist der besondere Beitrag Saussures zur Erforschung der Sprache als System. Es betrifft den Klang ebenso wie den Sinn. Denn auch die Vorstellung, die wir mit einem Wort verbinden, variiert ständig. Sie bleibt jedoch gleich, sofern wir sie von anderen Vorstellungen abgrenzen und die entsprechenden Differenzen beachten. Nur innerhalb eines verwandtschaftlichen Bezeichnungssystems hat die Vorstellung Mutter ihren eigenständigen Stellenwert.

«Ob man Bezeichnetes oder Bezeichnendes nimmt, die Sprache enthält weder Vorstellungen noch Laute, die gegenüber dem sprachlichen System präexistent wären, sondern nur begriffliche und lautliche Verschiedenheiten, die sich aus dem System ergeben.» (S. 143)

Diese Verschiebung der linguistischen Aufmerksamkeit von der materiellen Qualität einzelner Einheiten zur formalen Differenz innerhalb eines Systems, in dem Verschiedenheiten, gegenseitige Abgrenzungen und Gegenüberstellungen die wesentliche Rolle spielen, betrifft nicht nur den Zeichencharakter der Sprache. Sie eröffnet auch einen neuen Blick auf *grammatische* Tatsachen als ein «Spiel von Entgegensetzungen» (S. 146). Betrachten wir die Pluralbildung. Daß wir durch Umlautbildung und «-e»-Suffix (von lat. «suffixum», Angeheftetes) aus dem Singular «Nacht» den Plural «Nächte» bilden, aus «Gast» «Gäste», aus «Hand» «Hände», läßt ein grammatisches Faktum erkennen, das nur als Verhältnis begreifbar ist. «Für sich allein genommen ist weder *Nacht* noch *Nächte* irgend etwas: also ist die Gegenüberstellung alles» (S. 146). Die Formen von Singular und Plural verweisen aufeinander wie zwei Variable innerhalb einer *algebraischen Funktion:* f (x, y). Jedes der beiden Glieder «Nacht»/«Nächte» erhält seinen grammatischen Wert als Singular bzw. Plural durch seine Beziehung zum jeweils anderen.

In verallgemeinerter Form hat Saussure aus solchen grammatischen Tatsachen den folgenreichen Schluß gezogen, der zur Leitidee der Struktur-Linguistik wurde: «Die Sprache ist sozusagen eine Algebra, die nur komplexe Termini enthält» (S. 146). Mit dieser Annäherung der Sprachwissenschaft an die Mathematik hat sich Saussure endgültig von einer sprachgeschichtlichen Laut- und Formenlehre verabschiedet, die an einzelnen Einheiten und ihrer Geschichte orientiert war. Die Linguistik wurde zur Systemtheorie.

Saussure versuchte, diese Überlegung beispielhaft zu verdeutlichen. Wir sprechen von der «relationalen Identität» der beiden Schnellzüge «Genf–Paris 8.45 abends», die mit einem Abstand von 24 Stunden abfahren. Die Lokomotive, die Wagen, das Personal werden sich wahrscheinlich jedesmal unterscheiden. Aber doch bleibt es der gleiche Schnellzug, weil wir ihn von anderen Zügen innerhalb des Fahrplans abgrenzen. Und wie auch immer ein Springer innerhalb eines Schachspiels aussehen mag, fein ziseliert oder grob gehauen, aus Elfenbein geschnitzt oder aus Brotkrumen geknetet, er bleibt doch ein Springer, sofern wir ihn von anderen Figuren unterscheiden können und uns seines Stellenwerts im geregelten Schachspiel bewußt sind.

Die zwei Achsen der Sprache

«So beruht denn bei einem Sprachzustand alles auf Beziehungen. Wie funktionieren diese?» (S. 147) Saussure hat diese Frage in einer doppelten Hinsicht beantwortet und sich damit aus einem linguistischen Rahmenwerk befreit, das nur eine Wirklichkeit kannte: die konkreten Erscheinungen des tatsächlich Gesprochenen oder Geschriebenen. Gegen diese Fixierung auf das unmittelbar Gegebene entwickelte Saussure eine Zweiachsentheorie der Sprache und zeigte, daß die Beziehungen und Verschiedenheiten zwischen sprachlichen Einheiten stets in zwei verschiedenen Sphären vor sich gehen, «die zwei Arten unserer geistigen Tätigkeit entsprechen, die beide für das Leben der Sprache unentbehrlich sind» (S. 147).

Einerseits gibt es in der Sprache die Möglichkeit der Verkettung von Zeichen. Wenn wir uns sprachlich äußern, *kombinieren* wir sprachliche Einheiten auf einer *linearen* Achse. Wir bilden oder verwenden «Syntagmen» (von griech. «syntagma», Zusammengestelltes). Der Spielraum reicht dabei von feststehenden Anreihungen, wie sie in Komposita-Wortbildungen («Mutterkomplex», «Müttergenesungswerk», «Mutterkornalkaloid», «mutterseelenallein») vorliegen, über eingespielte Redewendungen («die deutsche Muttersprache», «die Mutter der Nation») bis hin zur Freiheit der Zusammenstellungen innerhalb geregelter Satzmuster. In diesen Anreihungsbeziehungen erhält jede sprachliche Einheit ihren jeweils besonderen Stellenwert und nimmt einen nuancierten Bedeutungsgehalt an.

Andererseits *assoziieren* wir außerhalb der syntagmatischen Kombination bestimmte Zeichen, zwischen denen, gleichsam auf einer *vertikalen* Achse, charakteristische Gemeinsamkeiten und Verschiedenheiten bestehen. Diese Beziehungen betreffen die lautliche Seite der Sprache ebenso wie die semantischen Bedeutungsrelationen. Der phonologische Test zur Feststellung der Phoneme einer Sprache greift zum Beispiel auf sogenannte Minimalpaare (wie: «Butter – Mutter», «Fisch – Tisch», «Fisch – fesch», «Reben – Leben») zurück, die ähnlich klingen und sich voneinander in einem einzigen Phonem unterscheiden. Und das Syntagma «die deutsche Muttersprache» steht zum Beispiel in einer assoziativen Beziehung zu «das deutsche Vaterland», mit dem es innerhalb des deutschen

Nationalbewußtseins eine komplizenhafte Verbindung eingegangen ist. Diese Beziehungen und Verschiedenheiten sind in den Anreihungen selbst nicht manifest. Sie sind im «sprachlichen Gedächtnis» gespeichert. Jeder Sprecher einer Sprache verfügt über einen «inneren Schatz» (S. 148) von sprachlichen Einheiten, einen «trésor mental», der als solcher nur «in absentia» besteht. Gegen eine positivistische Favorisierung des anwesend Gegebenen plädierte Saussure für die Berücksichtigung des mental Verfügbaren, das in der Sprachäußerung selbst abwesend ist, und erläuterte seine doppelte Betrachtungsweise mittels eines architektonischen Beispiels:

> «Unter dieser doppelten Betrachtungsweise ist eine sprachliche Einheit vergleichbar mit einem bestimmten Teil eines Gebäudes, z. B. einer Säule; diese steht einerseits in einer gewissen Beziehung mit dem Architrav, den sie trägt. Diese Gruppierung zweier gleichermaßen gegenwärtigen Einheiten im Raum erinnert an die syntagmatische Beziehung; andererseits, wenn eine Säule von dorischer Ordnung ist, dann ruft sie im Geist einen Vergleich mit andern Stilarten (jonisch, korinthisch usw.) hervor, welche im Raume nicht vorhandene Bestandteile sind: die Beziehung ist assoziativ.» (S. 148)

Betrachten wir in dieser Perspektive Goethes gereimten Spruch: «Der Mutter schenk' ich, die Tochter denk' ich.» In der Architektonik der Sprache nimmt er eine doppelte Stellung ein. Wir können ihn als Syntagma auf der linearen Achse der Kombinatorik untersuchen, wobei das parallelisierende und alternierende Zusammenspiel von «Mutter» und «Tochter», «schenken» und «denken» für den besonderen Ausdrucks- und Inhaltsreiz des Spruchs verantwortlich ist. Dieser poetische Effekt basiert auf Assoziationen, die mental verfügbar sind. Betrachten wir nur die Zeichen «Mutter» und «schenken», die auf der assoziativen Achse mit anderen Verwandtschaftsbezeichnungen bzw. verbalen Vorstellungen paradigmatisch verbunden sind:

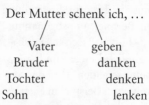

Der Mutter schenk ich, …

Vater	geben
Bruder	danken
Tochter	denken
Sohn	lenken

Sprache als ein System von Zeichen ist ein architektonisches Gebilde, in dem An- und Abwesenheit, syntagmatische Anreihungen und assoziative Beziehungen zusammenspielen.

Sprachveränderung und Sprachzustand

Die Sprachwissenschaft des 19. Jahrhunderts war historisch ausgerichtet. Sie interessierte sich für den geschichtlichen Prozeß, der sich in den Veränderungen sprachlicher Materialien dokumentiert. Hermann Paul hat die Prinzipienlehre der Sprachwissenschaft kompromißlos auf ein sprachgeschichtliches Paradigma eingeschworen. «Ich habe es noch kurz zu rechtfertigen, daß ich den Titel Prinzipien der Sprach*geschichte* gewählt habe. Es ist eingewendet, daß es noch eine andere wissenschaftliche Betrachtung der Sprache gäbe, als die geschichtliche. Ich muß das in Abrede stellen» (Paul 1970, S. 20). Der Aufweis verschiedener Entwicklungsstufen der gleichen Sprache, der Vergleich von verwandten Sprachen oder Mundarten, der zur Rekonstruktion gemeinsamer Grundformen veranlaßt, oder die Feststellung der Gesetzmäßigkeiten des Lautwandels: Immer ging es um historische Prozesse. «Und so wüßte ich überhaupt nicht, wie man mit Erfolg über eine Sprache reflektieren könnte, ohne daß man etwas darüber ermittelt, wie sie geschichtlich geworden ist» (S. 21).

Gegen diese Ausschließlichkeit legte Saussure als Systemtheoretiker sein Veto ein. Denn der Blick auf die Sprache als Relationsgefüge benötigt keine historische Erinnerung. Das System funktioniert gleichsam in sich. Wenn man Sprache als ein komplex differenziertes Gebilde untersucht, dann betrachtet man sie als einen bestehenden *Zustand*. Man versucht, die gegenseitigen Beziehungen und Verschiedenheiten zu entdecken, die zwischen den Gliedern bestehen, die *gleichzeitig* in der Sprache vorliegen, anwesend (syntagmatisch) oder abwesend (assoziativ). Saussure hat diesen simultanen Gesichtspunkt als *Synchronie* (von griech. «syn», mit; und «chronos», Zeit) bezeichnet. «Synchronisch ist alles, was sich auf die statische Seite unserer Wissenschaft bezieht» (1967, S. 96). Doch Saussure vergaß darüber nicht, daß sich jede Sprache in einer ständigen Dynamik befindet. Es gibt keine absolute Statik. Jede Sprache besitzt eine geschichtliche Dimension, in der Triebkräfte wirksam sind, die jeden Sprachzustand als einen Übergang begreifen lassen. Saussure hat deshalb von *Diachronie* (von griech. «dia», durch) gesprochen, von den Unterschieden der Sprache im Lauf der Zeit. «Diachronisch ist alles, was mit den Entwicklungsvorgängen zusammenhängt» (S. 96).

So können wir zwar das Zeichen «Mutter» synchronisch in die assoziativen und syntagmatischen Beziehungen zwischen gleichzeitigen Gliedern eines Sprachzustands eingliedern. Aber wir dürfen darüber nicht außer acht lassen, daß hier auch eine diachrone Entwicklung vorliegt. Wir können untersuchen, wie sich das neuhochdeutsche Lautbild «Mutter» aus dem indogermanischen «mātér» über das germanische «mōder» zum alt- und mittelhochdeutschen «muoter» entwickelt hat; und wir können auch festzustellen versuchen, wie sich die entsprechenden Vorstellungen geschichtlich verändert haben. In einer mutterrechtlich organisierten Kultur entspricht dem Signifikanten «Mutter» ein anderes Signifikat als in einer patriarchalen Kultur, in der traditionellen Lebensform einer bürgerlichen Familie ein anderes als in einer Gesellschaft, in der familiäre Bande keine große Rolle mehr spielen oder völlig aufgelöst sind und man sich Gedanken über den juristischen Status von «Leihmüttern» machen muß.

Welche Rolle die Sprache in der Geschichte spielt und welche Wirkungen die geschichtliche Entwicklung auf die sprachlichen Zeichen ausübt, läßt sich am Syntagma «die deutsche Muttersprache» exemplifizieren (vgl. Ahlzweig 1994). Zunächst war es nur eine Übersetzung der im 12. Jahrhundert gebräuchlichen mittellateinischen Form «materna lingua», mit der das Sprechen des ungebildeten Volks bezeichnet wurde, das nicht die schriftlich-gelehrte lateinische Sprache, die «lingua latina», beherrschte. Das deutsche Kompositum wurde dann im Zuge der Reformation als Appell eingesetzt, um einen rechten Glauben hervorzurufen, der nicht im Nachplappern unverstandener lateinischer Formeln bestehen sollte, sondern sich im Medium seiner «mutter sprach» artikuliert, in die jeder Mensch «natürlich» hineingeboren wird. Emotional aufgeladen wird die «deutsche Muttersprache» im 18. und 19. Jahrhundert. Sie ist nicht mehr die Volkssprache, die man von seiner Mutter lernt, sondern die Nationalsprache zur Stärkung des deutschen Nationalbewußtseins, das im Wilhelminismus seinen Höhepunkt erreicht. Die Muttersprache wird zum Wahrzeichen des geliebten Vaterlandes, und die Pflege der deutschen Sprache bedeutet Pflege des Deutschtums. Eine zusätzliche Bedeutung erhält das Syntagma dann innerhalb der nationalsozialistischen Rassenideologie. Der völkische Geist, der sich in der deutschen Muttersprache offenbart, ist der Geist der nordischen Rasse und ihrer beherrschenden Stellung. Diese ideologische Übersteigerung wurde nach 1945 wieder abgebaut. Dem demokratisierten Sprachbewußtsein erscheint «Muttersprache» nur noch als eine neutrale Bezeichnung, obwohl ihre emotionale und nationalbewußte Aufladung noch immer nachwirkt und mitschwingt.

Saussures Problem

Saussures Unterscheidungen haben auf die linguistische und kulturwissenschaftliche Theorie und Praxis im 20. Jahrhundert eine ungeheure Wirkung ausgeübt. Daß die Sprache als «langue» einen eigenständigen Gegenstandsbereich bildet; daß sie als ein relationales System von arbiträren Zeichen analysiert und synthetisiert werden kann; daß die differentielle Form der Sprache wesentlicher ist als die materielle Substanz des Gesprochenen; daß es auf syntagmatische und assoziative Beziehungen und Verschiedenheiten ankommt; und daß Sprache als synchrones Gebilde untersucht werden kann: Diesen programmatischen Gesichtspunkten, die das Paradigma des sprachhistorischen Positivismus gesprengt haben, haben sich die klassischen «Schulen» der Systemlinguistik in Prag, Kopenhagen und Genf angeschlossen.

Doch Saussure hat den «Cours» nie geschrieben. Der revolutionäre Gründungstext der modernen Linguistik ist eine postume «Nachschaffung» seiner Vorlesungen, die drei Jahre nach seinem Tod (22. Februar 1913) veröffentlicht worden ist. Charles Bally und Albert Sechehaye, die den «Cours» auf der Grundlage studentischer Mitschriften verfaßt haben, übernahmen die Verantwortung nicht nur gegenüber seinen Kritikern, sondern auch gegenüber ihrem Meister, «der vielleicht der Veröffentlichung dieser Seiten nicht zugestimmt hätte» (S. XI), wie sie im Vorwort zur ersten Auflage von 1916 schrieben.

Ausführliche Quellenstudien zum «Cours» (Godel 1957) und kritische Ausgaben, die auf die studentischen Aufzeichnungen und Saussures eigene Notizen zurückgriffen (Engler 1968/74), haben diesen Verdacht bestärkt. War der «Meister» gar kein Systemtheoretiker? Man begab sich auf die Suche nach einem «authentischen» Saussure, den man ganz aus dem strukturalistischen Wissenschaftsparadigma herauszulösen versuchte (vgl. Jäger 1975; Jäger und Stetter 1986). Vor allem die widerstreitenden Momente des «Cours» boten Anlaß zu kritischen Reflexionen.

Denn Saussure hatte sowohl in der Sprache als auch in ihrer Wissenschaft stets eine innere «Doppelseitigkeit» (S. 9) am Arbeiten gesehen, die sich nicht aufheben und nicht vermitteln läßt. Er war kein Dialektiker, der seine widerstreitenden Überlegungen in einem einfachen Sowohl-Als-auch entschärfen wollte. Er sah die Sprache in ihrer synchronen Statik und in ihrer diachronen Dynamik. Er wußte, daß Sprache erforderlich ist, damit das Sprechen verständlich sei; daß aber das Sprechen ebenso erforderlich ist, damit die Sprache sich bilden kann. Er war hin- und hergerissen zwischen den konkreten Erfahrungen von Einzelsprachen in ihren zeitlichen Veränderungen und geographischen Verschiedenheiten und der Intention auf «die Sprache» als ein wissenschaftlich erkennbares Gebilde mit seiner systematischen Statik.

1997 erschien eine umfangreiche Auswahl aus Saussures Nachlaß, der etwa 9000 Blätter umfaßt: Texte, Briefe und Dokumente. Nur etwa ein Drittel von ihnen beschäftigt sich mit Problemen einer allgemeinen Sprachwissenschaft. Sie lassen die Herausforderungen erkennen, mit denen der Begründer einer autonomen Linguistik zu kämpfen hatte. Und sie dokumentieren zugleich, warum es Saussure nicht möglich war, das Buch zu schreiben, das er seit Beginn der neunziger Jahre plante. Überzeugt davon, daß das positivistische Paradigma eine wirkliche Erkenntnis der Sprache verhindert, zielte er auf eine systematische Klassifikation der sprachlichen Tatsachen und auf eine verläßliche Logik der Gesichtspunkte, unter denen man Sprache zu einem wissenschaftlichen Gegenstand machen konnte. Aber zugleich faszinierte ihn der vielfältige Reichtum der sprachlichen Phänomene, der Wirbel der Zeichen, der sich in keinem stabilen Gleichgewichtszustand fixieren läßt. Bereits in einem Brief vom 4. 1. 1894 an Antoine Meillet hat Saussure bekannt, daß die «pittoreske» Seite des Sprachgebrauchs ihn mehr interessiere als die Systematik der Sprache. Malerisch und lebendig ginge es auf dem weiten Feld der Sprache zu (vgl. Saussure 1997, S. 17).

Immer waren es die Kuriositäten des lebendigen Sprachgebrauchs, die ihn neugierig machten. Man kann es vor allem an seinen besessenen *Anagrammstudien* ablesen (von griech. «anagraphein», buchstäbliches Ein-, Auf- oder Umschreiben), mit denen Saussure das Geheimnis des poetischen Zeichengebrauchs zu lüften versuchte. Es sind Dechiffrierübungen eines kabbalistischen Bastlers, der in der breiten Vielfalt klassischer Texte (vom Sanskrit über griechische und lateinische Werke bis zur germanischen Dichtung) eine poetische Spracharbeit am Wirken sah, die unter die manifeste Textgestalt eine kombinatorisch verschlüsselte Zeichengestalt verborgen hat. So hat, um nur ein Beispiel aus der Fülle seiner Analysen zu zitieren, Saussure den saturnischen Vers «Taurasia Cīsauna Samnio cēpit» als anagrammatisierende Verarbeitung eines thematisch und klanglich vorgegebenen Wortes zu entziffern versucht, das sich latent in ihm versteckt. Es ist der Name «Scipio».

«*Taurasia Cīsauna Samnio cēpit. Dies ist ein anagrammatischer* Vers, insofern er vollständig den Namen *Scipio* enthält (in den Silben cī + pi + io, außerdem in dem S von *Samnio cēpit*, das die Initiale einer Gruppe ist, in der fast das ganze Wort *Scipio* wiederkehrt, – Korrektur von -cēpi- durch das -cī- von Cīsauna.» (Saussure 1997, S. 447)

Das Anagramm ist zwar nicht ganz vollständig, da eine Lautgruppe «sci» fehlt, ein Mangel, den Saussure durch die Überlagerung von Samnio, cēpit und Cīsauna zu beheben versucht. Man kann es sich durch eine hierarchische Abbildung verdeutlichen:

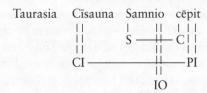

Es scheint, als ob das thematische Wort SCIPIO ein Lautmaterial bereitgestellt habe, das der entfaltete Vers verstreut und durch nicht-anagrammatische Elemente (Phonempolster) unterbrochen verarbeitet hat, wobei sowohl die Reihenfolge von SCIPIO unberücksichtigt gelassen wurde, als auch eine Wiederholung einzelner Leitwort-Laute möglich ist, um zu einer besseren Erkennbarkeit des Anagramms beizutragen (vgl. Starobinski 1980; Geier 1986, S. 176–199).

Zumindest erwähnt werden sollen auch Saussures sensible Analysen des halluzinatorischen Kauderwelschs eines somnambulen Mediums, der «Seherin von Genf» Hélène Smith, die mit Marsmenschen in Zungen zu reden glaubte: «mamakane sour mitidya … kana mitidya … mama plia … mama naximi sivrouka … aô laos sivrouka» (vgl. Saussure 1997, S. 481–496). Also schon wieder eine lautmalerische Beschwörung der Mutter/Mama, der, wie Saussure nachwies, von Hélène Smith ein exotischer Anstrich verliehen wurde, indem vor allem eine Reihe assoziierter Sanskrit-Wörter eingefügt worden ist?

Saussure war ein Sprachwissenschaftler, dessen Lebenswerk voller Dramatik und Dynamik war, im Widerstreit zwischen wissenschaftlicher Systemanalyse und einer großen Lust, sich dem Leben der Sprache in der Vielfalt seiner Erscheinungen zuzuwenden. Die strukturalistischen Schulen der modernen Linguistik haben sich vor allem an Saussures Systembegriff orientiert. Es gehört mit zum «Fall de Saussure», daß dabei sein Interesse an der Dynamik des Zeichengebrauchs und seiner Bedeutung für das sprechende Subjekt weitgehend unterschlagen worden ist. So wurde ein systemtheoretisch halbierter Saussure zum revolutionären Begründer der modernen Linguistik.

Warum empfiehlt es sich, diese nicht-autorisierte Nachschrift als einen Einstiegstext in die Sprachwissenschaft zu lesen? Weil man, so paradox das zunächst klingen mag, in diesem «Cours» mehr über das Abenteuer Sprachwissenschaft erfahren kann als in einem abgeschlossenen Lehrbuch, in dem ein Gebäude sicheren Wissens errichtet worden ist; weil es dokumentiert, daß der Fortschritt in der Sprachwissenschaft kein einfacher Weg zu einer immer besseren Erkenntnis ist, sondern daß er auch revolutionäre Umbrüche beinhaltet und eine komplizierte Wirkungsgeschichte von leitenden Ideen, die mißverstanden, uminterpretiert und verkürzt werden können; und weil es noch immer die entscheidenden «Grundfragen» stellt, die jeder wissenschaftlichen Beschäftigung mit Sprache zugrunde liegen. Am Anfang jeder Wissenschaft steht das Staunen und der Wunsch, etwas zu wissen. Für diesen anfänglichen Impuls ist Saussures «Cours» das schönste Beispiel innerhalb der modernen Sprachwissenschaft. Er hat bis heute nichts an Aktualität und Frische verloren (vgl. Thibault 1997).

DREI

Womit sich die Sprachwissenschaft beschäftigt

Ausgewählte linguistische Probleme und ihre Lösungen

> «Meine These ist, daß jede wissen-
> schaftliche Entwicklung nur so zu ver-
> stehen ist, daß ihr Ausgangspunkt ein
> *Problem* ist, oder eine *Problemsitua-*
> *tion*, das heißt, das Auftauchen eines
> Problems in einer bestimmten Situation
> unseres Gesamtwissens.»
> *Karl Popper* (1994, S. 19)

Die Sprachwissenschaft will, wie es schon die griechischen Sprach-
philosophen und Grammatiker sahen, bestimmte Probleme lösen.
Ein sprachliches Phänomen, das durchaus etwas Vertrautes und
Unproblematisches sein kann, muß für das wissenschaftliche
Nachdenken zum Problem geworden sein. So gehört zwar die Fähigkeit, grammatisch wohlgeformte Sätze bilden zu können, zu
den eingespielten Selbstverständlichkeiten der meisten Menschen.
Es wäre unsinnig und würde jede Kommunikation zerstören, diese
unreflektierte Kompetenz ständig zu problematisieren und sich
darüber zu wundern, wie das überhaupt möglich ist. Aber jeder
kennt auch Augenblicke, in denen man auf die Sprache aufmerk-
sam wird und sie als problematisch empfindet. Wie kann ich das
besser ausdrücken, was ich meine und sagen will? Was meinst du
eigentlich mit dem, was du gesagt hast? Bereits kleine Kinder können ihre Eltern mit ihren scheinbar naiven Fragen herausfordern:
Warum sagt auch Anke zu sich «ich», wenn doch ich ich bin?
Warum heißt denn Erich «Erich» und der Tisch «Tisch»? Warum
redet dieser schwarze Mann so eigenartig, daß ich ihn nicht verstehen kann? Können Tiere auch sprechen?
Von diesen alltäglichen und kindlichen Fragen ist es nur ein klei-

ner Schritt zu den Sprachproblemen, mit denen sich Sprachtheorie und Grammatik seit ihren Anfängen beschäftigen: Entsprechen die Zeichen der Sprache «natürlicherweise» den Dingen, die sie richtig bezeichnen, oder handelt es sich dabei nur um «willkürliche» Vereinbarungen, auf die man sich konventionell geeinigt hat? Gibt es in der unübersichtlichen Vielfalt des Sprechens eine grammatische Ordnung, die strengen Regeln unterliegt, oder geht es dabei weitgehend unsystematisch zu?

Ohne Fragen gibt es keine Erkenntnis. Diese einfache Feststellung hat der Wissenschaftslogiker Karl Popper ins Zentrum seiner Überlegungen gestellt. Jede Erkenntnis und wissenschaftliche Theorie beginnt nicht mit einfachen Beobachtungen oder unmittelbaren Sinneswahrnehmungen, sondern mit Problemen. Viele von ihnen tauchen dabei als inner-theoretische Fragestellungen auf. Sie sind nicht mehr direkt praktischer Natur, sondern nehmen in der Entwicklungsgeschichte der Wissenschaften ihren Platz ein. Die meisten Probleme entstehen aus der Kritik früherer Problemlösungen, die einer kritischen Diskussion oder erfahrungswissenschaftlichen Überprüfung nicht standgehalten haben. Das galt schon für die Sprachreflexionen der frühen griechischen Denker. Es gilt verstärkt für die vielen Probleme der modernen Linguistik. Auch Saussure hätte ohne Theorievorläufer seine revolutionäre Konzeption nicht entwickeln können.

«Die Probleme sind selbst Produkte der Theorien und der Schwierigkeiten, die die kritische Diskussion in den Theorien aufdeckt. Diese theoretischen Probleme sind, ganz wesentlich, Fragen nach *Erklärungen*, nach erklärenden Theorien: Die versuchsweisen Antworten, die die Theorien liefern, sind eben *Erklärungsversuche*.» (Popper 1994, S. 32)

An zehn ausgewählten linguistischen Problemen soll diese Überlegung verdeutlicht werden. Sie reichen von aphasischen Sprachstörungen bis zu den Schwierigkeiten, natürliche Sprache durch Computermodelle zu simulieren. Es sind zwar Probleme in einer bestimmten Situation des linguistischen Gesamtwissens. Aber diese Verankerung innerhalb der Wissenschaftsgeschichte bedeutet dennoch nicht, daß es sich dabei nur um rein inner-theoretische Probleme einer hochspezialisierten Wissenschaft handelt, die dem interessierten Laien oder Anfänger fremd sind. Es sind Fragen, die sich jeder stellt, der über die Sprache nachzudenken begonnen hat. Ohne Rückbindung an vor-wissenschaftliche, alltägliche Erfahrungen wäre einerseits die Sprachwissenschaft nur eine lebensferne Beschäftigung ohne praktischen Nutzen; und ohne Zurkenntnisnahme linguistischer Erklärungsversuche bliebe andererseits die Sprachreflexion im Gewirr von Meinungen gefangen, die sich einer kritischen Diskussion entziehen können. Nur aus dieser Spannung kann auch das Studium der Sprachwissenschaft seinen Sinn beziehen.

Im Hintergrund bleibt dabei *Saussures Problem* virulent, wie sich eine systematische Sprachanalyse mit der lebendigen Mannigfaltigkeit des Zeichengebrauchs vermitteln läßt. Damit hat jede sprachwissenschaftliche Untersuchung zu kämpfen. Wer sich für Sprache interessiert, als ausgebildeter Fachmann oder als neugieriger Studienanfänger, sieht sich verstrickt in eine fruchtbare Spannung, die zum Wesen der wissenschaftlichen Arbeit an und mit der Sprache gehört. Wilhelm von Humboldt, der humanistische Reformer des preußischen Bildungswesens und Sprachwissenschaftler aus Berufung, hat sie in seiner Sprachforschung und Sprachtheorie am deutlichsten formuliert, als er zwischen der Sprache als *ergon* (statisches Gebilde, Werk, Bauform) und als *energeia* (dynamische Tätigkeit, Kraft, Wirksamkeit) unterschied. Auch davon handeln die folgenden Abschnitte.

Wenn das Sprachsystem zusammenstürzt
Aphasische Störungen in linguistischer Sicht

Herr B. war wlährend der Arbeit gestürzt. Ein Hirnschlag hatte den Hauptstamm der Arteria cerebri media verschlossen, aus deren Ästen die sprachlichen Areale des Gehirns mit Blut versorgt werden. Herr B. hatte zwar seine sprachlichen Fähigkeiten nicht völlig verloren. Aber sowohl sein sensorisches Sprachverstehen als auch seine motorische Sprachproduktion wurden stark beschädigt. Herr B. litt an globaler Aphasie. «Erzählen Sie mir bitte, wie das gekommen ist mit Ihrer Krankheit», fragte ihn der Diagnostiker (vgl. Leuninger 1989, S. 88 ff).

B: Ja mei
D: Wie war das?
B: des is ... na
D: Ja ... wie war das?
B: onte ... ant goggo ...
D: Ist das schon sehr lange her?
B: ja des is scheer lange
D: Und wie war das?
B: des is ... Moment ... Montat Mittwoch ... des is ... des ... alles alles
... zusammen fa ... alles ... goggo ... goggo ... alles nicht ... goggo
goggo ... nein ... poggo
D: Sind Sie hingefallen ... und wo war das?
B: d war am ... in der ...
D: In der Arbeit?
B: ja in der Arbeit ... und formworms ...
D: Da sind Sie plötzlich umgefallen?
B: ja des is ... alles miteinand ja is ... poggo goggo

Daß die Sprache systematisch aufgebaut und das sprachliche Wissen kompetenter Sprecher gut organisiert ist, kann man vor allem
erkennen, wenn es sprachlich ungeordnet und verwirrt zugeht. Die
Untersuchung von Sprachstörungen, die ins Forschungsgebiet der
Patho-Linguistik (von griech. «pathos», Leiden) fallen, ist dabei
nicht nur theoretisch von Interesse, sondern auch für eine sprachanalytische Diagnostik hilfreich. Aus dem breiten Spektrum der
Sprachstörungen soll hier nur eine Erkrankung herausgegriffen
werden, der Symptomenkomplex der *Aphasie* (von griech. «phasis», Sprache), die patholinguistisch als eine organisch bedingte
Zentralstörung des Sprachbesitzes gilt (vgl. Hielscher, Rickheit
und Schade 1998).
   Als Geburtsstunde der Aphasieforschung gilt das Jahr 1861, als
der französische Anatom Paul Broca das Gehirn eines Invaliden sezierte, der kurz vor seinem Tod nur noch die Silbe «tan» äußern
konnte. Broca konnte feststellen, daß die schweren *motorischen*
Störungen mit einer lädierten Hirnregion in ursächlichem Zusammenhang standen. Damit war zum ersten Mal eine komplexe psychische Funktion (das motorische, expressive Sprechen) in einem
bestimmten Teil der Großhirnrinde (Cortex) lokalisiert worden;
und es war zugleich entdeckt worden, daß vor allem die linke Hemisphäre für die Sprachfunktionen wesentlich ist. – Zehn Jahre

später konnte auch das *sensorische*, impressive Sprachverstehen kortikal lokalisiert werden. 1874 erschien die Arbeit des jungen Psychiaters Karl Wernicke: «Der aphasische Symptomenkomplex. Eine psychologische Studie auf anatomischer Basis.»

Diese beiden Entdeckungen, daß sowohl die Sprachproduktion (Broca) als auch die Sprachrezeption (Wernicke) als Funktionen bestimmter Hirnbereiche betrachtet werden können, entfachten vor allem in der Neurologie einen ungeheuren Enthusiasmus. Die höheren kortikalen Funktionen des Menschen und ihre Störungen bei örtlichen Hirnschädigungen wurden zum Gegenstand einer Neuropsychologie, die vorwiegend anatomisch orientiert war. Bemerkenswerterweise spielte die Linguistik für diese Forschungen zunächst kaum eine Rolle, obwohl es sich doch offensichtlich um ein sprachliches Syndrom handelte.

Diese sprachwissenschaftliche Abstinenz konnte auf die Dauer nicht durchgehalten werden. Bereits Ferdinand de Saussure hat in den «Grundfragen der allgemeinen Sprachwissenschaft» darauf hingewiesen, daß die Aphasie nicht nur ein neurologisches, sondern auch ein spezifisch linguistisches Problem darstellt. Denn es handelt sich hier weniger um eine organisch bedingte Unfähigkeit, irgendwelche Laute oder Lautfolgen wahrnehmen oder hervorbringen zu können, als vielmehr um die Zerstörung des Vermögens, über Sprache als ein System von *Zeichen* verfügen zu können. Saussures Hinweis, daß die Aphasie mit der menschlichen «Anlage» zu tun hat, «welche die Zeichen beherrscht und welche die eigentliche Sprachfähigkeit wäre» (S. 13), hat der Patholinguistik ihr Stichwort geliefert, die sich als eigenständiges Forschungsgebiet etabliert hat (vgl. Peuser 1978; Leischner 1978; Kaplan 1987; Leuninger 1989; Blanken 1991; 1993).

. 1. Bereits die sensorischen und motorischen *Lautstörungen* der Aphasiker verweisen darauf, daß es sich dabei vor allem um den Verlust phonematischer Identifizierungen und Differenzierungen handelt. Nicht das Hörvermögen oder die Sprechorgane sind zerstört, sondern die Fähigkeit, den phonematischen Stellenwert einzelner Laute erkennen und artikulatorisch einsetzen zu können. Das führt zu vielfältigen Formen «phonematischer Paraphasien», zu Auslassungen, Umstellungen und Entstellungen des sprachlich organisierten Phoneminventars: «onte» statt «konnte», «Montat» statt «Montag», «formworms» statt «vorwärts». Auch die typischen Rückfälle in Formen wie «poggo», «goggo», «dodo» oder «tata» erklären sich durch den Verlust komplizierterer phonematischer Differenzierungsmöglichkeiten. Roman Jakobson hat in seiner 1940 geschriebenen Studie «Kindersprache, Aphasie und allgemeine Lautgesetze» ein allgemeines Gesetz solcher aphasischer Lautstörungen formuliert: «Der Abbau des sprachlichen Lautbestandes bei den Aphasischen liefert ein genaues Spiegelbild für den lautlichen Aufbau der Kindersprache» (1969, S. 81). Später erworbene Phonemdifferenzierungen werden früher verloren, elementare Unterschiede bleiben am längsten erhalten.

2. Die Zerstörung des Zeichensystems wird besonders auf *semantischer* Ebene sichtbar. Benennungsschwierigkeiten und Wortfindungsprobleme zeigen, daß der referentielle Bezug zwischen Sprache und Welt aufgelöst worden ist; Wortsinnstörungen lassen eindrucksvoll erkennen, daß die Lautbilder der Sprache nicht mehr als Signifikanten für bestimmte Signifikate (Konzepte, Sachvorstellungen, Begriffe) funktionieren. Semantisch grob abweichende Reaktionen auf Zielfragen (Wie heißt das, was ich Ihnen hier zeige?) oder vorgesprochene Wörter dokumentieren einen Riß zwischen Bezeichnendem und Bezeichnetem, sei es, indem eine gezeigte Ente als «Frosch» oder «bulla» identifiziert wird, sei es, indem «Unfug» als «untfu» nachgesprochen wird, «Liebster» als «zidieter» oder «herrschte» als «fernstich».

3. Wie stark besonders im Falle einer globalen Aphasie die *syntaktische* Struktur von Sätzen zerstört ist, kann man bei Herrn B. erkennen. Nur über Einzelworte, Floskeln («ja mei») oder kurze Syntagmen («in der Arbeit») wird verfügt. Es herrscht ein agrammatischer Telegrammstil vor, wobei es nicht gelingt, die Gedanken in eine adäquate Satzstruktur mit ihren Grammatikalisierungen zu überführen. Oder es werden paragrammatische Fehler begangen wie Wortstellungsveränderungen, Verdoppelungen und Verschränkungen von Satzteilen (vgl. Panse, Kandler und Leischner 1952; Kean 1985; Hansen 1996.)

Das aphasische Syndrom besteht in der Zerstörung der Sprache als Zeichensystem. Bemerkenswert ist dabei eine Unterscheidung, die Jakobson (1971) im Anschluß an Saussures Differenzierung zwischen syntagmatischen und assoziativen (paradigmatischen)

57

Beziehungen getroffen hat. Während jeder kompetente Sprecher in der Regel sowohl weiß, wie er die einzelnen Glieder der Sprache miteinander zu Aussagen verknüpfen kann, als auch, wie er sie aus einem Reservoir verfügbarer Möglichkeiten auswählen kann, sind in der Aphasie diese beiden Seiten der Sprache in Mitleidenschaft gezogen.

Auf der einen Seite gibt es *Kombinationsstörungen*: Agrammatismus und Paragrammatismus lösen die Zeichenkombinationen auf und führen in schweren Fällen zu einer chaotischen Wortfolge oder zu einem reduzierten Telegrammstil; grammatische Funktionswörter (wie Konjunktionen, Präpositionen und Artikel) gehen verloren, Verben werden nicht mehr konjugiert, Substantive und Adjektive nicht mehr dekliniert. – Was machen Sie denn, wenn Sie nach Hause kommen? «Nur auftehen, un hier äh Betten un hier Kaffee un un hier immer so helfen, arbeiten hier ... un immer hier mittag Arbeit, ich weiß nich, das is so schlimm zählen, das genau ... Frau B ... ne, Frau L. gut, is gut, auch Arbeit immer ...» (Leuninger 1989, S. 20).

Auf der anderen Seite stehen *Similaritätsstörungen*: Der Aphasiker büßt die Fähigkeit ein, zueinander passende Glieder aus dem Zeichenfundus auszuwählen, die aufgrund ihrer semantischen Ähnlichkeit assoziativ verbunden sind; sinnbewahrende Umschreibungen, der Gebrauch von Synonymen, Metaphern und metasprachlichen Umschreibungen, ja selbst die einfache Wiederholung eines vorgesprochenen Worts werden nicht mehr beherrscht. Im Unterschied zur Kombinationsstörung gehen in diesen Fällen die grammatischen Funktionswörter zuletzt verloren, während die einzelnen lexikalischen Zeichen als erste ihren signifikanten Wert einbüßen und sich zu einem bloßen Blabla auflösen: «Ich bin doch hier unten, na wenn ich gewesen bin ich wees nicht, we das, nu wenn ich, ob das nun doch, noch, ja. Was Sie her, wenn ich, och ich wees nicht, we das hier war ja ...» (Jakobson 1971, S. 65).

In der Perspektive dieser Zweiachsen-Konzeption der Sprache findet auch die klassische Unterscheidung von Broca-Aphasie und Wernicke-Aphasie eine einleuchtende linguistische Interpretation. Vor allem Jakobson hat den Hinweis gegeben: Die motorische Broca-Aphasie, die in einer Störung der Sprachproduktion besteht, spielt sich auf der linearen Ebene der Kombination ab; die sensorische Wernicke-Aphasie, die das Sprachverstehen beeinträchtigt, beinhaltet dagegen Störungen auf der vertikalen Ebene der Assoziation zwischen Zeichen.

Wer sich sprachlich ausdrücken will, muß verschlüsseln (enkodieren), was er sagen will. Dazu wählt er zunächst Bestandteile aus seinem assoziativ aufgebauten «trésor mental» aus, die er dann zu Aussagen kombinieren muß. Von einzelnen Bestandteilen ausgehend, muß er die passende Synthese finden. Daran scheitert der Broca-Aphasiker. Er versagt beim *kombinatorischen Verschlüsseln*. Der motorische Ausdruck ist gestört, weil die nachfolgende syntagmatische Verkettung der ausgewählten sprachlichen Glieder nicht gelingt.

Wer etwas Gesagtes verstehen will, muß entschlüsseln (dekodieren), was er hört. Dazu muß er zunächst an den wahrgenommenen Aussagen ansetzen. Er muß die kombinatorische Struktur erkennen, um sie dann angemessen in ihre Bestandteile zu analysieren. An dieser nachfolgenden Analyse scheitert der Wernicke-Aphasiker. Er versagt beim *Entschlüsseln* der einzelnen Zeichen, die er nicht zu identifizieren vermag. Die sprachliche Wahrnehmung ist gestört, weil die Selektion einzelner Einheiten nicht gelingt, die sprachlich in assoziativen Ähnlichkeitsklassen zusammengefaßt sind.

So hat die linguistische Klassifikation sprachsystematisch nachvollziehen können, was Broca und Wernicke anatomisch festgestellt haben. Und die neuropsychologische Aphasieforschung hat wiederum starke Indizien geliefert, um die Unterscheidung zwischen syntagmatischen Anreihungen und paradigmatischen Assoziationen neurologisch zu fundieren: «Bei aphasischen Störungen ist, was nachfolgt, beeinträchtigt, während, was vorangeht, intakt bleibt. Die Kombination ist daher mangelhaft in den Verschlüsselungstypen der Aphasie, während es die Selektion in den Entschlüsselungstypen ist» (Jakobson 1971, S. 296).

Schwimmende Hölderlintürme, möwenumschwirrt
Die sprachliche Konstruktion des Poetischen

Aphasische Sprachäußerungen zeichnen sich gegenüber dem normalen Sprachgebrauch durch einen strukturellen Mangel aus. Die Sprache des Aphasikers ist, im Vergleich mit grammatisch wohlgeformten Sätzen, *unterstrukturiert*, wobei Störungen auf der syntagmatischen und auf der assoziativen (paradigmatischen) Achse auftreten können. Doch wir alle kennen auch entgegengesetzte Sprachphänomene, welche mehr Struktur als nötig besitzen. Verglichen mit der alltäglichen Sprache sind sie *überstrukturiert*. Am deutlichsten erkennbar sind sie im poetischen Sprachgebrauch. Poetische Texte sind Texte mit verstärkten Merkmalen der Geordnetheit. Ihre Untersuchung steht im Mittelpunkt der *linguistischen Poetik*.

Seit ihren Anfängen hat die moderne Linguistik versucht, das Geheimnis der «Poetizität» zu lüften (vgl. Erlich 1964; Striedter 1972; Medvedev 1976). Im Unterschied zu literaturwissenschaftlichen Verfahren, den Sinn literarischer Texte entschlüsseln zu wollen, sei es durch geistesgeschichtliche Motivforschung, sozialgeschichtliche Einordnung oder interpretatorisches Verstehen, konzentriert sich die linguistische Poetik auf die sprachliche Systematik poetischer Texte. Wodurch manifestiert sich die ästhetische Qualität von Sprachkunstwerken, ihre poetische Funktion, die sie vom allgemeinen Sprachgebrauch unterscheidet und ihren besonderen Reiz bewirkt?

Die linguistische Poetik hat sich vor allem auf die sprachliche Form selbst konzentriert. Nicht *was* gesagt wird, steht für sie im Zentrum, sondern *wie* es gesagt worden ist. Sie hat dabei nicht übersehen, daß auch in poetischen Texten andere Funktionen der Sprache bedeutsam sind: der expressive Ausdruck von Gefühlen oder Gedanken, der Appell an einen Hörer oder die Darstellung von Sachverhalten. Aber wesentlich für die poetische Sprachverwendung ist, daß diese Funktionen zurückgedrängt werden und die Form der sprachlichen Mitteilung als solche einen selbständigen Wert und ein eigenes Gewicht erhält. Die Aufmerksamkeit wird auf die sprachlichen Zeichen selbst gerichtet, die in ihrer besonderen Qualität erscheinen und nicht bloß als Zeichen für etwas anderes. Roman Jakobson hat es pointiert so formuliert: «Die Einstellung auf die Botschaft als solche, die Ausrichtung auf die Botschaft um ihrer selbst willen, stellt die poetische Funktion der Sprache dar» (1979, S. 92).

«Poetizität» ist nicht nur auf die Dichtkunst beschränkt, obwohl sie hier eine vorherrschende und strukturbildende Rolle spielt. Wir erkennen sie auch in politischen Slogans, in der Werbesprache oder in der Kindersprache. So haben zum Beispiel Dwight D. Eisenhowers PR-Spezialisten 1952 zur Präsidentenwahl den Slogan kreiert: «I like Ike» / ai laik aik /, der mit dem Spitznamen des Kandidaten ein kunstvolles Sprachspiel bildet. Bündig und linguistisch überstrukturiert wurden drei Einsilber aneinandergereiht, in denen dreimal der Diphthong /ai/ vorkommt, dem symmetrisch drei Konsonanten folgen: / ... l ... k ... k/. Dabei reimen sich /laik/ und /aik/, wobei der Eigenname wie ein Echo auf die Liebesbekundung antwortet. Auch der sprachliche Ausdruck des liebenden Subjekts /ai/ verkettet sich mit dem geliebten Objekt /aik/.

Erhellend ist ebenfalls die Geschichte eines jungen Mädchens, das vom «ekligen Erik» zu sprechen pflegte. «Warum eklig?» fragte Jakobson und erhielt als Antwort: «Weil ich ihn hasse.» «Aber warum nicht scheußlich, schrecklich, furchtbar, fies?» «Ich weiß nicht wieso, aber eklig paßt besser zu ihm.» Intuitiv hatte das Mädchen die Assonanzen von /e:/ und /i/ und den konsonantischen Gleichklang des /k/ ausgenutzt, um ihrer Ablehnung einen sprachlichen Nachdruck zu verleihen. Oder erinnern wir uns an die Äußerungen der Seherin von Genf, die Saussure untersucht hat. Während einer somnambulen Pantomime wiederholte sie dreimal mit weichster, wohlklingendster Stimme «mamakana sour mitidya ... kana mitidya», wobei die Laut- und Wortwiederholungen zur Beschwörung eines imaginären indischen Fürsten dienten (Saussure 1997, S. 484).

Vor allem der poetische Sprachgebrauch hat seit seinen frühesten Anfängen solche linguistischen Mechanismen ausgenutzt und die materielle Spürbarkeit der Zeichengestalt in den Vordergrund gerückt. Die Entwicklung reicht von den ursprünglichen Formen magischer Zaubersprüche bis zu den Experimenten der modernen Lyrik. Der erste Merseburger Zauberspruch endet mit der beschwörenden Lösungsformel «Insprinc haptbandun, invar vigandun» (entspring den Haftbanden, entflieh den Feinden), in der phonologische Übereinstimmungen, morphologische Entsprechungen und syntaktische Parallelismen ebenso wirksam sind wie im zweiten Merseburger Zauberspruch, in dem sprachlich zusammenkommt, was auch in Wirklichkeit zusammengehört: «Bên zi bêna, bluot zi bluoda, lid zi geliden, sôse gelimida sin!» (Knochen zu Knochen, Blut zu Blut, Glied zu Gliedern, als ob sie aneinandergefügt / geleimt seien!).

Als ein letztes Beispiel soll uns ein Vers von Paul Celan das Wesensmerkmal der Poetizität erklingen lassen. In «Tübingen, Jänner», seiner Erinnerung an den Dichter Friedrich Hölderlin, der die zweite Hälfte seines Lebens umnachtet in einem Turm am Neckar verbrachte, stehen die Verse: «Erinnerung an / schwimmende Hölderlintürme, möwen- / umschwirrt». Die dargestellte Szenerie erscheint als poetisierte Realität. Durch die Pluralbildung «Türme» gleicht sich das umgelautete Lautbild dem Dichternamen an und nähert sich phonologisch dem folgenden «möwenumschwirrt»; aus dem gespiegelten Bild des Turms werden «schwimmende» Türme, assonierend und alliterierend dem «Schwirren» der Möwen, wobei das «möwen-umschwirrt» mit seiner /œ/-/i/-Folge wiederum den Namen «Hölderlin» lautlich evoziert.

Die linguistisch orientierte Poetik hat in zahlreichen Detailuntersuchungen aufgezeigt, wie die «Botschaft um ihrer selbst willen» sprachlich gestaltet worden ist (vgl. Blumensath 1972; Küper 1976; Jakobson 1976, 1979; Geier 1989). Die Texte haben durch die sprachspielerische Gestaltung nicht ihre darstellende Funktion verloren, es sei denn in Form reiner Lautgedichte, in der nur noch mit dem Klangmaterial der Sprache gearbeitet wird. Aber sie gewinnen durch ihre poetisierte Ausdrucksgestalt einen linguistischen Mehrwert und eine autonome Selbständigkeit, die sich an der Materialität der Zeichen selbst ablesen oder mithören läßt. Orientiert an Saussures Unterscheidung zwischen den syntagmatischen Zeichenverkettungen und den assoziativen Beziehungen im «trésor mental» der sprechenden Subjekte, ist dabei ein allgemeines poetolinguistisches Formgesetz festgestellt worden:

Die poetische Funktion der Sprache überträgt das Prinzip der Äquivalenz von der assoziativen Achse auf die Ebene der syntagmatischen Verbindungen.

Während im normalen Sprachgebrauch Ähnlichkeiten und Gleichheìten in der Regel nur zwischen den assoziierbaren Lautbildern «in absentia» bestehen, ohne in der syntagmatischen Verkettung «in praesentia» erscheinen zu müssen, werden sie im poetischen Sprachgebrauch selbst manifest. So kommt jene Überstruktur zustande, die sich in den lautlichen Gleichklängen der Anlaut-, Binnen- und Endreime zeigt, in den Wortwiederholungen und -variationen, in den semantischen Entsprechungen, in den syntaktischen Parallelisierungen und den metrischen und rhythmischen Gleichläufen, deren komplexes Zusammenspiel für den Reiz der Poetizität verantwortlich ist. Mit seinem typischen Sprachwitz hat es Christian Morgenstern gedichtet:

Das ästhetische Wiesel
Ein Wiesel
  saß auf einem Kiesel
  inmitten Bachgeriesel.
Wißt ihr,
  weshalb?
  Das Mondkalb
verriet es mir
  im stillen:
Das raffinierte Tier
  tats um des Reimes willen.

Unendlicher Gebrauch von endlichen Mitteln
Der strukturelle Aufbau normaler Sprache

Das aphasische Syndrom besteht im Zusammenbruch des Sprachsystems. Die sprachlichen Äußerungen werden unterstrukturiert. Der poetische Sprachgebrauch zeichnet sich dagegen durch eine spielerische Überstrukturiertheit aus. Was aber ist sprachlich normalerweise der Fall und liegt, bildlich gesprochen, zwischen Aphasie und Poesie?

Normal sind äußerst verwickelte Teil-Ganzes-Beziehungen, durch die eine Sprache (langue) systematisiert ist und das Sprechen (parole) ermöglicht wird. Strukturierte Sprache und wohlgeformter Sprachgebrauch basieren auf einem komplexen Zusammenspiel einzelner Elemente innerhalb ganzheitlicher Zusammenhänge. Am 29. Juni 1820 hat Wilhelm von Humboldt in seiner Akademie-Rede «Ueber das vergleichende Sprachstudium» das allgemeine Prinzip formuliert, das jeder Sprache und jeder sprachlichen Äußerung zugrunde liegt: Der sprachfähige Mensch macht *unendlichen Gebrauch von endlichen Mitteln.* «Es vereinigen sich also im Menschen zwei Gebiete, welche der Theilung bis auf eine übersehbare Zahl fester Elemente, der Verbindung dieser aber bis ins Unendliche fähig sind» (Humboldt 1963, S. 3). Während sich die analysierende Teilung in der artikulatorischen Gliederung des Lautstroms in einzelne Töne und Wörter zeigt, beruht die synthetisierende Verbindung auf der erzeugenden Energie der Sprache, die zur unendlichen Freiheit der Rede drängt. Das artikulierend-synthetisierende Verfahren der Sprache unterliegt dabei einem einfachen Gesetz:

Je kleiner die festen Elemente sind, desto größer ist der sprachliche Zwang; je größer die Verbindungen sind, desto größer ist die Freiheit der sprechenden Subjekte.

1. Jede menschliche Sprache ist *artikuliert* (von lat. «articulus», Glied, Teil). Artikulation verweist dabei zunächst auf eine Gliederung des Gesprochenen, die von den Sprechorganen ausgeht. Aber nicht alles, was Menschen lautlich artikulieren können, spielt eine Rolle, wenn es um die Sprache als ein System von Zeichen geht. Es kommt darauf an, jene Lautunterschiede und -ähnlichkeiten zu beherrschen, die in der Sprache funktional relevant sind, weil sie die Bildung und Unterscheidung sprachlicher Zeichen ermöglichen. Während Sprechlaute rein physikalische Substanzen sind, besitzen die sogenannten *Phoneme* einen formalen Wert. Sie sind die kleinsten bedeutungsunterscheidenden Einheiten des Sprachsystems. Wir erkennen die Differenzen zwischen «Puder» und «Puter», «Butter» und «Mutter», «Summer» und «Sommer», weil wir die phonematischen Unterschiede zwischen /d/ und /t/, /b/ und /m/, /u/ und /o/ wahrnehmen. Und wir erkennen jedes einzelne Wort aufgrund seiner Phoneme, die in ihm miteinander verkettet und gegeneinander ausdifferenziert sind.

Diese elementaren bedeutungsdifferenzierenden Ausdrucksglieder lassen sich weiter analysieren. In ihnen sind, wie die Beispiele gezeigt haben, bestimmte «phonologische Merkmale» gebündelt, welche die einzelnen Phoneme voneinander abgrenzen. Vokale sind kurz oder lang, so daß wir zwischen «Bann» und «Bahn» unterscheiden können; offen oder geschlossen, wodurch wir «hat» von «Hut» differenzieren. Konsonanten sind labial artikuliert (wie /p/, /b/, /m/) oder dental (wie /t/, /d/, /n/) oder velar (wie /k/ und /g/), was uns vor Verwechslungen zwischen «Pein», «dein» und «kein» schützt. Sie können stimmlos (wie /p/) sein oder stimmhaft (wie /b/). Wir unterscheiden die frikativen Reibelaute /w/, /f/, /s/ von den plosiven Verschlußlauten /p/, /b/, /t/, /d/ und den Nasalen /m/ und /n/, weil uns die Differenz zwischen «Wein», «Pein» und «mein» vertraut ist.

Es ist ein relativ kleiner Satz von solchen Merkmalen, die als Bausteine für alle Phoneminventare natürlicher Sprachen dienen. Diese geringe Anzahl impliziert für die Sprecher einer bestimmten Sprache einen großen Zwang. Ihre phonologische Freiheit ist gleich Null. Das phonologische System einer Sprache determiniert sowohl, welche Phoneme bedeutungsunterscheidend wirken, als auch, welche Merkmale in den einzelnen Phonemen vorherrschen. Wer ein /g/ artikuliert, muß die phonologischen Merkmale bündeln, die für dieses Phonem konstitutiv sind: konsonantisch, plosiv, stimmhaft, velar. Die großartige Ökonomie der elementaren Ausdruckseinheiten legt bereits alle Möglichkeiten fest, die in einer Sprache genutzt werden können.

2. Jede Sprache ist *doppelt artikuliert*. Die Phoneme unterscheiden nicht nur Wörter, sondern sie bilden auch Wörter. Wenn Saussure von Artikulation sprach, zielte er vor allem auf das System unterschiedlicher Zeichen, in denen bestimmte Lautbilder mit entsprechenden Vorstellungen verbunden sind. André Martinet hat deshalb von einer zweifachen Gliederung («double articulation») gesprochen. Während einzelne Wörter aus bedeutungsunterscheidenden Phonemen gebildet sind, ist eine Sprache aus Einheiten organisiert, in der die Erfahrung geordnet ist, die alle Mitglieder einer Sprachgemeinschaft miteinander gemein haben (Martinet 1963, S. 21 ff). Die kleinsten bedeutungtragenden Einheiten, die nicht weiter zerlegt werden können, ohne ihren Zeichencharakter zu verlieren, werden linguistisch meist *Morpheme* (von griech. «morphe», Gestalt) genannt. Gegenüber dem alltagssprachlichen «Wort» besitzt dieser Fachbegriff den Vorteil, die be-

deutungshaltigen Bausteine unterhalb der Wortebene feststellen zu können. Eine Aussage wie «Ich habe Kopfschmerzen» besteht zwar aus drei Wörtern, aber aus sechs Morphemen: «ich hab-e Kopf-schmerz-en», wobei einige eine lexikalische Bedeutung besitzen («Kopf», «Schmerz» und «hab» als Ausdruck des Besitzes), während das «-e» und das «-en» als grammatische Flexionsmorpheme für die 1. Person Singular bzw. für den Pluralakkusativ dienen. «Kopfschmerz» nutzt dabei eine geregelte Möglichkeit der Wortbildungszusammensetzung im Deutschen aus. Das Problem der Personalpronomen wird uns weiter unten (S. 73 ff) beschäftigen.

Im Unterschied zu den Phonemen, deren Liste geschlossen ist und deren Zahl in den einzelnen Sprachen zwischen 20 und 40 schwankt, ist das Morpheminventar offen und zahlenmäßig reichhaltig. Ein kompetenter Sprecher des Deutschen verfügt etwa über 50000 Wörter. Im Großen Duden-Lexikon finden sich rund 200000 Einträge. Aber trotz dieser Fülle bleibt die Freiheit des Sprechers eingeschränkt. Der sprachliche Code hat den Kombinationsmöglichkeiten der Phoneme zu Morphemen enge Grenzen gesetzt. Der Sprecher wird in der Regel Morpheme nur gebrauchen, nicht aber prägen. Wir erwarten, daß der individuelle Wortgebrauch den kodifizierten Einheiten der Sprache entspricht. Neue Wortbildungen und Neologismen sind zwar möglich, aber bleiben doch die Ausnahme.

3. Aus Morphemen werden *Sätze* gebildet. Wieviel Sätze gibt es in einer Sprache? Und wie groß ist die Freiheit des Sprechers auf der syntaktischen Ebene, auf der es um die Verkettung bedeutungstragender Einheiten zu grammatisch wohlgeformten Gebilden geht? Diese Fragen stehen im Zentrum einer Forschungsrichtung, die der amerikanische Linguist Noam Chomsky begründet hat. Seit vierzig Jahren bildet sie eine Hauptströmung der modernen Sprachwissenschaft. 1956 erschien am Massachusetts Institute of Technology seine knappe Studie «Syntactic Structures», die Chomsky mit dem lapidaren Satz einleitete: «Syntax ist die Erforschung der Prinzipien und Prozesse, durch die Sätze in einzelnen Sprachen konstruiert werden» (1973, S. 13). Auch hier kann wieder von «Artikulation» gesprochen werden. Sätze sind kein Morphem- oder Wörtergemisch. Sie besitzen eine syntaktische Struktur, die es

uns erlaubt, wohlgeformte Verkettungen wie «Die Mutter war es nicht» von bloßem Wortsalat wie «es nicht Mutter war die» zu unterscheiden. Der Syntaktiker muß erklären, wie Sätze gebildet («generiert») werden können.

Dabei taucht ein Problem auf, mit dem Phonologen und Morphologen nicht zu kämpfen haben. Während jede Sprache als ein Inventar weniger Phoneme und vieler Morpheme aufgelistet werden kann, ist die Zahl der Sätze unbegrenzt. Es ist absolut unmöglich, alle möglichen Sätze zu sammeln und in einem Sätze-Buch zu inventarisieren. Es kann nicht nur unaufhörlich geredet und geschrieben werden, es kann auch ständig Verschiedenes auf eine neue Art gesagt werden. Wie jeder kompetente Sprecher muß deshalb auch der Linguist «projizieren». Von einzelnen Satzanalysen ausgehend will er erkennen, was überhaupt in einer Sprache alles möglich ist. «In dieser Hinsicht spiegelt eine Grammatik das Verhalten des Sprechers wider, der auf der Basis einer endlichen und zufälligen Erfahrung mit Sprache eine unendliche Anzahl von neuen Sätzen hervorbringen und verstehen kann» (S. 17). Für diese unbegrenzte Neuheit und sprachliche Kreativität gilt es eine plausible linguistische Erklärung zu finden. Nichts anderes will eine «Generative Grammatik».

Auch wenn die meisten deutschen Sätze, die tagtäglich von Millionen Menschen gebildet und verstanden werden, neu sind, so sind uns all diese Sätze doch syntaktisch vertraut. Sie sind in ihrer syntaktischen Struktur vorgeprägt, in ihrer lexikalischen Ausfüllung dagegen weitgehend frei. Wir erwarten eine kreative Besetzung von syntaktischen Mustern, die durch eine endliche Anzahl grammatischer Regeln bestimmt sind. Wir besitzen also auf der Satzebene eine wesentlich größere Freiheit als auf der Phonem- und Morphemebene. Aber die damit verbundene Kreativität bleibt dennoch durch ein Regelsystem gebunden und begrenzt, dem sich kein kompetenter Sprecher entziehen kann.

1969 erschien die deutsche Übersetzung von Chomskys «Aspects of the Theory of Syntax». Der Titel klingt bescheiden. Aber die Wirkung dieser Studie über Aspekte der Syntax-Theorie war überwältigend. Hier wurde ein Programm entworfen und detailliert ausgeführt, das für die Sprachwissenschaft bis heute richtungweisend ist: «Unter einer generativen Grammatik verstehe ich einfach ein Regelsystem, das auf explizite und wohldefinierte Weise Sätzen Struktur-Beschreibungen zuordnet. Offenbar hat sich jeder Sprecher einer Sprache eine generative Grammatik vollständig angeeignet, die seine Sprachkenntnis ausmacht» (Chomsky 1969, S. 19). Den technischen Ausdruck «generieren» übernahm Chomsky von logischen und mathematischen Theorien kombinatorischer Prozesse. Die kreative Seite der Sprache ist Ausdruck von Kombinationsmöglichkeiten, die durch eine begrenzte Anzahl generativer Regeln bestimmt sind. Der Reiz der Chomsky-Linguistik besteht darin, dieses Spannungsverhältnis zwischen sprachlicher Freiheit und syntaktischen Zwängen als zentrales Problem aufgeworfen und Wege zu seiner Lösung aufgezeigt zu haben.

4. Chomsky definierte Sprache als die Menge aller grammatisch wohlgeformten Sätze. Damit wurde Syntax zu einem Zentralbereich der Sprachwissenschaft. Doch in der Regel tauchen Sätze nicht als einzelne Gebilde auf. In Gesprächen oder *Texten* haben wir es mit Verbindungen zu tun, die nur noch in einem beschränkten Maß den Strukturregeln für einzelne Sätze unterliegen. Bei der Kombination von Sätzen zu größeren Äußerungen verlieren die obligatorischen syntaktischen Regeln ihre Wirksamkeit. Damit wächst die Freiheit der individuellen Sprecher in bedeutendem Ausmaß. Gespräche und Texte haben ihre eigene Dynamik, wobei inhaltliche Kohärenz, Sprecherintention, kommunikative Funktion und situativer Kontext eine größere Rolle spielen als die syntaktische Struktur von Sätzen. Aber auch hier ist die Freiheit nicht unbegrenzt. Je nach Textgattung oder Gesprächsform sind Kombinationsregeln wirksam, die mehr oder weniger festlegen, wie Texte koordiniert aufgebaut sind oder Gespräche zusammenhängend geführt werden. Wie eine textuelle «Superstruktur» aussehen kann, bei der die Freiheit der Mitteilung durch die Regeln eines Codes gebunden ist, läßt sich am Beispiel des Märchens ablesen.

Vom russischen Märchen zum Hollywoodfilm
Superstrukturen in der Textproduktion

Der Sprachgebrauch ist textuell organisiert. In Erweiterung einer Linguistik, die sich vor allem auf die Struktur aller grammatisch wohlgeformten Sätze konzentriert, wobei der Kontext keine wesentliche Rolle spielt, verweist die Text-Linguistik auf das elementare Faktum, daß Sätze nicht isoliert dastehen. Wer Regelhaftigkeiten der Sprachverwendung feststellen will, muß auf Verbindungen achten, die nur noch in einem beschränkten Maß den Strukturregeln für Einzelsätze unterworfen sind. Jetzt gilt es vor allem zwei Fragen zu beantworten:

1. Was ist überhaupt ein Text? Diese Frage zielt auf allgemeine Bedingungen der Texthaftigkeit. Textlinguistisch kommt es darauf an, die Regeln festzustellen, die für die «Textualität» wesentlich sind und die Kohärenz zusammenhängender Sätze ermöglichen. 2. Welche besonderen Eigenschaften kennzeichnen konkrete Texte als Beispiele bestimmter Textsorten, zum Beispiel als Gebrauchsanweisungen, Werbeanzeigen, Zeitungskommentare, wissenschaftliche Untersuchungen, literarische Erzählungen etc.?

Der textlinguistische Forschungsansatz, über den man sich in Einführungen und Monographien von Beaugrande und Dressler (1981), Heinemann und Viehweger (1991), Brinker (1992) oder Vater (1992) informieren kann, hat seine Vorläufer, vor allem auf «superstruktureller» Ebene. Bereits in den zwanziger Jahren wurde auf diesem Forschungsgebiet gearbeitet. Als Beispiel soll hier nur ein Buch vorgestellt werden, das bereits 1928 in russischer Sprache erschien: die «Morphologie des Märchens» des Folkloristen Vladimir Propp, die 1975 auf Deutsch publiziert wurde. Ihre Aktualität läßt sich nicht nur an ihren Wirkungen ablesen. Propps «morphologische» Untersuchung führt uns auch eindrucksvoll vor Augen, wie kulturelle Phänomene von einem linguistischen Gesichtspunkt aus betrachtet werden können.

Zu seiner Zeit konnte sich Propp bereits auf umfangreiche Sammlungen russischer Volksmärchen stützen. Auch literaturgeschichtliche Untersuchungen lagen vor. Während jedoch die meisten Forscher «atomistisch» vorgingen, indem sie einzelne Motive untersuchten, ihre historischen Ursprünge freilegten und einzelne

«Sujets» (erzählte Themenkomplexe) analysierten, zielte Propp auf eine systematische Beschreibung der märchenhaften Textualität, auf die synchronen Beziehungen einzelner Bestandteile untereinander und zum Ganzen. Wie Ferdinand de Saussure begründete er seine Verfahrensweise systematisch. Wie in der synchronen Sprachwissenschaft die syntagmatischen Verkettungen von Zeichen analytisch zerlegt werden, um die einzelnen Glieder in einen systematischen Zusammenhang zu stellen, so suchte auch Propp die allgemeine Struktur, die jeden einzelnen Märchentext durchzieht und als Erscheinung einer typischen Form qualifiziert. Es kam ihm darauf an, hinter der «parole» der verschiedenen Märchen ihre «langue» zu entdecken.

Um eine systematische Beschreibung zu erreichen, mußten zunächst die wesentlichen Einheiten der Märchen herausgearbeitet werden. Propp plädierte dafür, die «Funktionen» der Handelnden als Elemente zu isolieren. Nicht wer etwas tut oder wie er es tut, ist dabei entscheidend, sondern was er macht. Denn vor allem dieses «Was» spielt für den Gang der Handlung und die Systematik der Märchen eine entscheidende Rolle. Betrachten wir ein einfaches Beispiel. Fast alle Märchen beginnen mit der Schädigung eines Protagonisten: Der Drache raubt die Tochter des Zaren; der Teufel raubt die Tochter des Popen; die Hexe raubt den Sohn von alten Leuten; der Zar raubt die Braut Ivans; der Drache raubt das Licht aus dem Zarenreich usw. Die Namen der Personen wechseln hier ebenso wie die inhaltlichen Qualitäten des Raubs. Gleich bleibt jedoch in allen Fällen die Funktion. Es wird geraubt und damit ein bestimmter Handlungsverlauf in Gang gesetzt, der in der Regel zu einem glücklichen Ende führt: Die Feinde werden bestraft, und der Held bekommt seinen Lohn.

Überrascht stellte Propp fest, daß sich hinter der Vielzahl von Gestalten und der Vielfalt an Formen und Bildern eine ausgesprochen geringe Zahl von Funktionen verbirgt, genauer gesagt: einunddreißig, auf deren Grundlage sich die Handlung sämtlicher Märchen entwickelt. Die Gesamtsequenz dieser Funktionen, die sich in der Regel auf sieben handelnde Personen (Schadenstifter, Schenker, Helfer, Zarentochter, Sender, Held und falscher Held) verteilen, bildet einen Grundtypus. Eine systematische Abfolge der Funktionen wird erkennbar, die über festgelegte Etappen verläuft:

Nach einer Einleitung, in der sich jemand von zu Hause entfernt oder ein Gebot verletzt, folgt als «Schürzung des Knotens» eine Schädigung, auf die mit der Lossendung eines Helden reagiert wird; nach mehreren Prüfungen des Helden und dem Erwerb zauberischer Gegenmittel kommt es zum Kampf mit dem Gegenspieler; nach seinem Sieg kehrt der Held zurück, wobei er sich vor Verfolgern retten und gegen falsche Helden und ihre unrechtmäßigen Ansprüche behaupten muß; schließlich wird der Feind bestraft und der Held belohnt.

Wie die Linguistik hinter der Vielfalt des Sprechens (parole) ein sprachliches System syntagmatischer und paradigmatischer Beziehungen (langue) festzustellen versucht, so hat Propp die verschiedenen Märchentexte analysiert, um ihre abstrakte Erzählstruktur zu entdecken. Er übertrug die Systematik der allgemeinen Sprachwissenschaft auf das Feld erzählter und erzählbarer Texte. Auf den kritischen Einwand, daß es doch völlig gleichgültig sei, ob sich die einzelnen Motive zergliedern lassen oder nicht, wie man die wesentlichen Glieder bestimmt und klassifiziert, entgegnete der Märchen-Morphologe: «Kann man etwa über eine Sprache reden, ohne eine Vorstellung von den Teilen der gesprochenen Sprache zu haben, d.h. von bestimmten Wortgruppen, die nach spezifischen Flexionsgesetzen koordiniert werden? Die gesprochene Sprache ist eine konkrete Erscheinung, die Grammatik ihr abstraktes Substrat. Auf solche Substrate konzentriert sich gerade das Augenmerk der Wissenschaft. Ohne Erforschung dieser abstrakten Grundlage kann keine einzige Erscheinung erklärt werden» (Propp 1975, S. 23).

Die strukturelle Erzählforschung hat Propps Intention übernommen. Immer geht es darum, die Aufmerksamkeit auf tieferliegende Textstrukturen zu lenken. Nur so ist wirklich zu verstehen, was trotz der heterogenen Vielfalt typischerweise wirksam ist. Claude Lévi-Strauss erweiterte Propps Untersuchungsgebiet, indem er die strukturlinguistische Verfahrensweise auf den Bereich der Mythen ausdehnte. Umberto Eco verfuhr wie Propp bei seiner Analyse der James-Bond-Romane von Ian Fleming (1986). Tzvetan Todorov baute es zu einer allgemeinen «Poetik der Prosa» (1972) aus, Roland Barthes zu einer «Poétique de récit» (1977). Joseph Campbell versuchte, orientiert an Propp, in «The Hero with a Thousand Faces» (1973) die zeitlosen Strukturmuster und archetypischen Charaktere des Erzählens vor Augen zu führen. Christopher Vogler popularisierte 1992 dessen Methode und Untersuchungsergebnisse und zeigte, wie heute Hollywoods Kinomythen funktionieren. Filmemacher wie George Lucas und George Miller bedanken sich bei Campbell für seine Erzählanalyse, deren Wirkungen auch in den populären Filmen von Steven Spielberg, John Boorman, Francis Ford Coppola und anderen feststellbar sind. Vogler hat es in seinem Handbuch zum Schreiben und Analysieren erfolgreicher Drehbücher und Filme nachdrücklich unterstrichen. Mythen, Märchen und modernes Mainstream-Geschichtenerzählen: «All stories consist of a few common structural elements found universally in myths, fairy tales, dreams, and movies. They are known collectively as ‹The Hero's Journey›» (S. 3). So wurde Propps allgemeine Märchenformel zum Muster für erfolgreiche Hollywoodproduktionen, die trotz ihrer ständigen Neuheit doch nur dem stets gleichen, strukturlinguistisch feststellbaren Muster folgen:

«1. Heroes are introduced in the ORDINARY WORLD, where
2. they receive the CALL TO ADVENTURE.
3. They are RELUCTANT at first or REFUSE THE CALL, but
4. are encouraged by a MENTOR to
5. CROSS THE FIRST THRESHOLD and enter the Special World, where
6. they encounter TESTS, ALLIES AND ENEMIES.
7. They APPROACH THE INMOST CAVE, crossing a second threshold
8. where they endure the SUPREME ORDEAL.
9. They take possession of their REWARD and
10. are pursued on THE ROAD BACK to the Ordinary World.
11. They cross the third threshold, experience a RESURRECTION, and are transformed by the experience.
12. They RETURN WITH THE ELIXIER, a boon or treasure to benefit the Ordinary World.» (Vogler 1992, S. 30)

Ich liebe dir! – Ich dir, du mir. – Wir?
Probleme mit den Personalpronomen

Als in Lewis Carrolls märchenhaftem Wunderland der Herzbube angeklagt und mit der Todesstrafe bedroht wird, taucht ein Gedicht als Beweisstück auf, das für seine Schuld zu sprechen scheint.

> Er schrieb, du warst bei ihr zu Haus
>   Und gabst von mir Bericht
> Und sprachst: «Mit dem kommt jeder aus,
>   Nur schwimmen kann er nicht.»
> Sie sagten ihm, ich sei noch hier
>   (Ihr wißt ja, das trifft zu) –
> Wenn sie sich nun drauf kaprizier',
>   Sagt sie, was machst dann du?

Gar nichts ist damit bewiesen, wendet Alice ein. Denn obwohl irgendwie verstehbar ist, was hier geschrieben steht, erscheint der Text doch recht verworren. Es ist der Gebrauch der Personalpronomen, der irritiert. Von wem ist hier die Rede? Solange wir das nicht wissen, entzieht sich uns der Sinn des Gedichts.

Pronominalisierungen sind ein bevorzugtes Untersuchungsgebiet der Textlinguistik, die sich seit Ende der sechziger Jahre gegen eine reine Satzlinguistik etabliert hat. Man mußte vom Satz zum Text fortschreiten, um vor allem jene «Pro-Formen» analysieren zu können, die auf Elemente des sprachlichen Kontextes verweisen (vgl. Hülsen 1994; Pérennec 1996). Sogenannte Faulheitspronomen (pronouns of laziness) treten anstelle einer Wiederholung eines bereits gesagten Eigennamens auf. Sie sind unselbständige Stellvertreter. Wir können zum Beispiel «*Ihm* geht es nicht gut» als sachhaltige Aussage nur verstehen, wenn wir wissen, von wem die Rede ist. «Ihm» ist sowohl syntaktisch als auch semantisch durch den anaphorischen Rückbezug auf «*Georg* war wieder zu lange in der Kneipe» bestimmt. Man kann diese Abhängigkeit auch an Fehlleistungen erkennen, die wie im Telegramm Kaiser Wilhelms II. anläßlich des militärischen Erfolgs seines Sohnes 1914 unfreiwillig komisch sein können: «Freue mich mit dir über Wilhelms ersten Sieg. Wie herrlich hat Gott ihm zu seite gestanden. Ihm sei dank und ehre. Ich habe ihm eisernes Kreuz zweiter und erster Klasse verliehen.»

Doch trifft das Stellvertreterkonzept, das von *Pro*-Nomen zu sprechen erlaubt, wirklich das Wesen dieser besonderen sprachlichen Formen? Irgendwie scheinen uns die Personalpronomen doch eigenständige Sprachelemente zu sein. «Warum soll das ‹Ich› nicht einfach das besagen, was jedermann darunter versteht, sondern als bloßer Ersatz für den Namen des Sprechers fungieren?» (Fränkel 1974, S. 244) – Um diese Frage zu beantworten, empfiehlt sich ein Rückgriff auf eine Unterscheidung, die der amerikanische Zeichentheoretiker Charles Sanders Peirce (1839–1914) getroffen hat: Bei *ikonischen* Zeichen besteht eine Ähnlichkeit zwischen Abgebildetem und Abbildendem; bei *indexikalischen* Anzeichen besteht ein hinweisender Bezug, der von der Situation abhängt, in der auf etwas gezeigt wird; bei *symbolischen* Zeichen haben wir es mit konventionell geregelten Beziehungen zwischen Bezeichnetem und Bezeichnendem zu tun, die auf einem allgemeinen Code beruhen. Solche Symbole sind die meisten Sprachzeichen. Aber auch die Personalpronomen? Daß sie Ikone sind, können wir ausschließen. Aber sind sie nun Indexe, die jeweils situativ auf den Sprecher (ich), den Angesprochenen (du) oder etwas Drittes (er, sie, es) hinweisen, das besprochen wird? Oder besitzen sie auch eine symbolische Bedeutung, die durch das Sprachsystem kodifiziert ist? Auf diese Fragen sind drei verschiedene Antworten gegeben worden.

1. Personalpronomen sind reine *Anzeichen* und haben nur einen deiktischen Wert (von griech. «deiknymi», zeigen). Das Zeichen «ich» funktioniert in einer unmittelbaren, existentiellen Beziehung zu dem jeweils Sprechenden innerhalb aktueller Sprechsituationen. Es verweist von Fall zu Fall auf stets andere Personen. Die klassische Begründung für diese indexikalische Einordnung hat Karl Bühler 1934 in seiner «Sprachtheorie» geliefert. Im Unterschied zu den «Nennwörtern» (Symbole, Begriffszeichen) handelt es sich bei deiktischen Ausdrücken der Person, der Zeit und des Orts um «Zeigwörter» (Signale, Indexzeichen), die zur subjektiven Orientierung innerhalb variabler Zeigfelder dienen, die um den Koordinatenausgangspunkt des Ich-jetzt-hier gebildet sind. «Die Zeigwörter bedürfen nicht des Symbolfeldes der Sprache, um ihre volle und präzise Leistung zu erfüllen» (Bühler 1978, S. 119). Sie sind Bestandteile der augenblicklichen Sprechsituationen oder, wie Emile Benveniste sagte, Indikatoren, die in stets gegenwärtigen

Diskursinstanzen existieren und keine allgemeine Bedeutung besitzen (1974, S. 279–297).

2. Personalpronomen sind *Symbole*. Denn sie sind nicht nur in Sprechsituationen (parole) als Hinweisgesten wirksam, sondern besitzen auch einen kodifizierten Wert im System der Sprache (langue). «Das Zeichen ‹ich› kann sein Objekt nicht vertreten, ohne mit letzterem aufgrund ‹einer konventionellen Regel› assoziiert zu werden, und in verschiedenen Codes kommt den verschiedenen Wörtern wie ‹I›, ‹ego›, ‹ich›, ‹je› etc. die gleiche Bedeutung zu: folglich ist ‹ich› ein Symbol» (Jakobson 1974, S. 37). Darauf insistieren alle Theorien des Ich, des Selbst, des anderen. Man äußert nicht nur «ich», um auf sich in variablen Sprechsituationen hinzuweisen, sondern verwendet einen allgemeinen Ich-Begriff, der allen zur Verfügung steht, die sich als Ich begreifen. Die klassische Begründung für den Symbolwert der Personalpronomen hat Wilhelm von Humboldt geliefert. In seinem Akademie-Vortrag am 26. April 1827 «Ueber den Dualis» wandte er sich auf das entschiedenste gegen den sekundären Stellvertretercharakter der Pro-nomen wie auch gegen ihre Signalfunktion. In einer «Pronominalansicht der Sprache» spielen Personalpronomen eine fundamentale und ursprüngliche Rolle. «Ich» ist nicht das einzelne Individuum, das sich in bestimmten Sprechsituationen befindet, «Du» ist nicht der angezeigte Adressat einer konkreten Äußerung. Das Wesen des Ich besteht vielmehr darin, Subjekt zu sein; die symbolische Kraft des Du resultiert aus dem Wunsch nach Geselligkeit; und der Symbolgehalt der dritten Person verweist auf eine Sphäre aller Wesen und Gegenstände, über die als Objekte gesprochen werden kann (Humboldt 1963, S. 113–143). Gegenüber der innerlichen Empfindung des Ich im Selbstgefühl und des Du in der eigenen Wahl eines anderen bezeichnet das Pronomen der dritten Person alles, was nur äußerlich gesehen, gehört oder gedacht wird und sich, «da nun der Kreis der Fühlenden und Sprechenden verlassen wird, auch zur todten Sache erweitert» (S. 483).

3. Personalpronomen sind *Doppelstrukturen*. Daß es sich bei einer rein symbolischen Interpretation von Pronomen um «hypostasierte Verhältnisbegriffe» (S. 204) handelt, um eine begriffliche Überhöhung zu eigenständigen Wesenheiten, hat Humboldt selbst bemerkt. Sie haben sich aus ihrer Verankerung in Sprechsituatio-

nen gelöst. Plausibel ist es deshalb, Personalpronomen weder als reine Indikatoren noch als für sich stehende Symbole zu begreifen. Während das «Ich» als Index in einer existentiell bestehenden Beziehung zum ich-sagenden Sprecher steht, bedeutet es als Symbol jeden Sprecher überhaupt. Personalpronomen sind doppeltstrukturiert: «Indexical symbols». Otto Jespersen nannte sie treffend «Shifters» (von engl. «to shift», verschieben, vertauschen, wechseln), Wechselwörter, die für verschiedene Sprecher die gleiche Funktion besitzen. Mit ihrer Hilfe bleibt die kodifizierte Symbolbedeutung auf besondere Sprechsituationen bezogen und die situative Mitteilung auf eine höhere Allgemeinheit wechselseitiger Anerkennung, die durch das Sprachsystem ermöglicht wird. Sprechen und Sprache, Mitteilung und Code greifen ineinander über (vgl. Jespersen 1923; Barthes 1979, S. 20).

Pronominale Verschieber liegen weder als ursprüngliche Symbole der Sprache zugrunde, wie in der Tradition Humboldts behauptet wurde, noch sind sie reine Hinweisgesten in einem Bühlerschen Zeigfeld. Ihre komplexe Doppelstruktur erklärt deshalb auch, daß die Shifter zu den späten Erwerbungen der Kindersprache und zu den frühen Verlusten in der Aphasie gehören (vgl. Jakobson 1974, S. 38). Sie erhellt auch, worin der Unsinnscharakter des Gedichts von Lewis Carroll besteht. Es unterwirft sich zwar dem allgemeinen Code und befolgt die konventionalisierten Regeln einer adäquaten Unterscheidung zwischen den Personalpronomen. Aber diese Unterwerfung greift nicht auf die Mitteilung über. Wir erfahren nicht, wer sich hinter «ich» und «du» und «er» und «sie» verbirgt. Die Doppelstruktur der Verschieber ist aufgelöst worden. Das Gedicht liefert das Ich und Du als allgemeine Instanzen dem Code der Sprache aus; aber es entzieht sie als Subjekte der poetischen Mitteilung zugleich der symbolischen Ordnung und der sprachlichen Dekodierung. Das macht es, wie Alice zu Recht bemerkt, als Beweismittel unbrauchbar.

Zum Schluß noch ein Gedicht. Es stammt von dem dadaistischen Merz-Künstler Kurt Schwitters und zeigt, wie die Sprache zu feiern beginnt, wenn das Spiel mit den Personalpronomen poetisch überstrukturiert wird und ihre paradigmatische Ähnlichkeit auf die Ebene des Textes projiziert erscheint:

O du, Geliebte meiner siebenundzwanzig Sinne, ich liebe dir! – Du deiner dich dir, ich dir, du mir. – Wir? Das gehört (beiläufig) nicht hierher.

Ich liebe dich nicht
Negation, Verneinung, Negierung

«Ob ich ihn geliebt habe? Ob er mich geliebt hat? O Gott, wenn ich das nur wüßte! Ich glaube, ich werde noch wahnsinnig.» Mit diesen verwirrenden Fragen nach der Liebe beginnt Walter Serners absonderliche Geschichte «Die Tigerin» (1921), die bis zu ihrem tödlichen Ende um die Alternative zwischen Gewißheit und Zweifel, Bejahung und Verneinung kreist. Alle Aktionen und Gespräche in diesem Roman der Täuschungen und Illusionen handeln von dem Problem, wie man mit der Verneinung zurechtkommen kann, welche die Liebesbeteuerung «ich liebe dich» unterminiert und grundlos werden läßt.

Logische Negation, grammatische Verneinung und kommunikative Negierung sind universelle Grundoperationen, über die alle Menschen in allen Kulturen verfügen. Sie gehören zur Grundausstattung menschlicher Denk- und Sprachfähigkeit: Jedes positive Urteil kann logisch in seine Negation überführt werden; alles, was gesagt werden kann, kann auch verneint werden; jede affirmative Sprechhandlung kann negiert werden.

Es ist ein weites Feld, auf das man sich begibt, wenn man sich über diese Möglichkeiten klarwerden will, oder, um an die Formulierung von Saussure zu erinnern, «ein wirrer Haufe verschiedenartiger Dinge», dem wir uns konfrontiert sehen, wenn wir die menschliche Rede (langage) von mehreren Seiten aus zugleich studieren. Wer sich mit dem Nein-Sagen beschäftigt, hat es mit Logik, Ontologie, Grammatik und Kommunikation zu tun. Wir wollen uns hier nur auf diese vier Bereiche konzentrieren und lassen folgende Fragen außer acht: Wie haben sich die verschiedenen Negationswörter der indogermanischen Sprachfamilie aus der gemeinsamen Wurzel «ne» entwickelt? Wie wird in den unterschiedlichen Sprachen verneint? Wie erwirbt ein Kind die Fähigkeit, über das komplexe Spektrum der Verneinung zu verfügen? Welche stilistischen Effekte ergeben sich aus unterschiedlichen Verneinungsformen? ...

1. Das Problem der *Negation* tauchte zuerst innerhalb der griechischen *Logik* auf, etwa um 500 v. Chr., als Parmenides sich von der Göttin «Wahrheit» offenbaren ließ, daß es hinter all den Unsicherheiten, Vermutungen und Meinungen der Sterblichen doch etwas Evidentes gibt, das frei von jeder Täuschung ist und sich dem Zweifel entzieht. Gegen die verstörenden Fragen, ob sich die Erde um die Sonne dreht oder die Sonne um die Erde, ob der Morgenstern der Abendstern ist oder nicht ist, ob man geliebt oder nicht geliebt wird, steht die Sicherheit der logischen Alternative: «Entweder es ist, oder es ist nicht» (Parmenides, Fragment 8, 16). Die Göttin sprach mit der Stimme der Logik. Sie offenbarte dem Weisen das kontradiktorische Gegensatzpaar «ist / ist nicht», das ausschließende «oder» und den Satz vom Widerspruch. Bejahung und Verneinung können nicht gleichzeitig einer Aussage zukommen. Wer das nicht einsieht, gehört zu den Doppelköpfigen, «denn Ohnmacht lenkt in ihrer Brust den schwankenden Verstand» (Fragment 6, 5 f).

Bis in die moderne zweiwertige Logik hat die parmenideische Erleuchtung ihre Spuren hinterlassen. Die Negation wird als eine logische Operation verstanden, durch die aus einer propositionalen Aussage «p» (von lat. «propositio», Vorstellung, Gedanke, Thema) mit einem bestimmten Wahrheitswert (wahr/falsch) eine Aussage mit einem entgegengesetzten Wahrheitswert gebildet wird. In seiner logischen Untersuchung «Die Verneinung» hat Gottlob Frege 1918 die Grundregel formuliert: «Zu jedem Gedanken gehört demnach ein ihm widersprechender Gedanke derart, daß ein Gedanke dadurch als falsch erklärt wird, daß der ihm widersprechende als wahr anerkannt wird» (1986, S. 67). *Ob* p oder nicht-p wahr ist, ob ich sie geliebt habe oder nicht, spielt für die Logik keine Rolle. Es geht allein um die geregelte Beziehung zwischen den Wahrheitswerten von Aussagen: *Wenn* p wahr ist, *dann* ist nicht-p falsch; und wenn p falsch ist, dann ist nicht-p wahr.

2. Parmenides hat nicht nur die logische Formel der Negation entdeckt. Er begann auch darüber nachzudenken, was mit der negativen Aussage «es ist nicht» gemeint sein kann. Er hat sie *onto-*

logisch (von griech. «on», das Seiende, Sein) reflektiert und dabei das «Nicht» als einen bezeichnenden Begriff zu denken versucht. Wenn dieses Negationswort ein Zeichen ist, was bezeichnet es dann? Gibt es in der Welt etwas, worauf sich das «Nicht» bezieht, eine Art negativer Tatsache oder gar ein Nichts? Oder handelt es sich hier nur um eine sprachliche und gedankliche Möglichkeit, der in der Welt als allem, was der Fall ist, nichts entspricht?

In welche Falle man geraten kann, wenn man das Negationszeichen als *Namen* für etwas Seiendes versteht, das es paradoxerweise nicht gibt, hatte bereits Homer dichterisch vorgeführt, als Odysseus auf die Frage des Zyklopen, wer ihn geblendet hat, listig antwortete: «Niemand ist mein Name» (Die Odyssee, 9. Gesang, Vers 366). Wie hätte man Odysseus verfolgen können, wenn es doch niemand war, der Polyphem das Auge ausgestochen hat? Es ist ein uralter Scherz der Weltliteratur, das Pronomen «niemand» und das Negationssymbol «nicht» zu substantivieren und dann zu fragen: Wer oder was ist das, dieser «Niemand» und dieses «Nichts»? – «Sieh doch einmal auf die Straße hinunter, ob du einen kommen siehst», forderte der König die kleine Alice hinter den Spiegeln auf. «Auf der Straße sehe ich niemand», antwortete Alice. «Ach, wer solche Augen hätte!» bemerkte der König wehmütig, «mit denen man selbst Niemand sehen kann! Noch dazu auf die Entfernung! Und ich muß schon froh sein, wenn ich in diesem Licht noch die wirklichen Leute sehen kann» (Carroll 1975, S. 96).

Auch Parmenides sah die Gefahr und formulierte gegen das «Nichts», das in der Verneinung auftaucht, seine ontologische Bannformel: «Nichts *ist nicht*» (Fragment 6, 2). Es gibt nur das Seiende. Vom Nichts dagegen kann «keinerlei Kunde» kommen. Es ist das Unerkennbare, Unsagbare, Unaufzeigbare. Wer Nichts denkt, denkt eben nicht. Diese Verneinung des Nichts hat die Philosophie dennoch nicht zur Ruhe kommen lassen. Von den Mysterien des Nichts über die mittelalterliche Mystik, die das Nichts als ein göttliches Überwesen beschwor, bis zu Martin Heidegger, der gegen Parmenides das Nichts ins Zentrum der Metaphysik rückte, reichen die Versuche, das ontologische Geheimnis dieses verwirrenden Wortes zu lüften (vgl. Geier 1989, S. 31–62). Gegeben sein soll nur «das Seiende allein und weiter – nichts. Wie steht es um dieses Nichts? Ist es ein Zufall, daß wir ganz von selbst so sprechen? Ist es nur so eine Art zu reden und sonst – nichts?» (Heidegger 1975, S. 26)

3. Von der Art des negierenden und verneinenden Sprechens handelt die *Linguistik*. Sie will sich weder auf eine rein logische Analyse beschränken, die nur abstrakt von Wahrheitswerten handelt, ohne die Komplexität des natürlichen Sprachgebrauchs zur Kenntnis zu nehmen, noch in die ontologische Falle einer Bejahung des Nichts tappen. Mit «negativen Tatsachen» will es die Linguistik nicht zu tun haben. «Ein solcher Begriff ist schwer verständlich. Was ist das für ein Sachverhalt, der von *Karl schläft nicht* bezeichnet wird?» (Eisenberg 1986, S. 206) Statt dessen kümmert sie sich um die sprachlichen Mittel, mit denen negative Aussagen grammatisch wohlgeformt formuliert werden können.

Die *Grammatik der Verneinung* hat mit einem neuen Problem zu kämpfen. Was jeder Mensch unreflektiert beherrscht, erweist sich als äußerst komplex und undurchsichtig. Mit einer scheinbar einfachen Bestimmung beginnt zum Beispiel die Duden-Grammatik: «Eine Aussage kann im Deutschen auf verschiedene Weise ganz oder teilweise negiert werden» (1984, S. 639). Aber dieses Können hat seine Tücken. Zur Verneinung stehen eine Fülle sprachlicher Mittel zur Verfügung, die nur schwer auf einen gemeinsamen Nenner zu bringen sind.

Es gibt zunächst eine ganze Reihe *lexikalischer* Einheiten:
– allen voran die Negationspartikel «nein», die als Satzäquivalent auftreten kann: Liebst du mich? Nein;
– Negationspronomina wie «niemand» und «keine/r», die in Subjekt- und Objektstellung auftreten können: Keiner liebt mich, ich liebe keinen;
– temporale, modale und lokale Adverbien: «niemals», «nie»; «nicht»; «nirgends», nirgendwo»;
– Präpositionen: «ohne», «außer»;
– zweigliedrige Konjunktionen: «weder – noch»;
– Verben: «negieren», «verneinen», «verleugnen».

Hinzu kommen Wortbildungen, die *morphologisch* Negationsaffixe (von lat. «affigere», anheften) an Nomen, Verben oder Adjektive anschließen, um ihre Bedeutung ins Gegenteil zu wenden: In-toleranz, in-diskret; Un-sinn, un-vernünftig, un-geliebt; Miß-achtung, miß-günstig; A-phasie, a-sozial; Dis-harmonie; des-orientiert; Ent-machtung, ent-kleiden; mut-los, erfolg-los, alkohol-frei; Anti-pathie, anti-semitisch; ...

Bereits diese Sammlung sprachlicher Verneinungsmittel zeigt «verschiedene Weisen», die im natürlichen Sprachgebrauch zum Ausdruck der Verneinung verfügbar sind. Wie lassen sie sich systematisch erfassen? Diese Frage steht im Zentrum *syntaktischer* Analysen. Es ist nicht leicht, hier ein System zu entdecken. Denn die Negationswörter können innerhalb von Sätzen verschiedene Stellungen einnehmen und lassen sich in unterschiedliche Wortklassen einordnen. Betrachten wir nur die folgenden Beispiele, wobei «x» als Variable für Negationswörter steht:

x liebt mich	kein, niemand, nichts
ich liebe x	kein, niemand, nichts
ich liebe x	nie, niemals, nicht, keineswegs
er liebt x Menschen	kein
liebt er mich? x	nein
x ein Mensch wird geliebt	nicht
er wird x geliebt, x gehaßt	weder – noch
er ist x-beliebt	un-

Man kann bereits aus dieser kleinen Sammlung den Schluß ziehen, daß die Kategorie der Negation ganz unterschiedliche syntaktische Funktionen erfüllen und Stellungen einnehmen kann. Das Inventar der Negationswörter und die Stellungseigenschaften ihrer Formen zeigen eine in sich verschränkte Mannigfaltigkeit, die den Wunsch nach geordneter Systematik unbefriedigt zu lassen droht.

Ein zusätzliches Problem stellt die Unterscheidung von *ganzer* und *teilweiser* Verneinung dar. Während in der Logik die Negation auf die Gesamtaussage bezogen wird (p wird durch nicht-p widersprochen), muß die Grammatik der natürlichen Sprache zwischen «Satznegation» und «Satzgliednegation» unterscheiden. Eine Aussage wie «ich liebe dich *nicht*» kann zwar als Verneinung der Gesamtaussage «ich-liebe-dich» verstanden werden. Aber die gleiche Struktur kann durch variierende Akzentuierung eine jeweils unterschiedliche Bedeutung annehmen, die man sich anhand einer sondern-Ergänzung und einer nicht-Verschiebung verdeutlichen kann:

ich liebe dich nicht (= nicht ich liebe dich, sondern Peter);
ich *liebe* dich nicht (= lieben zwar nicht, aber gern haben);
ich liebe *dich* nicht (= dich liebe ich nicht, sondern Monika).

Die Bereichskonstituente der Verneinung ist dabei zwar stets die gesamte Konstruktion «ich-liebe-dich». Aber diese Aussage kann hinsichtlich verschiedener Bezugskonstituenten (Subjekt, Prädikat, Objekt) verneint werden, ohne daß dabei die syntaktische Form als solche verändert werden muß.

Während sich die Logik der Negation von den natürlichen Sprachen ablöst, denen sie kein klares und deutliches Merkmal für ihren Operator «nicht» entnehmen kann, und die Ontologie sich in negative Tatsachen und ein substantialisiertes Nichts zu verheddern droht, hat die grammatische Negationsforschung mit dem Problem zu kämpfen, daß hinter den lexikalischen, morphologischen und syntaktischen Mannigfaltigkeiten sprachlicher Verneinungsformen kein ordentliches System zu entdecken ist. Das erklärt die Vielfalt von grammatischen Modellen, die entworfen worden sind, um dieses komplexe Phänomen in den Griff zu bekommen. Es verwundert nicht, daß die Negation zu den besonders herausfordernden Gegenständen der Linguistik gehört und einen Prüfstein bildet, an dem sich die Beschreibungs- und Erklärungskraft alternativer grammatischer Hypothesen und Modelle messen lassen muß (vgl. Stickel 1970; Helbig und Ricken 1973; Qian 1982; Jacobs 1982; Kürschner 1988; Adamzik 1987; Dölling 1988).

4. Sprachliche Verneinung ist nicht nur eine Erscheinung der Sprach*form*. Sie erschöpft sich auch nicht in einem abstrakten Raum von Wort- und Satz*bedeutung*en, die ohne situationalen Kontext in der Sprache existieren. Wir alle wissen aufgrund unserer *kommunikativen Erfahrungen*, daß man mit Wörtern und Sätzen etwas *tun* kann. Innerhalb konkreter Sprechsituationen können wir die sprachlichen Negationsmöglichkeiten für unterschiedliche Zwecke gebrauchen. Wir sagen nicht nur einen propositionalen Inhalt aus, sondern können Meinungen, Einladungen oder Angebote «zurückweisen». Eine Frage können wir «verneinen», mit Negationsausdrücken können wir etwas «verbieten» oder uns einer Aufforderung «verweigern». Sprachwissenschaftlich werden solche kommunikativen *Sprechakte* unter dem Sammelbegriff «Pragmatik» (von griech. «pragma», Handlung) zusammengefaßt, wobei sich für den pragmatischen Aspekt der Negation der Begriff *Negierung* etabliert hat (vgl. Heinemann 1983).

Wer die abgedroschenste aller Liebesstereotype zum ersten Mal äußert, beschreibt in der Regel keinen Sachverhalt oder kein Gefühl. «Ich liebe dich» gibt keine bloße Tatsache wieder, sondern verändert die Welt. Es ist eine Äußerung des Gefühls, ein «performativer» Akt (von engl. «to perform», ausführen, durchführen, realisieren), der die Entgegnung eines anderen herausfordert. Auch «ich liebe dich nicht» übersteigt den propositionalen Gehalt des Gesagten. Der Sprechakt kann von einer harmlosen Richtigstellung bis zur tiefsten Verletzung reichen. Es hängt von den Umständen ab. Als pragmatische Negation kann die Negierung sich in vielfältigen Formen äußern. Man denke nur daran, wie auf die Frage «liebst du mich?» geantwortet werden kann: Nein! Dich doch nicht. Spielt das eine Rolle? Wie kommst du denn darauf? Wieso denn dich? Du träumst wohl. Du kannst mich mal. Geh zum Teufel! Laß uns morgen darüber reden. Du nervst … Oder man schweigt, zieht sich zurück und läßt das Begehren ins Leere verpuffen.

Vielleicht sind es ja solche Negierungen, die auch die ontologische Rede vom Nichts motivieren. Das Nichts, das von Parmenides bis Heidegger die Philosophie beunruhigte und im Nihilismus seine unheimlichste Gestalt annahm, wäre dann kein paradoxes Zeichen für etwas, das es nicht gibt, sondern Ausdruck vernichteter Hoffnungen und enttäuschter Erwartungen. Man kann in den Abgrund stürzen, wenn «ich liebe dich nicht» im unpassenden Augenblick geäußert wird.

Aber manchmal gibt es auch die umgekehrte Möglichkeit. Die Negierung läßt etwas auftauchen, das im verborgenen Grund des Bewußtseins schlummert. Davon hat Sigmund Freud in seiner Studie «Die Verneinung» gesprochen. Eine negierende Sprechhandlung kann zur indirekten Bestätigung dessen dienen, was im Unbewußten des Subjekts existiert, auch wenn es nicht ohne weiteres bereit ist, dazu Ja zu sagen. Die Negierung wäre dann eine besonders raffinierte Art, das Verdrängte zur Kenntnis zu nehmen und auszudrücken, ohne seinen propositionalen Gehalt anzuerkennen. «Nein, die Mutter war es nicht.» Ist es nur ein psychoanalytischer Witz, wenn der Analytiker darin die Ankündigung wahrnimmt, daß es doch gerade die Mutter war? «Kein stärkerer Beweis für die gelungene Aufdeckung des Unbewußten, als wenn der Analysierte mit dem Satze: *Das habe ich nicht gedacht*, oder: *Daran habe ich nicht (nie) gedacht*, darauf reagiert» (Freud, GW XIV, S. 15). Es wäre kein Sturz ins Nichts, der hier stattfindet, sondern ein Vorscheinen von Wünschen, Gedanken und Gefühlen, die zwar negiert werden, aber gerade dadurch zumindest eine intellektuelle Annahme des Verdrängten ermöglichen.

«Ob ich ihn geliebt habe? Ob er mich geliebt hat?
Ich glaube, ich werde noch wahnsinnig.»

Andere Sprachen, anderes Denken, andere Wirklichkeiten?
Für und wider die linguistische Relativitätstheorie

Gibt es eine universelle Einheit hinter der Vielfalt von Sprachen? Auch wenn in den vorhergehenden Abschnitten von besonderen Sprach- und Textphänomenen gesprochen wurde, so zeigte sich doch immer ein universalistisches Moment. Die gemeinsamen Superstrukturen von russischen Märchen und Hollywoodfilmen, die von Vogler als kollektiv unbewußte Archetypen im Sinne des Psychoanalytikers und Symbolforschers Carl Gustav Jung (1875–1961) gedeutet worden sind, verwiesen darauf, daß den kulturellen Verschiedenheiten etwas Gemeinsames zugrunde liegt. Eine solche Universalität scheint für menschliche Sprache überhaupt kennzeichnend zu sein:

Jede Sprache besteht aus einer Menge von Phonemen, in denen einige wenige universelle phonologische Merkmale gebündelt sind.

Jede Sprache ist doppelt artikuliert und basiert auf dem Zusammenwirken von bedeutungsunterscheidenden und bedeutungstragenden Bausteinen.

Jede Sprache ist aus arbiträren Zeichen zusammengesetzt, deren immanente Lautbild-Vorstellung-Verbindung und externer Referenzbezug zur Welt kodifiziert sind.

Immer bieten syntaktische Regeln die Möglichkeit, unendlichen Gebrauch von endlichen Mitteln zu machen und stets neue Sätze bilden zu können.

Alle Sprachen basieren auf einem Zweiachsen-Prinzip (Syntagma und Paradigma), dessen Verletzung zur aphasischen Unterstrukturiertheit und dessen Ausnutzung zur poetischen Überstrukturiertheit führt.

Die linguistischen Kategorien der Person und der Negation sind universalsprachlich und unterscheiden sich in jeder konkreten einzelnen Sprache nur hinsichtlich ihrer spezifischen Ausprägungen.

Die Erforschung *linguistischer Universalien* bildet seit der «Tagung über Sprachuniversalien» in Dobbs Ferry, New York, im Frühjahr 1961 einen Schwerpunkt der internationalen Forschung (vgl. Greenberg 1963; Holenstein 1985). Vor allem durch Noam Chomsky erhielt sie ein besonderes Profil. Seit Mitte der sechziger Jahre wurde sie auf allgemeine Prinzipien ausgerichtet, die universell allen überhaupt möglichen Einzelsprachen zugrunde liegen. Durch eine *Universalgrammatik* ist sowohl festgelegt, mit welchen linguistischen Einheiten in allen Sprachen gearbeitet wird, als auch, welchen allgemeinen Strukturregeln dabei gefolgt wird (vgl. Chomsky 1969; 1981; 1986). Die Universalgrammatik wurde zum zentralen Thema einer «kognitiven Linguistik», die, bildlich gesprochen, auf die Hardware des menschlichen Geistes zielt und sie letztlich im Genom des Menschen biologisch angelegt sieht. Auch in Deutschland ist diese universalgrammatische Intention auf die Sprache begeistert nachvollzogen worden. Nur durch eine universalistische und kognitivistische Forschungsstrategie im Sinne Chomskys soll verhindert werden können, daß sich die deutsche Sprachwissenschaft von der internationalen Szene isoliert (vgl. Fanselow und Felix 1997; Grewendorf, Hamm und Sternefeld 1987; Grewendorf 1995; Schwarz 1996; Sucharowski 1996).

Die vielen Satzbeispiele, die Chomsky zum Nachweis der gesuchten universellen Prinzipien heranzieht, sind vor allem aus seiner eigenen Sprache gewählt. Diese Einschränkung auf das Englische verbindet sich mit einer linguistischen Perspektive, die sich am Vorbild der Mathematik orientiert. Bereits der Begriff «generativ» besaß einen technischen Sinn und wurde von logisch-mathematischen Theorien kombinatorischer Prozesse übernommen. In neueren Arbeiten spricht Chomsky von einem «single computational system for human language» (1995, S. 7), von einem «Berechnungssystem», für das die vielfältigen Unterschiede im Zeichengebrauch einzelner Sprachen nur eine nebensächliche Rolle spielen.

Gerade auf sie konzentriert sich eine sprachwissenschaftliche Gegenbewegung, die sich aus einer anderen Tradition speist. Ihr dient nicht die Mathematik, sondern die Kulturanthropologie als Orientierungsgrundlage. Gegen den universalistischen Berechnungstheoretiker und sein «Minimalist Program» (1995) beharrt sie auf einer Untersuchung des mannigfaltigen Reichtums sprachlicher Erscheinungen, der nicht biologisch determiniert ist, sondern in einem komplexen Zusammenhang mit kulturellen Eigenarten, geschichtlichen Überlieferungen und sozialen Lebensformen steht. Diese Traditionslinie reicht von Wilhelm von Humboldt bis zu den Verfechtern eines *linguistischen Relativitätsprinzips*. Vor allem die umfangreiche Untersuchung fremder Sprachen, deren Lexikon und Satzbau nicht nach dem Muster des Indoeuropäischen gebildet ist, läßt erkennen, daß verschiedene Sprachwelten mit unterschiedlichen Weltansichten verbunden sind, die nur gewaltsam auf universelle Prinzipien zurückgeführt werden können.

Beeinflußt vom Weimarer Zirkel um Goethe und Schiller entwickelte Humboldt ein anthropologisches Projekt, das nicht auf die unveränderliche Natur des menschlichen Geistes zielte, sondern empirisch auf die Verschiedenheit der Bewußtseinsformen Rücksicht nahm. Ihn interessierte die Mannigfaltigkeit, in der sich die Welt in verschiedenen Köpfen spiegelt. Den entscheidenden biographischen Impuls, diesen Plan einer vergleichenden Anthropologie (1797) sprachwissenschaftlich zu verwirklichen, gab seine Begegnung mit dem Baskischen, das sich von den bis dahin bekannten europäischen Sprachen unterscheidet. Diese Erfahrung ließ ihn zeitlebens nicht mehr in Ruhe. Er wandte sich den süd- und mittelamerikanischen Sprachen, vor allem dem mexikanischen Nahuatl zu, die ihm durch die Reisen seines Bruders Alexander vertraut geworden waren. Später kamen nordamerikanische Indianersprachen hinzu, das Sanskrit der alten Inder, die ägyptischen Hieroglyphen, die Champollion 1822 entziffert hat, die chinesische Sprache und schließlich auch malayische Sprachen. Dem Kawi auf der Insel Java widmete er sein 1836 postum erschienenes Hauptwerk, in dem sich eine Synthese seines Sprachdenkens findet: «Ueber die Verschiedenheit des menschlichen Sprachbaues und ihren Einfluss auf die geistige Entwicklung des Menschengeschlechts». Das empirisch breit angelegte Studium der Sprachen hat ihn zu der

Grundidee geführt, daß das Denken nicht nur von der Sprache als dem «bildenden Organ des Gedankens» (1963, S. 426) überhaupt abhängt, sondern auch von den lexikalischen und grammatischen Eigenheiten, die unlösbar in die Individualität jeder bestimmten Einzelsprache verwebt sind. Die Sprache und mit ihr das Denken manifestiert sich pluralisch, als Totalität von Sprachen, deren Verschiedenheit nicht nur eine der äußeren Ausdrucksform ist, sondern auch zu unterschiedlichen Weltansichten führt. «Hier ist der Grund und der letzte Zweck aller Sprachuntersuchung enthalten», hieß es bereits in einer Akademierede von 1820 über das vergleichende Sprachstudium (1963, S. 20).

Auch die amerikanische Linguistik folgte zunächst der humboldtschen Zwecksetzung. Der entscheidende Anstoß kam von dem 1858 in Minden, Westfalen, geborenen Germanisten Franz Boas, der von 1899 bis 1937 an der Columbia University in New York lehrte. Als Anthropologe davon überzeugt, daß der beste Schlüssel, um eine Kultur zu verstehen, die Sprache ist, untersuchte er verschiedene Indianersprachen und mußte dabei feststellen, daß die Klassifikationen von Welterfahrungen je nach Sprache stark differieren. Als ein Beispiel zitierte er in seinem «Handbook of American Indian Languages» 1911 die Dakota-Formen «naxta'ka» (treten, stoßen), «paxta'ka» (zu einem Bündel zusammenbinden), «yaxta'ka» (beißen), «ic'a'xtaka» (in der Nähe von etwas sein) und «boxta'ka» (schlagen), «all derived from the common element ‹xtaka› (fassen, festhalten), which holds them together while we use distinct words for expressing the various ideas» (1911, S. 26).

Edward Sapir (1884–1939) hat die Überlegungen seines Lehrers weitergeführt und zu einer allgemeinen Sprachtheorie ausgebaut. Die Analyse des Vokabulars, der Wortbildung, der grammatischen Flexionskategorien (wie Tempus, Modus, Numerus und Kasus) und des Satzbaus zahlreicher Indianersprachen (u. a. Navaho, Nootka, Tlingit) führte ihn zu einer prinzipiellen Einsicht: Jede Sprache ist nicht nur ein mehr oder weniger systematisches Inventar von Bestandteilen einer vorsprachlich erworbenen Erfahrung, sondern vielmehr eine in sich selbst ruhende schöpferische Organisation von kulturell kodifizierten Symbolen, welche die Erfahrungsmöglichkeiten der Sprachteilnehmer definiert und bestimmt (vgl. Sapir 1961).

Benjamin Lee Whorf, der 1931 bei Sapir zu studieren begann, hat diesen Gedanken detailliert zu untermauern versucht. Vor allem die großen Unterschiede zwischen der Hopi-Sprache und dem Standard-Durchschnitts-Europäisch schienen ihm so wesentlich zu sein, daß er sich zur Formulierung eines radikalen «linguistischen Relativitätsprinzips» berechtigt fühlte:

> «Wir gliedern die Natur an Linien auf, die uns durch unsere Muttersprache vorgegeben sind. Die Kategorien und Typen, die wir aus der phänomenalen Welt herausnehmen, finden wir nicht einfach in ihr – etwa weil sie jedem Beobachter in die Augen springen. (...) Wie wir die Natur aufgliedern, sie in Begriffe organisieren und ihnen Bedeutungen zuschreiben, das ist weitgehend davon bestimmt, daß wir an einem Abkommen beteiligt sind, sie in dieser Weise zu organisieren – einem Abkommen, das für unsere ganze Sprachgemeinschaft gilt und in den Strukturen unserer Sprache kodifiziert ist.» (1963, S. 12)

Aus der reichen Fülle seiner Entdeckungen sei hier nur ein Beispiel erwähnt. Während die temporalen Verbformen der europäischen Sprachen die Zeit in die unterschiedlichen Abschnitte Vergangenheit – Gegenwart – Zukunft unterteilt und analog dem Raum verdinglicht, besitzen die Verben der Hopi-Sprache keine Zeitformen, sondern nur «Gültigkeitsformen» (S. 85), durch die angezeigt wird, ob ein Sprecher über eine Situation berichtet, ob er sie erwartet oder ob er eine Feststellung trifft, die allgemein als wahr anerkannt wird. Das verhindert eine Objektivation der «Zeit» und unterstützt statt dessen die Stellung der Sprecher in einem fließenden Dauerzustand, in dem unterschiedliche Intensitäten und Tendenzen wirksam sind.

Kognitivistisch und universalistisch orientierte Linguisten haben die humboldtsche Sapir-Whorf-Hypothese vehement zurückgewiesen. «Doch alles das ist falsch, ganz falsch» (Pinker 1996, S. 67). Denn die bekannten relativistischen Standardbeispiele (der Farbwortschatz einzelner Sprachen gliedert das Farbspektrum auf unterschiedliche Weise, die Eskimos verfügen über differenzierte Wörter für Schnee, die Japaner über zahlreiche Reis-Bezeichnungen, die Hopi-Indianer über keinen verdinglichenden Zeitbegriff) betreffen nur sprachliche Oberflächenphänomene, die keinen wesentlichen Einfluß auf Wahrnehmung, Vorstellung oder Denken ausüben. Schließlich seien erfolgreiche Übersetzungen zwischen al-

len Sprachen möglich. Das linguistische Relativitätsprinzip igno-
riere, daß alle Menschen die Welt mit den gleichen Augen wahrnehmen und daß wir alle den gleichen Geist haben: «Der Geist
denkt seine Gedanken auf mentalesisch, verschlüsselt sie sodann in
der am betreffenden Ort gegebenen natürlichen Sprache und über-
mittelt sie anschließend dem Hörer» (Putnam 1991, S. 31). «Die
Menschen denken nicht auf Deutsch, Englisch, Chinesisch oder
Apache. Sie denken in einer Gedankensprache. (...) Eine Sprache
zu beherrschen heißt also, zu wissen, wie Mentalesisch in Wortket-
ten zu übersetzen ist und umgekehrt» (Pinker 1996, S. 95 f).

Aber die Sprache ist doch «das bildende Organ des Gedankens»,
entgegnen wiederum die Humboldtianer. Sprache ist kein bloß
nachträgliches Repräsentationsmittel eines vorsprachlich präsen-
ten Mentalesisch. «Das Denken, für sich allein genommen, ist wie
eine Nebelwolke, in der nichts notwendigerweise begrenzt ist. Es
gibt keine von vornherein feststehenden Vorstellungen, und nichts
ist bestimmt, ehe die Sprache in Erscheinung tritt», hieß es bei Ferdinand de Saussure (1967, S. 133). Sprache aber gibt es nur in der
Pluralität einzelner Sprachen, deren lexikalische und grammatische Zeichenorganisation jeweils verschieden ist.

Auch in der germanistischen Linguistik sind Kognitivisten und
Semiologen hart aneinandergeraten. Der Widerstreit ist in vollem
Gang. Wird er sich lösen lassen? Wahrscheinlich nicht. Denn es
geht hier nicht um eine Lösung konkreter Probleme auf der Basis
einer gemeinsam geteilten Grundüberzeugung, sondern um unterschiedliche Sprachauffassungen und Wissenschaftsideale, die keinen Konsens finden können. Wer sich wie Humboldt, Saussure, Sapir oder Whorf für die Verschiedenheit und Mannigfaltigkeit von
Sprachen begeistert und sie als Ausdruck kulturanthropologischer
Differenzen untersucht, wird zu einem semiologischen Relativis-
mus neigen. Wer sich wie Chomsky und seine Schüler vor allem auf
eine Einzelsprache, bevorzugt das Englische, konzentriert, sie als
Berechnungssystem thematisiert und mit einem kognitiven Menta-
lismus in Einklang bringt, wird dagegen einen linguistischen Universalismus favorisieren. Vielleicht ist es letztlich eine Frage der
Mentalität. Aber auch das gehört zur wissenschaftlichen Auseinandersetzung, wenn um eine Grundfrage gestritten wird, die trotz aller guten Argumente und des empirischen Anschauungsmaterials

der verschiedenen Parteien keine gemeinsame Antwort finden kann.

Zum Abschluß dieses Widerstreits noch zwei Bemerkungen. Eingehende Untersuchungen der Hopi-Sprache haben Whorfs Analysen weitgehend als unzureichend und teilweise als falsch erwiesen (Gipper 1972; Malotki 1983; Lucy 1992). Haben deshalb die Verfechter des sprachlich unbefleckten Mentalesischen recht, daß die Sapir-Whorf-Hypothese ein wissenschaftlicher Mythos ist? Dieser Schluß steht auf schwachen Beinen. Denn der Nachweis, daß die Hopis im Gegensatz zu Whorfs Behauptungen eine sehr differenzierte Raum-Zeit-Auffassung in ihrer Sprache entwickelt haben, widerlegt ja nicht seine grundsätzliche Annahme. Man muß nur genauer hinsehen, um erkennen zu können, wie die sprachlichen Mittel die kognitive Strukturierung der Wahrnehmungsinhalte beeinflussen.

Die universalistische Redeweise, daß jede Sprache doppelt artikuliert ist, aus arbiträren Zeichen besteht, syntaktisch produktiv ist und auf einem Zweiachsen-Prinzip beruht, könnte als Indiz gelten, die «Verschiedenheit des menschlichen Sprachbaues» nur als oberflächliches Randphänomen zu betrachten. Aber auch dieser Schluß ist nicht zwingend. Denn dieser Universalismus sagt nichts darüber aus, wie die einzelnen Sprachen konkret aufgebaut sind. Die Einheit der Sprache als «langage» im Sinne Saussures zeigt sich nur in der Vielheit der Sprachen («les langues»), deren Verschiedenheiten selbst zum Wesen der menschlichen Sprache gehören.

Wenn das Gemeinte unter dem Gesagten verschwimmt
Versprecher und Metaphern als linguistische Probleme

Saussure hat das sprachliche Zeichen als Einheit von bezeichnendem Lautbild und bezeichneter Vorstellung bestimmt und die artikulierte Sprache mit einem Blatt Papier verglichen: «Man kann die Vorderseite nicht zerschneiden, ohne zugleich die Rückseite zu zerschneiden» (1967, S. 134). Die Signifikanten sind auf ihre Signifikate zugeschnitten, die Signifikate auf ihre Signifikanten. Was aber ist der Fall, wenn wir lügen und sprachlich täuschen, wenn wir ironisch sprechen oder rhetorische Fragen stellen, wenn wir in eine unbewußte Traumsprache oder schizophrene Sprachzerstörung versinken? Gibt es in all diesen Fällen nicht doch einen Schnitt zwischen dem Bezeichnenden und dem Bezeichneten, weil das Gemeinte nicht mit dem wörtlich Gesagten übereinstimmt?

Wir haben es hier mit einer Grundfrage zu tun, auf die eine Linguistik der Lüge (Weinrich 1966), der uneigentlichen Rede (Abraham 1997), der sprachlichen Täuschung (Giese 1992), der Ironie (Lapp 1997) und des Unbewußten (Lorenzer 1970; Lang 1973; Lacan 1973, 1975) ihre Antworten gegeben haben. Aus der Fülle der Erscheinungen sollen nur zwei Beispiele näher betrachtet werden: die Versprecher als sprachliche Fehlleistungen und die Metaphern als Traumarbeit der Sprache.

Versprecher sind ein alltägliches Phänomen. «Das wird mir ewig in Vergessenheit bleiben.» Wenn wir uns besonders konzentriert äußern wollen oder wenn wir erschöpft, unkonzentriert, leicht angetrunken sind, tauchen oft typische ‹slips of the tongue› auf, bei denen wir etwas anderes sagen, als wir eigentlich sagen wollten. «Stanislaw Lem verglühe ich ehrend.» Die Erklärungsversuche solcher Sprechfehler reichen dabei von der sparsamen Annahme, es handele sich dabei nur um motorisch-artikulatorische Nachlässigkeiten, bis zu tiefenpsychologischen Interpretationen, die auf verdrängte Regungen zielen.

1895 hat der Sprachwissenschaftler Rudolf Meringer zusammen mit dem Neurologen Karl Mayer eine psychologisch-linguistische Studie über «Versprechen und Verlesen» vorgelegt. Sie wollten die sprachsystematischen Hintergründe freilegen, die beim Sprechen wirksam sind. «Die Möglichkeit, das Versprechen in Regeln zu bringen, zeigt uns das Vorhandensein eines gewissen geistigen Mechanismus, in welchem die Laute eines Wortes, eines Satzes, und auch die Worte untereinander in ganz eigentümlicher Weise verbunden und verknüpft sind» (1978, S. 10). Dieser Mechanismus läßt sich in fünf Unterklassen gliedern, die auch heute noch zur Orientierung dienen. 1. Antizipationen/Vorklänge, bei denen etwas Späteres vorweggenommen wird: «Was lange gährt, wird endlich gut», «Es war mir auf der Schwest ... auf der Brust so schwer»; 2. Postpositionen/Nachklänge, bei denen etwas früher Gesagtes nachwirkt: «Gruß und Guß», «Ich fordere Sie auf, auf das Wohl unseres Chefs aufzustoßen»; 3. Vertauschungen von Lauten und Wörtern: «Morgenstund hat Mold im Gund», «je lieber, je länger»; 4. Kontaminationen/Vermengungen: «Autombahn» (aus Atom und Autobahn), «Er hat schon viel hinter sich gemacht» (gemacht und hinter sich gebracht); 5. Substitutionen/Ersetzungen: «Wir lernen bis zum Abszeß» (statt Exzeß), «Wir streiten nun zu Punkt 5 der Tagesordnung» (statt schreiten).

Daß Sigmund Freud an solchen Beispielen seine Freude hatte, verwundert nicht. 1901, in seiner «Psychopathologie des Alltagslebens», hat er gegen Meringer darauf hingewiesen, daß es sich hier nicht nur um linguistisch systematisierbare Sprechstörungen handelt, sondern oft auch um psychologisch interessante Fälle. Die Gunst des Sprachmaterials läßt oft Beispiele von Versprechen entstehen, denen die niederschmetternde Wirkung einer Enthüllung oder der volle komische Effekt eines Witzes zukommt. «Nun gut, wann ordinärt also dieser Dr. X.?» Der gemeinsame Charakter dieser Beispiele «liegt in der Rückführbarkeit der Phänomene auf unvollkommen unterdrücktes psychisches Material, das, vom Bewußtsein abgedrängt, doch nicht jeder Fähigkeit, sich zu äußern, beraubt worden ist» (1954, S. 233).

In einzelnen Fällen wird Freud wohl recht gehabt haben. Aber nicht jeder Versprecher ist ein psychoanalytisches Fallbeispiel. Die Linguistik der Versprecher hat sich deshalb weitgehend Meringer angeschlossen (vgl. Fromkin 1980; Wiedenmann 1992; Leuninger 1996). Umfangreiche Versprecher-Sammlungen dienen zum Nachweis psycho-linguistischer Mechanismen, die den Weg von der sprachgedanklichen Planung zur expressiven Äußerung beherrschen. Dabei spielen vor allem Verknüpfungen und Verbindungen auf den beiden Achsen der Sprache eine Rolle. Bei Vorklängen, Nachklängen und Vertauschungen handelt es sich meist um *Kombinationsstörungen*. Bestimmte Sprachelemente beeinflussen andere Einheiten auf der syntagmatischen Verkettungsebene. Bei Vermengungen und Ersetzungen handelt es sich dagegen um *Ähnlichkeitsstörungen*, welche die assoziativen Zusammenhänge innerhalb des mentalen Lexikons, Saussures «trésor mental», ausnutzen. «Je mehr Gemeinsamkeit lexikalische Elemente haben, um so enger sind sie untereinander vernetzt und um so größer ist die Wahrscheinlichkeit, daß sie in Fehlplanungen vorkommen» (Leuninger 1996, S. 84). Ähnlichkeiten der Lautbilder verführen dazu, «Abszeß» statt «Exzeß» zu sagen, «streiten» statt «schreiten», «aufstoßen» statt «anstoßen», «ordinärt» statt «ordiniert». Daß bei solchen Versprechern auch ungewollte semantische Beziehungen ausgedrückt werden, ist nicht von der Hand zu weisen. Ob sie immer auf ein verdrängtes psychisches Material verweisen, soll dahingestellt bleiben. «Der Versprecher wird noch immer von der Polizei gesucht.»

Metaphern (von griech. «metaphorein», anderswohin tragen) gehören zum normalen Sprachgebrauch. Sie spielen in der Literatur – «In meinen Adern welches Feuer! In meinem Herzen welche Glut» – eine wesentliche Rolle, aber auch in der Wissenschaft («Metapher» ist ja selbst eine Metapher) und in der alltäglichen Sprachpraxis. Wir sehen «Wolkenkratzer», machen «spitze Bemerkungen», «zügeln» uns, bezeichnen einen Menschen als «schrulligen Kauz». Mario ist «abgebrannt», ein Gedanke wird «im Keim erstickt», ein Unternehmen wird «liquidiert». Von der antiken Rhetorik, welche die Metapher als eine Figur des Ersatzes und als abgekürzten Vergleich verstand, bis zur linguistischen Semantik reichen die Versuche, das Geheimnis jener Wörter zu lüften, die zusätzlich zu ihrer wörtlichen, «eigentlichen» Bedeutung noch einen weiteren, «uneigentlichen» Sinn zu besitzen scheinen. In «Feuer» soll das Signifikat der Leidenschaft vorhanden sein, in «spitz» eine kommunikative Absicht, in «abgebrannt» der Bedeutungsgehalt eines finanziellen Mißgeschicks. Das klingt zwar plausibel, aber ist es wirklich überzeugend?

Denn «Feuer» meint doch Feuer, «spitz» meint spitz, «abgebrannt» meint abgebrannt. Man braucht nur ins Wörterbuch zu schauen. Auch wenn es im Sprachgebrauch von Metaphern wimmelt, so gibt es doch kein Lexikon, in dem man nachschlagen kann, was eine Metapher als solche bedeutet. Man findet nur Angaben zu ihrer wörtlichen Bedeutung. Warum soll man den metaphorisch gebrauchten Wörtern noch eine zusätzliche Bedeutung hinzufügen? Man soll es nicht, hat der amerikanische Sprachphilosoph Donald Davidson ketzerisch geantwortet und die These aufgestellt, «daß Metaphern eben das bedeuten, was die betreffenden Wörter in ihrer buchstäblichsten Interpretation bedeuten, und sonst nichts» (1990, S. 343). Ist es also falsch, bei Metaphern von

«Ersatz» und abgekürztem «Vergleich» zu reden, von «uneigentlicher» und «übertragener» Bedeutung? Eine plausible Antwort könnte im Rahmen von Saussures Zweiachsen-Theorie der Sprache gefunden werden.

In unserem mentalen Lexikon sind all jene Zeichen *gespeichert*, aus denen wir eine Auswahl treffen, wenn wir uns sprachlich artikulieren. Sie alle haben ihre wörtliche Bedeutung, wobei die Signifikanten mit ihren Signifikaten dem Code der Sprache entsprechend verbunden sind. In diesem Lexikon stehen die einzelnen Zeichen nicht isoliert da. Sie bilden ein komplexes Netzwerk assoziativer Beziehungen, wobei verschiedene Grade der Gleichartigkeit vorherrschen. Sie reichen von synonymer Bedeutungsähnlichkeit (dick, beleibt, fett, feist, korpulent, mollig, füllig, unförmig) bis zu antonymen Gegensätzen (spitz – stumpf, lebendig – tot, Hitze – Kälte).

Wenn wir sprechen, wählen wir bestimmte Zeichen aus diesem «trésor mental» aus und *verknüpfen* sie mit anderen Zeichen. Erst auf dieser syntagmatischen Achse werden Wörter zu Metaphern. Ihre Bedeutung bleibt dabei erhalten. Aber die Art der Zeichenverkettung kann ungewöhnlich, überraschend, mehr oder weniger phantasievoll sein. Wir setzen zum Beispiel das Wort «Feuer» nicht in einen Kontext, in dem von Flammen, Licht, Rauch, Zerstörung, Brand und Asche die Rede ist, sondern von Gefühlen. «Feuer» ist zur Metapher geworden, wenn kontextuell-syntagmatisch von Leidenschaften die Rede ist, «abgebrannt» zur Metapher, wenn von einer finanziellen Misere gesprochen wird. Die Wörter haben keine andere, uneigentliche oder übertragene Bedeutung angenommen. Sie stehen nur in einem Kontext, in dem wir sie normalerweise nicht erwarten. Der Spielraum reicht dabei von schöpferischen Innovationen der Dichtung bis zu den «abgedroschenen» Metaphern des Alltags, von den «schwimmenden Hölderlintürmen» Paul Celans bis zu der «spitzen» Bemerkung, daß Mario doch nur ein «armer Hund» ist. «Es hat daher keinen Sinn, zu sagen, Wörter seien eigentlich, Metaphern uneigentlich. Solange Wörter keinen Kontext um sich haben, sind sie weder eigentlich noch uneigentlich» (Weinrich 1966, S. 46).

Während die klassische Theorie die Metaphernbildung als einen Übergang von einem Ausgangswort (zum Beispiel «verletzend» oder «Mensch») zu einem Zielwort («spitz» bzw. «Hund») verstand, wobei die Bedeutung des ersetzten Worts in das Ersatzwort «hinübergetragen» wird, können wir nun sagen: Metaphern sind keine Figuren des *Ersatzes*, sondern der *Verkettung* von Wörtern. Erst mit «Bemerkung» verbunden, ist «spitz» eine Metapher, wobei es seine wörtliche Bedeutung behält. Metaphorischer Sprachgebrauch ist ein Phänomen der Reibung zwischen verketteten Signifikanten, das von lebendigen poetischen Überraschungen bis zu abgenutzten, «toten» Metaphorisierungen reicht, die wir als solche nicht mehr erkennen. Erst wenn es auf der syntagmatischen Mitteilungsachse ungewöhnlich zugeht, beginnen die Signifikate unter ihren Signifikanten zu gleiten (vgl. Ricœur 1986; Kurz 1988).

Denn sie wissen nicht, was sie tun
Computerlinguistik und Maschinensprachen

Metaphern gehören zum lebendigen Sprachgebrauch. Für systemorientierte Ordnungsvorstellungen stellen sie dagegen eine bedrohliche Herausforderung dar. In den metaphorischen Zeichenverkettungen stößt etwas zusammen und reibt sich aneinander, das lexikalisch verschiedenen semantischen Feldern entstammt. Im Hervorbringen und im Verstehen von Metaphern ist ein produktives Wechselspiel schöpferischer Konstruktion und Deutung wirksam, das sich nicht berechnen läßt. Scheitert daran eine Linguistik à la Chomsky, die Sprache als ein «computational system» thematisiert und untersucht? Nicht zufällig sind Metaphern zu einem Prüfstein für linguistische Beschreibungs- und Erklärungsmodelle geworden, die sich an der maschinellen Kompetenz von Computern orientieren. Umberto Eco hat in dieser Hinsicht sein klares Urteil gefällt: «Es gibt keinen Algorithmus für die Metapher, und sie kann auch nicht mit Hilfe eines Computers produziert werden, gleichgültig, welche Mengen organisierter Information oder präziser Instruktionen ich eingebe» (1985, S. 189).

Die *Computerlinguistik* (engl. «computational linguistics», von lat. «computare», berechnen) ist der am schnellsten sich entwickelnde, bestens finanzierte, technologisch erfolgreichste und sprachtheoretisch umstrittenste Bereich der internationalen Linguistik. In ihm verbinden sich sprachwissenschaftliche, technische und informationstheoretische Forschungsstrategien, welche die beiden janusartigen Probleme lösen wollen: Wie lassen sich Aufgaben, zu deren Bewältigung Menschen die natürliche Sprache benutzen, auf Computer zur Bearbeitung übertragen? Und was können wir über menschliche Denk- und Sprachfähigkeit erfahren, wenn wir sie durch algorithmisch arbeitende Maschinensprachen simulieren? Als *Algorithmus* (mittellateinische Namensform des arabischen Mathematikers al-Chwaresm, durch dessen Algebra-Lehrbuch die arabischen Zahlen im 9. Jahrhundert in Europa bekannt wurden) wird ein schrittweise vorgehendes Rechenverfahren verstanden, das mechanisch nach formal eindeutigen und streng festgelegten Regeln vollzogen wird. In elektronische Maschinen implementiert, ist der Algorithmus als Programm realisiert. An dieser Leitidee sind alle praktischen und theoretischen Versuche orientiert, die den Computer ins Zentrum der linguistischen Forschung rücken und seine programmierte Berechnungskapazität zur Problemlösung einsetzen. Es ist ein weites Feld, auf dem computerlinguistisch gearbeitet wird: Mensch-Maschine-Kommunikation, automatische Textverarbeitung, Datenbankaufbau und -abruf, maschinelle Übersetzung, mechanische Spracherkennung und -äußerung. Auch die anspruchsvollen Programme der Simulation kognitiver Prozesse («Künstliche Intelligenz») und des sprachlichen Wissens («Generative Grammatik», «Kognitive Linguistik») stehen in dieser Traditionslinie, die seit den fünfziger Jahren sich an der rasanten Entwicklung immer leistungsstärker werdender Rechenmaschinen ausrichtet (zur Einführung in die Computerlinguistik vgl. Bátori, Lenders und Putschke 1989; Smith 1991; Schmitz 1992).

Sowohl die Übertragung natürlichsprachlicher Fähigkeiten in eine Maschine als auch die maschinelle Simulation dessen, was ein Mensch sprachlich weiß und kann, haben einen doppelten Effekt. Auf der einen Seite wird vieles von dem, was kompetente Sprecher intuitiv können, durch die Mechanisierung explizit. Man kann die phonologischen, morphologischen, syntaktischen und semantischen Regeln erkennen, denen wir folgen, wenn wir uns sprachlich verständigen. Auf der anderen Seite können wir am Erfolg und am

Scheitern computerlinguistischer Sprachmodelle und -operationen ablesen, worin der Unterschied zwischen «natürlichem» Sprachgebrauch und «künstlichen» Sprachoperationen besteht: Menschen handeln sprachlich, Maschinen operieren linguistisch; Menschen verfügen über ein eingespieltes Gebrauchswissen von Sprache, Computer folgen automatisch festgeschriebenen Regeln. Zur Erläuterung soll ein kurzer Blick in den Arbeitsbereich der maschinellen Sprachübersetzung genügen (vgl. Bátori und Weber 1986; Slocum 1988).

Der optimistischen Aufbruchsphase der fünfziger Jahre folgte in den sechziger Jahren eine große Ernüchterung. Ein Bericht des amerikanischen «Automatic Language Processing Advisory Committee» kam 1966 zu dem Schluß, daß die von Menschen ausgeführte Übersetzung schneller, genauer und wirtschaftlicher sei als die maschinelle, für die keine weiteren Mittel zur Verfügung gestellt werden sollten. Die Entwicklung der theoretischen Linguistik vor allem auf syntaktischem und semantischem Gebiet, verbunden mit der explosionsartigen Steigerung der Rechenkapazität von Computern, hat in den letzten zehn Jahren zu einem erneuten Stimmungsumschwung geführt. Heute sind bereits eine Reihe kommerzieller Maschinenübersetzungsprogramme auf dem Markt. Zum Beispiel SYSTRAN, das vor allem auf Übersetzungen aus dem Russischen ins Englische und aus dem Englischen ins Deutsche angelegt ist, über 20 Fachwörterbücher und etwa 150 000 Grundwörter verfügt und ein recht ausgefeiltes syntaktisches Analyse- und Syntheseprogramm beherrscht; PERSONAL TRANSLATOR, das zwar syntaktisch beschränkter ist, dabei aber besser in der Lage ist, Mehrdeutigkeiten durch kontextuelle Analyse aufzulösen; EASY TRANSLATOR, das vor allem zur Online-Übersetzung dient und beim Surfen im Internet englische Web-Seiten in verständliches Deutsch übertragen soll; LANGENSCHEIDT T 1, das zwar oft einen guten Riecher hat, aber auch mit vielen Skurrilitäten überrascht.

Ein Test führte zu interessanten Ergebnissen. Übersetzt werden sollte unter anderem der einfache Schulbuchsatz, der über den Sport an englischen Schulen informiert: «The boys and girls are divided into teams, and the best runners and jumpers in each team train for the great day» (vgl. c't, magazin für computertechnik 8, 1997, S. 262). Die Ergebnisse sahen so aus:

SYSTRAN: Die Jungen und Mädchen werden in Mannschaften geteilt, und die besten Läufer und die Überbrücker in jeder Mannschaft bilden für den großen Tag aus.

PERSONAL TRANSLATOR: Die Jungen und Mädchen sind für den großen Tag in Teams und die besten Läufer und Springer in jedem Teamzug eingeteilt.

EASY TRANSLATOR: Die Jungen und die Mädchen werden in Mannschaften, und die besten Läufer und die Schaltdrähte in jedem Mannschaft Zug für den großen Tag geteilt.

LANGENSCHEIDT T 1: Die Jungen und die Mädchen sind den großen Tag in jedem Mannschaftszug in Mannschaften und die besten Kufen und Pullover aufgeteilt.

Wer Deutsch kann und Englisch versteht, kann die Fehler und ihre Ursachen leicht erkennen. Vor allem das «train» (Verb, 3. Person Plural, Präsens) bereitet Schwierigkeiten und wird als Nomen («Zug») übersetzt. Dadurch entgleitet die syntaktische Struktur des Satzes. Auch die Mehrdeutigkeit von «jumpers» führt zur unfreiwilligen Komik, wenn es durch «Überbrücker», «Schaltdrähte» oder «Pullover» übersetzt wird. Es entsteht dabei keine metaphorische Reibung, sondern reiner Unsinn. Aber wie soll das Programm wissen, wovon in diesem Satz die Rede ist? Schließlich ist es nur ein Werkzeug der linguistischen Berechnung und kein Organ des sprachlichen Verstehens, bei dem immer auch lebensweltliche Erfahrung, komplexes Hintergrundwissen und Kontextverständnis mitspielen. Heißt das, daß die computerlinguistische Simulation natürlichsprachlicher Fähigkeiten an Grenzen stößt, die sie prinzipiell nicht überwinden kann? Die Antwort auf diese Frage ist offen; und vieles spricht dafür, daß sie offen bleiben wird.

Natürlich wissen auch die Spezialisten der Computerlinguistik und der Künstlichen Intelligenz, daß ihre Programme noch weit davon entfernt sind, menschliches Sprachverhalten und Sprachwissen vollständig simulieren zu können. Die verfügbaren Formalismen sind noch zu schwach, um das leisten zu können, was Menschen tun, wenn sie sich im Medium der Sprache bewegen. Man kann über die Berechnungskompetenz der Maschinensprachen lachen, weil die Aufwanddifferenz zwischen dem, was sie tun, und dem, was man selbst kann, noch groß genug ist. Die Programme zur Analyse des sprachlichen Inputs und zur Synthese des verbalen Outputs «wissen» noch zu wenig. Aber das ist vielleicht nur ein technisches Problem, das gelöst werden kann, in the long run. So sehen es zumindest die Optimisten, welche die Kapazität der maschinellen Programme Schritt für Schritt erweitern und ihre simulierende Fähigkeit perfektionieren.

Gibt es auch systematische Grenzen möglicher Simulation, eine Art ontologischer Barriere zwischen Mensch und Maschine, die nicht überwunden werden kann? Ja, diese Grenze gibt es, antworten die Kritiker. Wir sprechen und verstehen anders als die Computer (vgl. Dreyfus 1985; Gauger und Heckmann 1988; Winograd und Flores 1989). Die entscheidende Differenz wird dabei in der Fähigkeit des Menschen zu einer lebenspraktischen, kontextuell verwobenen, holistischen Sprachintuition gesehen, die jeder mathematischen Analyse/Synthese linguistischen Datenmaterials uneinholbar voraus ist. Von der Intuition kann man zur Analyse kommen, aber nicht von der Analyse zur Intuition. Gegenüber den algorithmisierten Programmen bewahrt sie das Recht des Unformalisierbaren. Wir sehen dieses intuitive Gebrauchswissen stets vor uns fliehen, wenn wir seine technische Verwissenschaftlichung anstreben, und sind immerzu jener Täuschung eines Kindes ausgesetzt, das sich aus Schatten, die an den Wänden entlanglaufen, ein festes Spielzeug zimmern wollte.

Die sprachtheoretische Problematik der Computerlinguistik hat der Philosoph John Searle durch ein Gedankenexperiment veranschaulicht. Auch er zweifelt nicht daran, daß effektive Computer denkbar sind, die so tun, als ob sie eine menschliche Sprache beherrschen. Aber diese Simulation darf nicht zu der Annahme verführen, daß dabei wirklich etwas «verstanden» oder «gewußt» wird. Um den entscheidenden Unterschied plausibel zu machen, hat uns Searle in sein «Chinesisches Zimmer» eingeladen, in dem wir wie ein Computer arbeiten. Stellen wir uns vor, wir wären in einem Zimmer, in dem mehrere Körbe mit chinesischen Symbolen stehen, die für uns nur sinnloses Gekritzel sind. Und ohne auch nur ein Wort Chinesisch zu verstehen, könnten wir bestimmten, auf Deutsch geschriebenen Regeln folgen, die uns zum Beispiel dabei helfen, bestimmte chinesische Kritzel-Kratzel-Zeichen aus dem Zimmer hinauszureichen, wenn irgendwelche Schnörkel-Schnarkel-Zeichen hereingereicht werden.

«Die hereingereichten Symbole werden von den Leuten draußen ‹Fragen› genannt, und die Symbole, die Sie aus dem Zimmer hinausreichen, ‹Antworten› – aber das geschieht ohne ihr Wissen. (…) Der Witz der Geschichte ist nun schlicht folgender: weil Sie ein formales Computerprogramm ausführen, verhalten Sie sich aus der Sicht eines Außenstehenden genauso, als verstünden Sie Chinesisch – und dennoch verstehen Sie nicht ein Wort Chinesisch.» (Searle 1986, S. 31)

Anders gesagt: Der Computer versteht nicht, was er zu verstehen vorspiegelt. Das wird uns bewußt, wenn wir den Computer simulieren, der uns zu simulieren versucht. Indem wir uns in seine Rolle versetzen, können wir erkennen, daß wir mehr können als er. Wir verstehen Sprache und wissen, was sprachlich der Fall ist.

Aber was heißt hier «wissen»? Letztlich geht es um die Frage, ob ein implizites «wissen-wie» ausreicht, um von Sprachverständnis reden zu können, oder ob dazu notwendigerweise ein explizites «wissen-daß» gehört. Computersimulationen sind in dieser Hinsicht eigenartig mehrdeutig. Sie lassen eine rein computermäßige Wie-Interpretation zu, durch die eine formale algorithmische Folge von Computerzuständen festgelegt wird; und sie lassen zugleich eine semantische Daß-Interpretation zu, gemäß der eine Computersimulation auch als kognitive Repräsentation linguistischer Regeln verstanden werden kann, ohne daß allerdings der Computer selbst etwas davon zu wissen braucht. Wir stoßen auf das Problem der «Sprachkompetenz».

Wir werden es im nächsten Kapitel näher betrachten und hier nur eine Frage stellen. Was wäre, wenn es einem Computer gelänge, erfolgreich Sprachkompetenz zu simulieren? Auf die Frage, ob er seine eigenen Repräsentationen und Programme als solche verstehe, würde er zum Beispiel antworten: «Selbstverständlich verstehe ich, was ich verstehe. Im Vollbesitz meiner geistigen Fähigkeiten weiß ich genau, wovon ich spreche. Denn in mir ist nichts, was vor mir verborgen wäre.» Da ständen wir Menschen ganz schön dumm da. Denn auf eine paradoxe Weise wissen gerade wir noch immer nicht genau, was wir intuitiv und unreflektiert «wissen», wenn wir eine Sprache beherrschen. An dieser Spannung hat sich vor allem das Forschungsinteresse der generativen Grammatik entzündet.

«Jede interessante generative Grammatik wird es größtenteils mit mentalen Prozessen zu tun haben, die weit jenseits der Stufe aktueller oder selbst potentieller Bewußtheit liegen; es ist weiterhin ganz augenscheinlich, daß die Berichte und Ansichten eines Sprechers über sein Verhalten und seine Kompetenz irrig sein können. Somit stellt eine generative Grammatik den Versuch dar, das zu spezifizieren, was der Sprecher wirklich kennt, und nicht das, was er über seine Kenntnis berichten kann.» (Chomsky 1969, S. 20)

Cybernauten und Cyborgs im Cyberland
Kommunizieren im World Wide Web

Chomskys Idee, die grammatische Kompetenz von Menschen durch ein generatives «computational system» (Berechnungssystem) zu modellieren, entstand in einem wissenschaftlichen Kontext, in dem *Berechenbarkeit* zum erkenntnistheoretischen Fundamentalbegriff erklärt worden war. Begründet wurde dieses Programm in den vierziger Jahren, als sich an den Forschungszentren der amerikanischen Ostküste Neurophysiologen, die das Funktionieren tierischer Nervensysteme untersuchten, mit Mathematikern und Logikern trafen, die Rechenmaschinen zur Lösung ihrer Probleme einsetzten. Auch Ingenieure, die sich mit Nachrichtentechnik und Informationsübertragung beschäftigten, nahmen an den Diskussionen teil. Gemeinsam wurde das Konzept einer übergreifenden Disziplin entworfen, in deren Zentrum Regelungs- und Steuerungsmechanismen standen, gleichgültig, ob es sich dabei um unbelebte Maschinen, Informationsverarbeitungsmechanismen, biologische Körpervorgänge, neurale Gehirntätigkeiten oder soziale Systeme handelte. Immer ging es um die Berechenbarkeit von «Maschinen» eines allgemeinen Typs. Auch das menschliche Sprachvermögen wurde in dieses interdisziplinäre Forschungsprogramm integriert.

Um dieser Perspektive einen Namen zu geben, griff Norbert Wiener auf die griechische Antike zurück. Er evozierte das Bild des Steuermanns (von griech. «kybernetes»), der die nautische Kunst des Lenkens und Regelns beherrscht. 1948 erschien Wieners «Cybernetics» mit dem programmatischen Untertitel: «Control and

Communication in the Animal and the Machine». Damit war die entscheidende Weiche gestellt worden, um technische Maschinen, logische Systeme, menschliche Gehirntätigkeit und Sprachkompetenz in einer gemeinsamen Perspektive zu sehen.

Aus dem Geist der Kybernetik entsprangen Mitte der fünfziger Jahre die Programme der «Künstlichen Intelligenz» und der «Generativen Grammatik». Sowohl die allgemeine Intelligenz als auch das grammatisch geregelte Sprachvermögen wurden zu einem kognitionswissenschaftlichen Problem. Sie wurden grundsätzlich als Operieren mit symbolischen Zeichen definiert, die in Form eines symbolischen Algorithmus im menschlichen Gehirn oder in einer Maschine verwirklicht sein können. Alle Aspekte von Intelligenz und Sprachkompetenz sollten prinzipiell so präzise analysiert und synthetisiert werden können, daß eine Maschine sie zu simulieren vermag. Die Ära intelligenter Maschinen war angebrochen, und die Computerindustrie lieferte die technische Apparatur, um den alten Traum des Menschen, zum Wesen der Vernunft und der Sprache vorzustoßen, technologisch wahr werden zu lassen. Maschinelle Problemlösungsprogramme, die in Hochgeschwindigkeitsrechner implementiert werden, versprachen eine Antwort auf die Frage, was es heißt, rational denken und über eine grammatisch wohlgeformte Sprachkompetenz verfügen zu können.

Der nächste weitreichende Schritt wurde Anfang der achtziger Jahre unternommen. Es war zunächst ein Schriftsteller, der phantasievoll weiterdachte, was innerhalb der kybernetischen Erkenntnisintention entworfen worden war. 1984 imaginierte William Gibson in seinem Science-fiction-Roman «Neuromancer» den kybernetischen Raum («Cyberspace») als einen Handlungs- und Kommunikationsspielraum, in dem Informationshacker und Datenbankknacker ihr Bewußtsein hineinprojizieren, um die globale labyrinthische «Matrix» auszubaldowern, deren computerisierte Informationsstruktur in den Händen multinationaler Konzerne und Militärorganisationen liegt:

«Cyberspace. Eine Konsens-Halluzination, tagtäglich erlebt von Milliarden zugriffsberechtigter Nutzer in allen Ländern, von Kindern, denen man mathematische Begriffe erklärt. (...) Eine grafische Wiedergabe von Daten aus den Banken sämtlicher Computer im menschlichen System. Unvorstellbare Komplexität. Lichtzeilen im Nicht-Raum des Verstands, Datencluster und -konstellationen. Wie die zurückweichenden Lichter einer Stadt.» (Gibson 1996, S. 73 f)

Das war zunächst nur eine Vision, die in literarischem Gewand vorscheinen ließ, worauf die technologische Entwicklung in der Informationsgesellschaft zusteuerte. Sie eröffnete einen Möglichkeitsraum, in dem sich die gewohnten Ordnungen von Raum, Zeit, sinnlicher Wahrnehmung, linearer Logik, sinnhafter Sprache und personaler Identität zugunsten einer virtuellen «Konsens-Halluzination» verschoben haben. Heute geht es nicht mehr um Sciencefiction. *Cyberspace* und *Matrix* sind keine Metaphern mehr, sondern Begriffe zur Beschreibung von aktuellen Phänomenen, die zur unausweichlichen Herausforderung auch für die linguistische und kommunikationstheoretische Forschung geworden sind.

Wurde «Cyberspace» zunächst nur benutzt, um audiovisuelle und taktile Simulationstechnologien zu bezeichnen, die den Benutzer mittels Datenanzügen und -helmen in künstliche Welten versetzen, so bezieht es sich seit einigen Jahren auf die Computer-Netzwerke, in deren körperlosem «Nicht-Raum» von Telekommunikation und Datenverarbeitung eine zunehmende Zahl von Nutzern sich bewegt. Das *Internet* ist zu einem Massenmedium geworden, das weltweit genutzt wird, in einem komplexen Consumer-Wechselspiel zwischen Server-Computern und Client-Computern. In seinem Zentrum steht die graphische Anwenderoberfläche des World Wide Web (WWW), die 1989 am europäischen Laboratorium für Teilchenphysik (CERN) entwickelt worden ist. Benutzerfreundliche Browseroberflächen wie das 1994 entwickelte «Netscape» haben zu jenem «Bit bang» geführt, den wir gegenwärtig erleben (vgl. Vaughan-Nichols 1995; Rheingold 1995; Klau 1995; Kretschmer 1995).

Die Matrix ist zum großen Ozean der Informations- und Datenströme geworden, in dem Server, Consumer und E-Mail-Boxen verbunden sind, alle mit allen, um von jedem beliebigen Ort aus und in einem weltweit variablen Zeithorizont miteinander kommunizieren zu können. Das Dasein «in real life» wird in ein digitalisiertes Datenuniversum transformiert, dessen diskursive Ordnung den semantischen Kern des «Cyber» entfaltet. Cybernauten navigieren durch das Datenmeer aus Bits und Bytes und surfen auf seinen Wellen. Sie verstehen sich als «Cyborgs» (kybernetische Organismen), die in wachsendem Maß ihre Tätigkeit in den Cyberspace verlagern und ihre Kompetenzen in die Matrix projizieren. Sie nehmen teil an einer neuen Vergesellschaftungsform, der «CyberSociety», die in der Verbindung von Telekommunikation und Computern ihre virtuelle Heimat bildet. «Kollektive Intelligenzen» und «Virtuelle Gemeinschaften» bevölkern die Matrix, wozu sie keinen Paß mehr benötigen, sondern nur noch ein Paßwort. Sie leben in «Telepolis», der weltweiten, komplexen und dynamischen «City of Bits». Cybernauten und Cyborgs im Cyberland (vgl. Jones 1995; Rheingold 1994; Rötzer 1995; Mitchell 1995).

Die realisierte Cyberspace-Fiktion verändert die kommunikativen Lebensformen auf eine Weise, deren Konsequenzen auch linguistisch und kommunikationstheoretisch zu reflektieren begonnen werden. Feststellbar sind eine Reihe von Verschiebungen, die Raum-, Zeit-, Körper- und Identitätserfahrungen betreffen. Räumliche Entfernungen verschwinden in den Geschwindigkeiten von Datenübertragungen. Körperliche Identitäten zerstreuen sich in virtuelle Gemeinschaften und tauchen ein in die Kommunikationsstränge der IRCs (Internet Relay Chats: sich stets neu organisierende Online-Gesprächsforen für Menschen aus aller Welt), der MUDs (Multi User Dungeons: virtuelle Spielhöllen, in denen man im Kampf mit anderen Teilnehmern und programmierten Robots Erfahrungspunkte sammeln kann) und der MOOs (Multi User Dungeons Object Orientated: thematisch orientierte Viel-Nutzer-Kerker zur interaktiven Kooperation und kollektiven Wissensvermittlung). Und die personale Identität bestimmt sich allein durch die temporäre Teilnahme an den elektronischen Netzwerken, in denen sie sich auflösen kann, maskiert durch «die kreative Erfindung eines neuen Selbst, einer neuen Identität, die ich bisher vor mir und den anderen verborgen hatte und die nun in meiner Abwesenheit mit anderen Menschen medial interagiert» (Sandbothe, in: Münker und Roesler 1997, S. 67).

Cybernauten lieben, was diejenigen irritiert, die am lebendigen Gespräch zwischen Anwesenden interessiert sind. Es ist die Lust an kommunikativen Maskierungen und aufgelösten Identitäten, die vor allem zu faszinieren scheint. Die körperlose Existenz im Netz mobilisiert die Vorstellung der «persona» im antiken Sinn des

Wortes. Wie sich die Schauspieler der griechischen Tragödie hinter Masken verbargen, um ihre entstellte Stimme aus einem unterirdischen Jenseits erklingen zu lassen, fingieren die Cybernauten multiple Existenzen. Der Cyberspace ist kein physischer Raum, in dem man sich den anderen Menschen durch Körperform, Alter, Geschlechtsmerkmale, Kleidung, Gestik und Tonfall zu erkennen gibt. Er ist ein theatralischer Spielraum, in dem künstliche Identitäten miteinander künstlich kommunizieren. Die Virtual-reality-Präsenz im Netz bietet die Chance zur Erprobung und Dramatisierung pluraler Identitäten, die «in real life» nur mühsam ausagiert werden können. Ohne territoriale Grenzen, körperlos und ohne personale Identität, als kommunikative Geisterwesen hinter Masken verborgen, überall und nirgends, navigieren die Cybernauten durch ein multiples Medium, in dem digitalisierte Informationen als Bits herumschwirren. Als rein linguistische Intelligenzen durchstreifen sie die Matrix und erkunden ihre labyrinthische Komplexität. «Leben im Netz» (vgl. Turkle 1998; Stone 1995) ist zur faszinierenden Herausforderung für jede Sprach- und Kommunikationstheorie geworden, die der technologischen Entwicklung folgen und vor der Zukunft nicht die Augen verschließen will. Einen Einblick für Sprachwissenschaftler bietet der Linguistik-Server LINSE: http:/www.uni-essen.de/fb3/linse/home.htm (vgl. Cölfen, Cölfen und Schmitz 1997, mit CD-ROM).

VIER

Vom Sprachgefühl zur Sprachwissenschaft

Wissenschaftstheorie für Anfänger

> «Das Begreifen von Wörtern ist durch-
> aus etwas Andres, als das Verstehen
> unarticulirter Laute.»
>
> *Wilhelm von Humboldt* (1963, S. 430)

> «Wenn wir einen Chinesen hören, so
> sind wir geneigt, sein Sprechen für ein
> unartikuliertes Gurgeln zu halten.»
>
> *Ludwig Wittgenstein* (1977, S. 11)

Das nicht gewußte Wissen

Wittgensteins 1914 notierte Bemerkung steht in einer sprachtheoretischen Tradition, die sich über den Sinn von Sprache bewußt
werden wollte. Wodurch werden sensorisch wahrnehmbare Geräusche zu sprachlichen Zeichenverkettungen, die verstehbar sind?
Diese Frage ist um so drängender, je mehr sich sprachliche Lebens-
äußerungen fremd sind. «Chinesisch» meint hier nicht nur eine
besondere Sprache, sondern verweist auf etwas Fremdes, das un-
vertraut ist. Man versteht nur noch «chinesisch», kennt sich nicht
aus und staunt über das Befremdliche, das wir gleichsam nur ‹äußerlich› wahrnehmen, ohne es ‹innerlich› begreifen zu können.
Wittgenstein deutete dabei zugleich eine Möglichkeit an, um dieses
Problem lösen zu können. Die Aufmerksamkeit wurde vom unar-
tikulierten Gegurgel auf die artikulierte Form der Sprache gelenkt:
«Einer, der chinesisch versteht, wird darin die *Sprache* erkennen»
(S. 11). In seinem «Tractatus logico-philosophicus», dessen Nie-
derschrift 1918 beendet war und der zu einem Schlüsseltext der
modernen sprachanalytischen Philosophie wurde, hat er dafür eine

ausgefeilte Begründung geliefert. Im Zentrum dieser logisch-philosophischen Abhandlung stand das Konzept des Zeichens: Wir machen uns gedankliche Bilder der Tatsachen und drücken unsere Gedanken durch sinnlich wahrnehmbare Zeichen aus, die wir in Sätzen miteinander verknüpfen. «Der Satz ist kein Wörtergemisch. – (Wie das musikalische Thema kein Gemisch von Tönen ist.) Der Satz ist artikuliert» (Wittgenstein 1960, S. 18). Die sinnliche Wahrnehmung der Sprache ist an das semiologische Verstehen ihres Zeichencharakters gekoppelt.

Diese zeichentheoretische Wendung wurde zur gleichen Zeit von Ferdinand de Saussure vollzogen. Eine Folge von Lauten ist etwas Sprachliches nur dann, wenn sie Träger oder Ausdruck einer gedanklichen Vorstellung ist. Sprache ist ein System unterschiedlicher Zeichen, die verschiedenen Vorstellungen entsprechen. Nur in Verbindung mit einem Signifikat (Vorstellung oder Gedanke) ist ein Lautbild als Signifikant verstehbar. Ohne Beziehung zwischen Bezeichnendem und Bezeichnetem gibt es keine sprachlichen Tatsachen. Wir hätten es nur mit Geräuschen zu tun und würden reine Akustik betreiben, ohne verstehen zu können, was sprachlich der Fall ist. «Man könnte die Sprache das Gebiet der Artikulation nennen; jeder Bestandteil der Sprache ist ein kleines Glied, ein *articulus*, wo ein Gedanke sich in einem Laut festsetzt, und wo ein Laut das Zeichen eines Gedankens wird» (Saussure 1967, S. 134).

Dieses Erkenntnisprogramm, das der Philosoph Wittgenstein und der Sprachwissenschaftler Saussure gemeinsam entwarfen, ohne voneinander zu wissen, hat seine wissenschaftliche Effektivität im 20. Jahrhundert sehr erfolgreich unter Beweis gestellt. Zunehmend ist Sprache erkennbar geworden als ein strukturiertes System ineinandergreifender Schichten von phonologischen, morphologischen, syntaktischen und semantischen «Artikulationen». Was anfänglich nur ein Programm war, ein Versprechen mit Aussicht auf Erfolg, ist zu einem Pro-gramm im wörtlichen Sinne geworden (von griech. «gramma», das Schriftzeichen, der sichtbare Buchstabe). Grammatische Regeln werden geschrieben und dienen zur Generierung grammatisch wohlgeformter Sätze mitsamt ihren Struktur-Beschreibungen. Sprache kann als solche erkannt werden, wenn ihre Artikulationsstruktur durch ein grammatisches Regelsystem beschrieben, erklärt oder modelliert werden kann.

So sieht es jedenfalls Noam Chomsky, dessen generatives Grammatikprogramm seit den fünfziger Jahren eine Hauptströmung der modernen Linguistik bildet. Auch die Computerlinguistik folgt technologisch dieser Intention. Auf eine Schwierigkeit, die dabei auftaucht, sind wir bereits oben (S. 95 ff) gestoßen: «Denn sie wissen nicht, was sie tun». Dieses Phänomen steht nicht nur am Anfang jeder wissenschaftlichen Beschäftigung mit der Sprache, sondern gehört zu den wissenschaftstheoretischen Grundproblemen der Linguistik: Wie steht es um die «Sprachkompetenz», über die jeder verfügt, der eine Sprache kennt? Chomsky selbst hat diese Frage in einer scheinbar paradoxen Weise beantwortet. Im Unterschied zu einer Maschine besitzt jeder kompetente Sprecher eine «intuitive unreflektierte Kenntnis» (1969, S. 36) seiner Sprache, auch wenn sie ihm nicht unmittelbar zugänglich oder bewußt zu sein braucht. An dieser Spannung zwischen *sprachlichem Wissen* und *linguistischer Unkenntnis* setzt jede wissenschaftliche Beschäftigung mit der Sprache an. Sie will erklären, «was der Sprecher wirklich kennt». Sprachwissenschaft ist ein Prozeß der Selbsterkenntnis. Sie will augenscheinlich machen, worüber ein Sprecher nur verdeckt, unbewußt oder intuitiv Bescheid weiß.

So verfügt zwar jeder, der Deutsch versteht, über eine linguistische Intuition, die ihm erlaubt, aphasische Störungen zu erkennen, sich über poetische Texte zu freuen, unendlichen Gebrauch von endlichen Mitteln zu machen, Metaphern zu verwenden, fehlerhafte Übersetzungen zu erkennen oder Pronominalisierungen zu beherrschen. Aber kennt er auch die subtilen sprachlichen Regeln, denen er dabei folgt? Wer kann zum Beispiel linguistisch bewußt über seine Kenntnisse berichten, die er hinsichtlich der folgenden Sätze besitzt? Während in dem Satz

«*Sie alle* redeten Blech, obwohl *er* wußte, daß es nichts brachte» das Pronomen «er» satzintern mit «sie alle» bezugsgleich ist, besteht keine solche «Ko-referenz» zwischen den Sätzen

«*Sie alle* redeten Blech. *Er* wußte, daß es nichts brachte», obwohl eine ko-referentielle Pronominalisierung auch über die Satzgrenze hinaus durchaus möglich ist:

«*Georg* redete Blech. *Er* wußte, daß es nichts brachte.»
Was jedes Kind weiß, ist nicht leicht in ein explizites linguisti-

sches Wissen zu überführen (vgl. Geach 1962; Hülsen 1994).
Nichts anderes aber will die Sprachwissenschaft.

Keine Sprachwissenschaft ohne Sprachgefühl

Die Suche nach Regeln, durch die Pronominalisierungsprozesse
gesteuert werden, gehört zur Arbeit des Grammatikers. Die Aufklärung des Verhältnisses, das zwischen unreflektierter Sprachintuition und linguistischer Erkenntnis besteht, ist dagegen eine wis-
senschafts-theoretische Aufgabe. Wissenschaftstheorie reflektiert
die Voraussetzungen und Prinzipien, die der Linguistik als Er-
fahrungswissenschaft zugrunde liegen. Ohne wissenschaftstheoretische Reflexion wäre die fachwissenschaftliche Arbeit nur ein
blindes Herumtappen. Vor allem folgende Frage gilt es zu beantworten: Worauf gründet sich die besondere «Objektivität» oder
«Rationalität» einer Sprachwissenschaft, die spezifizieren will,
«was der Sprecher wirklich weiß», ohne es in seinem alltäglichen
Sprachgebrauch ausdrücklich wissen zu müssen? Diese Frage verweist auf ein eigenartiges Phänomen. Denn sie bringt eine vor-wissenschaftliche, «intuitive» Sprachkenntnis ins Spiel, ein «Sprachgefühl» (vgl. Gauger u. a. 1982), auf das linguistisch zurückgegrif-
fen werden muß, wenn man Sprache wissenschaftlich analysieren
will. Die *Objektivität* der Sprachwissenschaft bleibt der *Subjektivi-
tät* eines Sprachbewußtseins verpflichtet, über das jeder verfügt, der
eine Sprache nicht nur als physikalisches Geräusch wahrnimmt,
sondern als ein Zeichen-Medium versteht, in dem er sich wie ein
Fisch im Wasser bewegt, wenn er spricht oder schreibt, zuhört oder
liest. Ohne Anknüpfung an diesen «subjektiven» Faktor wäre der
Linguistik der objektive Zugang zu ihrem Gegenstand verwehrt.
   Wir haben es hier mit einem Phänomen zu tun, das für die Gei-
stes- und Sozialwissenschaften insgesamt typisch ist. In den Naturwissenschaften taucht es nicht auf. Denn die Tatsachen, auf die
sich der Naturwissenschaftler bezieht, um seine Hypothesen zu be-
stätigen oder zu widerlegen, sind ihm allein durch kontrollierte Beobachtungen und standardisierte Meßverfahren gegeben. Sie sind
durch keine intuitiven Urteile der Objektwelt vorverstanden. Die

Natur äußert kein Bewußtsein ihres Sinns oder der Gesetzmäßigkeiten, denen sie unterliegt. Sie ist sprachlose Körperlichkeit. Deshalb kann der Naturwissenschaftler den Tatsachen auch keine Bedeutung zusprechen, über die sie selbst eine intuitive Kenntnis besitzen. Die Adäquatheit, die Relevanz und der Erfolg eines naturwissenschaftlichen Experiments bemessen sich nicht an seiner Entsprechung mit den Vorkenntnissen eines kompetenten Natur-Subjekts. Die Wissenschaften der Natur kennen gleichsam nur eine *Außensicht* der Dinge, die ihre Objektivität garantiert.

Wer eine Sprache untersucht und Linguistik studiert, muß sich dagegen auf eine *Innensicht* einlassen, die den Schlüssel liefert, um von Menschen geäußerte Geräusche als das begreifen zu können, was sie sind: Manifestationen einer bestimmten Sprache, deren Systematik und Regelhaftigkeit es zu erkennen gilt. Ein phonologischer Minimalpaar-Test, der zum Beispiel /r/ und /l/ als differenzierte Phoneme der deutschen Sprache erkennen läßt, ist kein physikalisches Experiment, sondern ein gezieltes Verfahren, das am Sprachbewußtsein derjenigen anknüpft, die zwischen «Reben» und «Leben» unterscheiden können, was einem Japaner bekanntlich sehr schwerfällt, in dessen Sprache die r-artigen und die l-artigen Laute keine bedeutungsunterscheidende Funktion besitzen, sondern nur Aussprachevarianten des gleichen Phonems sind. Der Agrammatismus eines Aphasikers ist als Wortsalat nur erkennbar, wenn man weiß, wie Sätze normalerweise aufgebaut sind. Poetischer Sprachgebrauch kann als solcher nur erkannt werden, wenn man seine Differenz zur Alltagssprache erfaßt. Über Versprecher könnte nicht gelacht werden, und die schöpferische Konstruktion und Deutung von Metaphern wäre unmöglich, wenn die Sprache nur ein reines Datenmaterial wäre, das man von außen betrachtet. Und selbst die Erforschung einer fremden Indianersprache ist linguistisch ja nur möglich, wenn der Feldforscher sich in die Innensicht seiner Informanten einübt und an deren Spracherfahrung teilnimmt. Wie sollte er sonst wissen können, daß zum Beispiel das eine Nootka-Wort «inikwihl'minih'isit» aus der Wurzel «inikw-» (Feuer, brennen) und eine Aneinanderreihung grammatikalischer Elemente besteht und so etwas wie «mehrere kleine Feuer brannten im Haus» bedeutet? (Vgl. Miller 1995, S. 40.)

In seiner Studie «Zur Logik der Sozialwissenschaften» hat Jürgen Habermas 1967 herausgearbeitet, daß eine rein «sensorische Erfahrung» unmöglich ist, wenn es sich um soziale und sprachliche Ereignisse handelt. Gegen alle Spielarten eines subjektlosen Objektivismus hat er auf die Besonderheit einer *kommunikativen Erfahrung* verwiesen, die über bloße Wahrnehmungen von äußeren Tatsachen hinausführt zum Verständnis sprachlicher Äußerungen und sozialer Handlungen. Unreflektierte «Sprachintuition» und vorwissenschaftliches «Sprachgefühl» entschlüsseln sich als Begriffe zur Kennzeichnung einer «vor-interpretierten» Erfahrungsbasis, auf der die wissenschaftliche Erkenntnis aufbauen muß und kann. Grundlage der Sprachwissenschaft sind keine objektiven Daten, sondern kommunikative Erfahrungen im Medium der Sprache, die man mit anderen teilt. Das Studium der Linguistik bietet eine Möglichkeit, diese Erfahrungen zu vertiefen und in ein gewußtes Wissen zu überführen.

Wider den Methodenzwang

Der Prozeß der wissenschaftlichen Vertiefung eines alltäglich eingespielten und erlebten Sprachvermögens ist ein Vorgang der «Verobjektivierung» und «Rationalisierung». Während die kommunikativen Erfahrungen von Sprechern äußerst komplex, vielschichtig, individualisiert, unreglementiert und in konkrete Sprechsituationen eingebunden sind, handelt es sich bei der erfahrungswissenschaftlichen Arbeit um eine kontrollierte Tätigkeit, die bestimmten Regeln folgt. Wer sich auf ein Studium der Sprachwissenschaft einläßt, muß deshalb bereit sein, bestimmte allgemeine Standards anzuerkennen, die vor allem die methodische Verfahrensweise betreffen.

Wissenschaft basiert auf *Verfahrensrationalität*. Jede Lösung eines sprachwissenschaftlichen Problems ist *methodisch* gelenkt. Man kann auch umgekehrt sagen: Nur jene sprachbezogenen Fragen werden zu einem linguistischen Problem, bei deren Beantwortung wir über eine Methode verfügen und deshalb wissen, wie wir zu verfahren haben. Der geisteswissenschaftliche Fortschritt beruht dabei auf einer eigentümlichen Dialektik: Das nicht gewußte sprachliche Wissen, das in kommunikativen Erfahrungen mitspielt, wird durch wissenschaftliche Rationalität in eine theoretische Erkenntnis überführt, wobei zugleich der subjektive Erlebnisreichtum reduziert wird. Innerhalb der Linguistik kann nicht alles zur Sprache kommen, worüber Menschen verfügen, die wir sprachlich «erfahren» nennen. Der kompetente Sprecher, der prinzipiell mitsprechen können muß, damit der Sprachwissenschaftler einen Zugang zu seinen «Tatsachen» finden kann, soll in der Regel nur auf Fragen antworten, die im Rahmen der linguistischen Forschung sinnvoll sind. Noam Chomsky hat ihn als den «idealen Sprecher-Hörer» personifiziert, der in einer völlig homogenen Sprachgemeinschaft lebt und bei der Anwendung seiner Sprachkenntnis von jenen «grammatisch irrelevanten Bedingungen» nicht beeinflußt wird, die den Linguisten als Grammatiker nicht interessieren (vgl. Chomsky 1969, S. 13).

Vieles von dem, was sich in der Innensicht der Sprache als ein äußerst komplexes und vielfältiges Geschehen darstellt, kann verlorengehen, wenn man sich gezwungen sieht, eine standardisierte Methode zu befolgen, die feste, unveränderliche und absolut verbindliche Grundsätze für das Betreiben von Wissenschaft vorschreibt. Da kann es zuweilen recht kalt und unlebendig zugehen, vor allem dann, wenn das Erkenntnisobjekt «Sprache» von den kommunikativen Erfahrungen sprachbegabter Subjekte völlig abgekoppelt wird und eine distanzierte Außensicht die wissenschaftliche Arbeit beherrscht. Vor dieser drohenden Verlusterfahrung gilt es sich zu schützen. Glücklicherweise hilft dabei ein Rückblick auf die Tradition. Denn die Geschichte der Sprachwissenschaft kennt selbst nicht die ‹eine› Methode. Der Erkenntnisfortschritt ist oft nur möglich gewesen, wenn eingespielte Regeln und feste Maßstäbe verletzt worden sind. Und manchmal mußten sie bewußt verletzt werden, um wissenschaftlich vorankommen zu können.

Gegen einen naiv befolgten oder dogmatisch vorgeschriebenen Methodenzwang steht die wissenschaftsgeschichtliche Einsicht, daß es in der konkreten Forschung schon immer auch unreglementiert zuging. Gerade die großen Klassiker der Sprachwissenschaft bieten dafür ein lebendiges Beispiel. Die Neuheit ihrer Ideen und der Reichtum ihrer Erkenntnisse resultierten oft genug aus einem Bruch mit den methodischen Vorschriften, die zu ihrer Zeit allgemein anerkannt waren. Sie wurden Klassiker, weil sie Revolutionäre waren. Die Lektüre ihrer Werke bedeutet deshalb keine Rückkehr zu einer überholten Tradition, die mit dem Fortschritt der aktuellen Erkenntnis nicht Schritt hält. Sie dient vielmehr dazu, das Bewußtsein für den Reichtum der Sprache wachzuhalten und gegen methodische Reduktionen ein Veto einlegen zu können. Naturwissenschaftler mögen immer nur an den neuesten Erkenntnissen innerhalb ihres Fachgebiets interessiert sein. Geisteswissenschaftler leben dagegen in Traditionen, die immer wieder eine neue Aktualität gewinnen können.

Deshalb sollte man sich, wenn man Sprachwissenschaft studiert, auch mit den Schriften Wilhelm von Humboldts auseinandersetzen, der die Sprache nicht als statisches Werk sah, das aufgeschrieben dokumentiert ist, sondern sie in ihrer lebendigen Mannigfaltigkeit zu erfassen suchte; der den «unendlichen Gebrauch» der Sprachmittel durch Individuen als Zeichen der Freiheit begriff; und der nichts mehr haßte als den kalten Blick auf ein objektives Sprachmaterial, das nur noch als ein totes Gerippe ohne energetische Kraft untersucht wird. «Das Zerschlagen in Wörter und Regeln ist nur ein todtes Machwerk wissenschaftlicher Zergliederung» (1963, S. 419). Oder man denke an den authentischen Ferdinand de Saussure, der die «pittoreske» Seite der Sprache liebte und sie in der Fülle ihrer Erscheinungen untersuchte, von anagrammatischen Sprachspielen bis zu halluzinatorischem Kauderwelsch.

Als ein Gewährsmann für diesen umfassenden und offenen Blick kann auch Ludwig Wittgenstein dienen, der in seinem Spätwerk immer wieder die Aufmerksamkeit auf die Mannigfaltigkeit des Zeichengebrauchs richtete und sie vor einer reduzierten Systematisierung zu retten versuchte. 1953, zwei Jahre nach seinem Tod, erschienen seine «Philosophischen Untersuchungen», deren Programm im Abschnitt 23 kondensiert ist:

«Wieviele Arten der Sätze gibt es aber? Etwa Behauptung, Frage und Befehl? – Es gibt *unzählige* solcher Arten: unzählige verschiedene Arten der Verwendung alles dessen, was wir ‹Zeichen›, ‹Worte›, ‹Sätze› nennen. Und diese Mannigfaltigkeit ist nichts Festes, ein für allemal Gegebenes; sondern neue Typen der Sprache, neue Sprachspiele, wie wir sagen können, entstehen und andre veralten und werden vergessen. (Ein *ungefähres Bild* davon können uns die Wandlungen der Mathematik geben.)

Das Wort ‹Sprach*spiel*› soll hier hervorheben, daß das Sprechen der Sprache ein Teil ist einer Tätigkeit, oder einer Lebensform.

Führe dir die Mannigfaltigkeit der Sprachspiele an diesen Beispielen, und anderen, vor Augen:

Befehlen, und nach Befehlen handeln –

Beschreiben eines Gegenstands nach dem Ansehen, oder nach Messungen –

Herstellen eines Gegenstands nach einer Beschreibung (Zeichnung) –

Berichten eines Hergangs –

Über den Hergang Vermutungen anstellen –

Eine Hypothese aufstellen und prüfen –

Darstellen der Ergebnisse eines Experiments durch Tabellen und Diagramme –

Eine Geschichte erfinden; und lesen –

Theater spielen –

Reigen singen –

Rätsel raten –

Einen Witz machen; erzählen –

Ein angewandtes Rechenexempel lösen –

Aus einer Sprache in die andere übersetzen –

Bitten, Danken, Fluchen, Grüßen, Beten.

– Es ist interessant, die Mannigfaltigkeit der Werkzeuge der Sprache und ihrer Verwendungsweisen, die Mannigfaltigkeit der Wort- und Satzarten, mit dem zu vergleichen, was Logiker über den Bau der Sprache gesagt haben.» (1960, S. 300 f)

Wittgensteins Bild des *Sprachspiels* hat dazu angeregt, auch die Praxis der Wissenschaften als eine komplexe Tätigkeit zu verstehen, die «nichts Festes» ist, sondern sich im geschichtlichen Prozeß wandelt. Die mannigfaltigen wissenschaftlichen Werkzeuge (Datenerhebung und Hypothesenbildung, Theoriestrukturen und Überprüfungsverfahren, Begriffsbildung und empirische Kontrolle, Beweisverfahren und Überzeugungsversuche) wurden hinsichtlich ihrer Funktionen im «Sprachspiel Wissenschaft» untersucht. Das Ergebnis war befreiend. Es gibt nicht, wie Jean-François Lyotard in «Das postmoderne Wissen» berichtet hat, die eine «große Metaerzählung» der wissenschaftlichen Rationalität, sondern nur eine Vielfalt differenzierter wissenschaftlicher Sprachspiele, die mosaikartig zusammenwirken, ohne standardisierten Regeln zu folgen. Für Menschen, die eine feste Ordnung und absolut verbindliche Grundsätze suchen, mag das enttäuschend klingen. Aber die damit gewonnene Vielfalt entschädigt durch eine optimistische Einsicht. Sie «verfeinert unsere Sensibilität für die Unterschiede und verstärkt unsere Fähigkeit, das Inkommensurable zu ertragen» (Lyotard 1986, S. 16).

Zu einem ähnlichen Ergebnis gelangte Paul Feyerabend in seiner Skizze einer «Erkenntnis für freie Menschen». Das umfangreiche Studium der konkreten Wissenschaftsgeschichte ließ ihn den einzigen Grundsatz entdecken, der den Fortschritt nicht behindert. In «Against Method» hat er ihn 1975 prägnant formuliert (die deutsche Übersetzung erschien 1976 unter dem Titel «Wider den Methodenzwang»):

> «Wer sich dem reichen, von der Geschichte gelieferten Material zuwendet und es nicht darauf abgesehen hat, es zu verdünnen, (...) der wird einsehen, daß es nur *einen* Grundsatz gibt, der sich unter *allen* Umständen und in *allen* Stadien der menschlichen Entwicklung vertreten läßt. Es ist der Grundsatz: *Anything goes (Mach, was du willst).*» (1976, S. 45)

Das war keine Empfehlung zur Beliebigkeit, wie es Kritiker diesem erkenntnistheoretischen «Anarchisten» vorwarfen. Feyerabend hat sich nicht von der wissenschaftlichen Erkenntnis verabschiedet und für Irrationalität plädiert. Er glaubte an den Erkenntnisfortschritt. Das «Anything goes» opponiert allein gegen jede «Gesetz-und-Ordnungs-Konzeption», die den Wissenschaften vorzuschreiben versucht, wie sie zu verfahren haben. Es kämpft gegen methodologische Befehlsstrukturen an, die oft genug die Freude, Freiheit, Menschlichkeit und erfinderische Dramatik unter sich begraben haben. Wissenschaft ist ein Abenteuer, und alles ist legitim, was dabei Freude macht und zu neuen Erkenntnissen führt. Es gibt keine allgemein verbindlichen Regeln. Wie ein Ratschlag für Anfänger, die wissen wollen, was konkrete wissenschaftliche Forschung ist, liest sich, was Feyerabend auf die Frage «Wie kann man dann überhaupt mit der Behandlung eines bestimmten Problems anfangen?» geantwortet hat:

> «Genau so wie jeder, der ein Problem zu lösen hat. Man zieht seine Fähigkeiten, sein Gedächtnis heran, beschäftigt sich mit den Vorschlägen anderer, aber nicht zuviel (das könnte Verwirrung stiften) und auch nicht zu wenig, man betrachtet allgemeine Regeln, *aber nur als Faustregeln*, die in einem Fall nützlich sein können, in einem anderen vielleicht

garnicht anwendbar, und schließlich kommt man zu einer Entscheidung. (...) Es ist durchaus möglich, daß jeder Schritt sehr streng begründet werden kann. *Doch die Grundsätze dieser Strenge – und das ist der springende Punkt – können sich von einem Fall zum anderen ändern und müssen oft im Verlauf der Diskussion erst aufgestellt werden.* Eine allgemeine Fassung dieser Grundsätze ist daher unmöglich – anything goes.» (1976, S. 45 f)

Wie man sich linguistisch der Sprache nähern kann

Auch wenn es keine ein für allemal feststehende Methodik gibt, die man immer zu befolgen hat, gleichgültig, mit welchem Problem man es zu tun hat, so lassen sich doch einige charakteristische linguistische Verfahrensweisen feststellen. Wer ihnen folgt, übernimmt Verpflichtungen, denen er sich nicht ohne weiteres entziehen kann. Gleichsam innerhalb des großen, von Feyerabend eröffneten Spielraums eines «Mach was du willst» gibt es Regeln, durch die wissenschaftliche Verfahrensrationalität bestimmt und gegen unwissenschaftliche Spekulation oder vorwissenschaftliches Vermuten abgegrenzt ist. Sie lassen sich anhand von fünf typischen Wissenschaftlerphysiognomien näher charakterisieren.

1. Die *Sammler* und *Jäger* sind auf der Suche nach einem repräsentativen Datenmaterial, einem umfassenden «Korpus» oder einer ausgewählten Stichprobe («Sample»), die zur anschaulichen Beantwortung gezielter Fragestellungen dienen können. Gibt es den besonderen Dialekt des Berlinischen, und wie hört er sich an? Welche Anredeformen kommen in der Familie vor und in der Universität, in der Kneipe oder auf einem wissenschaftlichen Kongreß? Was geht in der jugendlichen Szenesprache vor sich? Welcher Sprachgebrauch herrscht in der Werbung oder in den Medien vor, in der Bild-Zeitung oder der Tagesschau? Solche Fragen lassen sich nur im Anschluß an eine methodisch geregelte Datensammlung beantworten, wobei besonders beim Erheben gesprochener Sprache das Beobachterparadox zu bewältigen ist: «Um die Daten zu erhalten, die am wichtigsten für die linguistische Theorie sind, müssen wir beobachten, wie Leute sprechen, wenn sie nicht beobachtet werden» (Labov 1976/78, S. 17). Zur Lösung dieses methodischen

Problems sind verschiedene Strategien der Feldforschung entwikkelt worden, die je nach Fragestellung und Kontext variieren.

2. Die *Bastler* findet man vor allem, wenn es um die strukturelle Analyse und Synthese sprachlicher Gebilde geht. Wie ist das phonologische System einer Sprache organisiert? Wie sind die Sätze einer Sprache syntaktisch aufgebaut? Um solche Fragen zu beantworten, werden einzelne Wörter und Sätze in ihre lautlichen und morphologischen Elemente zerlegt. Oberstes Prinzip ist dabei das Aufspüren von Unterschieden. Gelenkt durch operationale Verfahren wie den Minimalpaartest, stellt der strukturlinguistische ‹Bastler› das Phoneminventar einer Sprache fest. Oder er nimmt an Sätzen bestimmte Umstell-, Ersetzungs- und Weglaßproben vor, um ihren syntaktischen Bau freizulegen und grammatische Klassifikationen vornehmen zu können. Die syntagmatische Umstellprobe, wobei das Sternchen eine abweichende Verbindung kennzeichnet,

> Ein Gast betritt die Kneipe
> Betritt ein Gast die Kneipe?
> Die Kneipe betritt ein Gast
> * Gast Kneipe betritt ein die
> * Ein betritt Kneipe Gast die

ergibt, daß die Wortfolgen «ein Gast» und «die Kneipe» jeweils zusammengehören und als Einheiten verschoben werden können. Und die Ersetzungs- und Weglaßprobe

> Ein Gast betritt die Kneipe
> Er   betritt das Geschäft
> Sie   verläßt das Kaufhaus
> August kommt

zeigt, daß bestimmte Wörter und Wörtergruppen sich zu paradigmatischen Klassen zusammenfassen lassen. So wird eine Struktur erarbeitet, die das Funktionieren des Sprachmaterials offenbart. Die Logik dieses Vorgehens ist «induktiv»: Von vielen Einzelfällen ausgehend, gelangt der ‹Bastler› zu allgemeinen Einsichten.

3. Die *Sprachingenieure* entwerfen dagegen theoretische Modelle, deren erklärende Kraft sie an ausgewählten Beispielen überprüfen. Im Unterschied zum Bastler leitet der Ingenieur aus einem hypothetischen Entwurf «deduktiv» bestimmte Folgerungen ab, um zu überprüfen, ob sein theoretisches Gebäude auf einer siche-

ren Erfahrungsbasis steht. Seine Theorien sind keine Ergebnisse von gesammelten Beobachtungen, sondern Entwürfe, die zur Lösung von Problemen aus der Theorietradition dienen. Eine solche Theorie ist zum Beispiel die Generative Grammatik Noam Chomskys. Sie sammelt kein empirisches Datenmaterial und bastelt nicht mit sprachlichen Gegebenheiten, sondern bietet ein mathematisiertes Modell an, aus dem alle grammatisch wohlgeformten Sätze mitsamt ihren Strukturbeschreibungen «abgeleitet» werden können. Die Theorie funktioniert wie eine logische Maschine, die in sich widerspruchsfrei ist und zugleich das Ideal der Vollständigkeit anstrebt. Sie wird gebaut, um algorithmisch alle Sätze einer Sprache (und keinen Nicht-Satz) aus dem Anfangszeichen «S» (für Satz) mittels formalisierter Regeln erzeugen zu können. Jeder einzelne Satz wird in die abstrakte Allgemeinheit eines «S» ein- und untergeordnet, wobei diese Subsumtion als deduktive Ersetzungsrelation zwischen grammatischen Kategorien (wie Nominalphrase, Verbalphrase, Artikel, Adjektiv, Nomen, Verb ...) systematisierbar ist. Ein elementares, einfaches Modell, das zur Generierung des Satzbeispiels «Der dicke August betritt die Kneipe» fähig ist, hätte zum Beispiel die Form

diagrammatisch abgebildet:

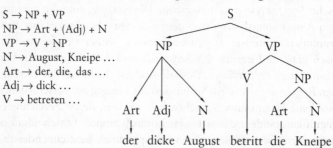

```
S → NP + VP
NP → Art + (Adj) + N
VP → V + NP
N → August, Kneipe ...
Art → der, die, das ...
Adj → dick ...
V → betreten ...
```

wobei der Pfeil «ersetze durch» bedeutet. Jeder einzelne Satz mit seiner Strukturbeschreibung gilt so zur Bestätigung einer allgemeinen grammatischen Regelhaftigkeit, die seinen Aufbau generativ «erklärt». Auch dabei muß an die vorwissenschaftliche Erkenntnis kompetenter Sprecher angeknüpft werden. Die generierbaren Sätze müssen, das fordert die externe Adäquatheitsbedingung, als grammatisch wohlgeformt beurteilt werden.

4. Während die ‹Ingenieure› nur abstrakte Erklärungsmechanismen entwerfen, setzen die *Sprachtechniker* reale Maschinen ein. Analyse und Synthese natürlicher Sprache wird einem Computer überantwortet, der in der Lage ist, Zeichenfolgen rein rechnerisch zu verarbeiten. Nach der allgemein gehaltenen DIN-Norm 44 300 werden drei Sprachebenen unterschieden, auf denen Algorithmen programmiersprachlich arbeiten können: Maschinensprachen, die unmittelbare Befehlswörter in Form von reinen 0-und-1-Sequenzen (den sogenannten «binary digits», BITs) zulassen; maschinenorientierte Sprachen oder Assembler, bei denen bestimmte Operationsbezeichnungen (LADE, ADDIERE, SPEICHERE, STOP) und symbolische Adressaten ‹x› verwendet werden: ADDIERE ‹2204›, SPEICHERE NACH ‹1024›; und problemorientierte Sprachen wie LISP, PROLOG oder FORTRAN, die geeignet sind, Algorithmen aus spezifischen Arbeitsbereichen abzufassen und sich an ein in diesem Bereich übliche theoretische Vokabular anzulehnen. Die Techniker der Computerlinguistik arbeiten vor allem mit diesen problemorientierten Sprachen, um Computer zu «intelligenten» Werkzeugen menschlicher Kommunikation zu machen. Automatische Spracherkennung und Sprachsynthese, Mensch-Maschine-Kommunikation, linguistische Datenverarbeitung, automatische Textanalyse und maschinelle Übersetzung sind die wichtigsten Anwendungsbereiche, in denen die Sprachtechniker ihre Programmierungskünste anwenden können, wobei sie sich methodisch ganz und gar an der Kapazität und Arbeitsweise der Maschine orientieren müssen. Deshalb sind die ‹Techniker› den strengsten Regeln unterworfen. Sie müssen zur Lösung der verschiedenen Probleme Programmiersprachen beherrschen, deren Bezeichnetes (Signifikat) eindeutig und aus Hierarchien binärer Entscheidungen zusammengesetzt ist und deren fachsprachlich Bezeichnendes (Signifikant) eng an mathematische oder logische Spezialnotationen angelehnt ist.

5. Die *Diagnostiker* der Sprache arbeiten zwar in heterogenen Bereichen. Sie sind jedoch vereint in ihren Bemühungen, sprachliche Phänomene nicht nur als in sich gegliederte Erscheinungen der Sprache zu erkennen, sondern als *Symptome* für etwas anderes zu verstehen, das sich in ihnen zeigt. Psycholinguistische Diagnostiker wollen die Arbeitsweise und den Aufbau der mentalen Grammatik

erforschen, indem sie die Aufmerksamkeit auf Sprachstörungen, vom einfachen Versprecher bis zum aphasischen Syndrom, richten. Soziolinguisten untersuchen die Differenzen zwischen einem «elaborierten» und einem «restringierten» Sprachgebrauch, die sie auf unterschiedliche soziale Lebensformen zurückführen (vgl. Bernstein 1972; Labov 1976/78). Analysen des Gesprächsverhaltens vor Gericht, in universitären Seminaren oder Fernsehdiskussionen legen Machtmechanismen frei, die von den Beteiligten selbst oft nicht durchschaut werden. Diagnostisch geht es auch auf dem weiten Feld einer linguistisch begründeten Sprachkritik (vgl. Heringer 1982) zu. Das Spektrum reicht von den Untersuchungen der Sprache im Nationalsozialismus (vgl. Sternberger u. a. 1968; Klemperer 1969; Maas 1984) und in der eindimensionalen Gesellschaft, die das kritische Denken blockiert und das Universum der Rede absperrt (Marcuse 1967), bis zu kritischen Diagnosen der feministischen Linguistik, die darauf verweisen, wie in einer patriarchalen Gesellschaft sprachlich gewaltsam gegen Frauen agiert wird (vgl. Pusch 1984; 1990; Trömel-Plötz 1984; Frank 1992; Samel 1995). Auch der Streit um «political correctness» und die richtigen Worte (vgl. Dunant 1994; Hughes 1994) ist diagnostisch orientiert und zielt auf die politischen Machtverhältnisse, die sich im Sprachsystem und Sprachgebrauch widerspiegeln. Die Methodik all dieser Diagnostiker und Diagnostikerinnen ist dabei, im Verhältnis zu den ‹Sammlern›, ‹Bastlern›, ‹Ingenieuren› und ‹Technikern›, am wenigsten reglementiert. Hier kommt es weniger auf das Befolgen einer strengen Methode an, sondern mehr auf kritisches Sprachgefühl, Erfahrungsreichtum und reflexive Fähigkeit. Es gibt kein Methodenlehrbuch, das einem vorschreibt, wie sprachdiagnostisch zu arbeiten ist. Es gibt nur die Fülle sprachkritischer Untersuchungen, an denen man exemplarisch die Stärken und Schwächen verschiedener Ansätze und Verfahrensweisen ablesen kann, um seine eigene diagnostische Sensibilität zu erhöhen.

FÜNF

Hauptströmungen der Sprachwissenschaft

Forschungsprogramme und Paradigmenwechsel

> «Der ein neues Paradigma aufneh-
> mende Wissenschaftler ist weniger ein
> Interpret, als daß er einem gleicht, der
> Umkehrlinsen trägt. Er steht derselben
> Konstellation von Objekten gegenüber
> wie vorher, und obwohl er das weiß,
> findet er sie doch in vielen ihrer Einzel-
> heiten durch und durch umgewan-
> delt.»
>
> *Thomas S. Kuhn* (1967, S. 164)

Die Erinnerung daran, «wie Ferdinand de Saussure die Linguistik begründet hat», ließ erkennen, daß sprachwissenschaftliche Forschungen stets in einem bestimmten Rahmen stattfinden. Unterschiedliche Paradigmata im Sinne Thomas Kuhns sind dabei nicht nur für die Art und Weise verantwortlich, wie sprachwissenschaftlich gearbeitet wird, sondern sie bestimmen auch das Bild, das man sich von der Sprache als Erkenntnisobjekt gemacht hat. Die Sprache als Gegenstand einer historischen Laut- und Formenlehre ist etwas anderes als die Sprache, die Saussure zufolge als ein System von Zeichen synchron-semiologisch untersucht werden kann.

Die ausgewählten Beispiele dessen, «womit sich die Sprachwissenschaft beschäftigt», zeigten, daß die Linguistik kein festgefügtes Gebäude ist, sondern ein Prozeß, in dem es um die Lösung konkreter Probleme geht, die aus unterschiedlichen Gründen auftauchen. Der Prozeß der wissenschaftlichen Erkenntnis im Sinne Karl Poppers schreitet von Problemen über vorgeschlagene Problemlösungen zu neuen Problemen, motiviert durch die Zielvorstellung, dabei der Wahrheit näherzukommen, auch wenn ein endgültiges, absolut sicheres Wissen niemals erreicht werden kann.

Der wissenschaftstheoretische Hinweis, wie man «vom Sprach-gefühl zur Sprachwissenschaft» gelangen kann, versuchte deutlich zu machen, daß zwar jeder einzelne Schritt der wissenschaftlichen Argumentation gut begründet sein muß, daß es jedoch keine allge-meine Methode gibt, die für jede Problemlösung gleichermaßen verbindlich sein kann. Methodenpluralismus im Sinne Paul Feyer-abends vernichtet nicht die wissenschaftliche Erkenntnis, sondern eröffnet einen Spielraum verschiedener Möglichkeiten, deren Ef-fektivität sich jeweils an den konkreten Problemen und ihren Lö-sungsvorschlägen beweisen muß.

Ist durch die Betonung unterschiedlicher Paradigmata, durch die Dynamisierung wissenschaftlicher Problemlösungen und die Be-fürwortung eines methodischen Pluralismus die wissenschaftliche Rationalität außer Kraft gesetzt worden? Sachhaltige Theorien, sicheres Wissen und strenge Methodik scheinen ihren Wert zu ver-lieren, wenn man für Perspektivismus, Dynamik und Pluralität eintritt. Aber vielleicht waren die Ideale der wissenschaftlichen Ver-nunft niemals wirklich verpflichtend und für den Erkenntnisfort-schritt orientierend. Denn der Blick auf die Geschichte und die Praxis der Sprachwissenschaft läßt erkennen, daß es in allen Sta-dien perspektivisch zuging und unterschiedliche Paradigmata ge-geneinander standen; daß die Probleme und ihre Lösungsversuche sich im Lauf der Zeit verändert haben; und daß es verschiedene Me-thoden gab und gibt, sich der Sprache als Erkenntnisobjekt zu nä-hern. Es gab schon immer Sammler, Bastler, Ingenieure, Techniker und Diagnostiker auf dem Feld der Sprache. Auch der Widerstreit zwischen verschiedenen Sprachkonzeptionen und Forschungspro-grammen gehörte von Beginn an zum Wesen sprachwissenschaft-licher Erkenntnis, von den griechisch-römischen Anfängen der «traditionellen Grammatik» bis zu den aktuellen Auseinanderset-zungen zwischen linguistischen Systemtheoretikern und ihren kom-munikativ-pragmatischen Gegnern.

Daß sich dieses Bewußtsein nicht allgemein durchgesetzt hat, sondern noch immer einzelne Sprachwissenschaftler oder linguisti-sche Paradigmata das Recht für sich beanspruchen, über das einzig richtige Bild der Sprache und eine allein adäquate Methode zu ver-fügen, steht auf einem anderen Blatt. Es hat mehr mit der Menta-lität und den institutionalisierten Arbeitsbedingungen der Wissenschaftler zu tun als mit der Logik und Dynamik der Wissenschaft. Sie allein und nicht die Autorität ihrer professoralen Vertreter sollte den Maßstab liefern, an dem man sich zu orientieren hat, wenn man Sprachwissenschaft studiert und sich den Problemen der Sprache zuwendet.

Die traditionelle Grammatik

Wer in der Schule seine Kenntnisse der deutschen Sprache vertieft oder sich in den Aufbau von Fremdsprachen hineinbegeben hat, wird ohne eine traditionelle grammatische Unterweisung nicht ausgekommen sein. Er wird gelernt haben, wie Wörter artikuliert und orthographisch richtig geschrieben werden; welche Wortarten (z. B. Verb, Substantiv, Pronomen, Adjektiv, Artikel) es gibt und wie sie flektiert (dekliniert bzw. konjugiert) werden; wie Wortbildungen durch grammatische Konversion (Substantivierung, Adjektivierung und Verbalisierung), kompositionale Erweiterung und Affixbildungen zustande kommen; nach welchen syntaktischen Regeln einfache Sätze aufgebaut sind und zusammengesetzte Sätze parataktisch oder hypotaktisch gebildet werden können; daß es deklarative, imperative und interrogative Sätze gibt und wie sie sich unterscheiden. Seit die Grammatiker es unternommen haben, das sprachliche Werkzeug auseinanderzunehmen, um seinen Gebrauch besser lehren zu können, sind die Lernenden mit einem Regelwerk konfrontiert worden, das ihnen die Sprache als ein systematisch aufgebautes Gebilde durchsichtig machen will. Daß dabei so viele griechische und lateinische Begriffe im Spiel sind, ist kein Zufall. Die Schulgrammatik steht in einer langen Tradition.

Die Geschichte, die sich in den «traditionellen Grammatiken» niedergeschlagen hat, begann im vierten vorchristlichen Jahrhundert, als sich die griechischen Grammatiker (von griech. «grammatikos», die Buchstaben betreffend; «techne grammatike», Lehre vom regelgerechten Sprachbau) der Sprache zuwandten und ihre Ordnung zu erkennen suchten. Eine erste Blüte erlebte dieser schwierige Anfang in der griechischen Kolonie Alexandria, wo Dionysius Thrax (etwa 170 bis 90 v. Chr.) eine umfassende Be-

schreibung des Griechischen vorlegte, seine Redeteile herausarbei-
tete und alle Wörter nach ihren Flexionskategorien (Kasus, Genus,
Numerus, Tempus) systematisierte. Die römischen Grammatiker,
voran Marcus Terentius Varro in seinem Buch «De lingua Latina»
(geschrieben von 47 bis 45 v. Chr.), folgten ihren griechischen Vorbildern. Sie übernahmen deren Programm, für das richtige Sprechen und Schreiben eine systematische Begründung zu liefern, und
wendeten die griechische Begrifflichkeit auf die lateinische Sprache
an, die in ihrem Bau dem Griechischen sehr ähnlich war. An ihnen
orientierten sich die Grammatiker des europäischen Mittelalters,
in dem das Latein für das Bildungswesen eine entscheidende Rolle
spielte. Die «ars grammatica» bildete als «ars recte dicendi» (Fähigkeit des richtigen Sprechens) zusammen mit Rhetorik und Stili-
stik, denen es um das überzeugende und schöne Reden ging («ars
bene dicendi»), ein Trivium der sprachlichen Bildung.

Auch die im 18. und 19. Jahrhundert geschriebenen Grammatiken des Deutschen blieben dieser Tradition verhaftet. Sowohl die
grammatischen Kategorien als auch die Ausrichtung auf den «richtigen» und «regel-gerechten» Sprachgebrauch wurden von den
griechisch-römischen Vorbildern übernommen. Man kann es bereits an den einschlägigen Titeln ablesen. 1814 erschien Johann
Christian Heyses «Theoretisch-praktische Grammatik oder Lehrbuch zum reinen und richtigen Sprechen, Lesen und Schreiben
der deutschen Sprache», 1850 Friedrich Bauers «Grundzüge der
Neuhochdeutschen Grammatik für höhere Bildungsanstalten und
zur Selbstbelehrung für Gebildete», deren 18. bis 27. Auflage
(1881–1912) von Konrad Duden bearbeitet und herausgegeben
wurde. Ihre Anlage und Darstellung wurde von der «Grammatik
der deutschen Sprache» Otto Baslers übernommen, die 1935 in der
Reihe «Der Große Duden» erschien. Eine Neubearbeitung hat der
Wissenschaftliche Rat der Dudenredaktion (Bibliographisches
Institut, Mannheim) 1984 als 4. Auflage herausgegeben. Das im
Vorwort vorgestellte Programm erhellt, was sich seit den griechisch-
römischen Anfängen als «traditionell» etabliert hat. Die *Duden-
Grammatik*, «unentbehrlich für richtiges Deutsch», versucht,

«eine in sich geschlossene und verständliche Beschreibung des Baus der
deutschen Gegenwartssprache zu geben. Gegenstand der Duden-Gram-

matik ist die gesprochene und geschriebene Standardsprache (Hochsprache) der Gegenwart. (...) Die Standardsprache ist durch ihre Schriftnähe charakterisiert. (...) Im engeren Sinne ist der Gegenstand der Duden-Grammatik das *System* der deutschen Standardsprache, dasjenige System von Regeln, das den einzelnen sprachlichen Äußerungen zugrunde liegt. (...) Die Duden-Grammatik führt auch die präskriptive Tradition fort, sie bleibt nicht bei der Deskription stehen, sondern klärt – im Rahmen wissenschaftlich begründeter Sprachpflege – auch Normunsicherheiten und wirkt den Zentrifugalkräften in der Sprache entgegen. Die Legitimation dazu leitet sie aus der Überzeugung ab, daß eine Sprachgemeinschaft eine über regionale, soziale, berufliche und andere Schranken hinweg verständliche, in der Schule lehr- und erlernbare Sprache braucht.» (S. 7f)

Verwurzelt in der Tradition der griechisch-lateinischen Grammatik; als Formlehre vor allem auf den systematischen Sprachbau konzentriert; an der Schriftsprache ausgerichtet; an der geregelten Verordnung des richtigen Deutsch interessiert; ein Hilfsmittel für das Lehren und Lernen der Standardsprache anbietend: Mit diesen Charakteristika ist die Duden-Grammatik ein typisches Beispiel «traditioneller» Grammatik.

Bemerkenswert ist dabei der Hinweis, daß das angebotene Regelwerk nicht homogen, stabil und einheitlich aufgebaut ist: «Es ist nur ein *systemähnliches* Gebilde» (S. 8). Um den Sinn dieser Bemerkung zu verstehen, empfiehlt sich ein kurzer Rückblick auf die Anfänge. Es ist der Widerstreit zwischen den «Analogisten» (von griech. «analogia», richtiges Verhältnis, der Vernunft entsprechend) und den «Anomalisten» (von griech. «a-» nicht; «nomos», Gesetz), der noch immer ungelöst ist und jeden Versuch, den «richtigen Sprachgebrauch» zu normieren, durchzieht (vgl. Arens 1969).

Alles begann mit einer Frage, über die sich die griechischen Philosophen uneins waren: Ist die Sprache etwas *Natürliches* («physei», von Natur), dessen Ursprung auf unveränderliche Prinzipien außerhalb des Menschen zurückgeht? Oder ist sie etwas *Konventionelles* («thesei», durch Setzung), das sich aus Brauch und Überlieferung herleitet und auf einen Kontrakt zurückgeht, der, da er von Menschen geschlossen wurde, auch von Menschen gebrochen werden kann? Zunächst versuchte man, diese strittige Frage durch *etymologische* Untersuchungen zu beantworten. Die Naturalisten suchten den etymologischen Ursprung (von «etymos», wahr, wirklich; «logos», Wort) aufzudecken, der die wahre Natur der Wörter begründet. Geweckt war damit auch das Interesse an der Klassifikation der Wortbeziehungen, an der «Grammatik» der Sprache. Der Gegensatz zwischen den Naturalisten und den Konventionalisten verschob sich dabei zu einer neuen Konfrontation.

Die Identifizierung der Wortarten (Substantiv, Verb, Adjektiv usw.) und ihrer Flexionsmöglichkeiten (von lat. «flexum», Gebogenes) evozierte die grammatologische Frage: In welchem Maße ist eine Sprache «regelhaft»? Beruht der Sprachgebrauch auf *Regelhaftigkeiten*, die grundsätzlich logisch sind und durch eine systematische Analyse und Klassifikation festgestellt werden können? Das bejahten die *Analogisten*, die in grammatischen Entsprechungen und Gleichartigkeiten etwas sahen, was der Vernunft (logos) entsprach. Wie in den mathematischen Relationen 3:1, 6:2, 9:3 usw. stets die gleiche Proportion (lat. Übersetzung des griech. «analogia») herrscht, so gibt es auch in der Sprache Analogiemodelle, die von einer geregelten Ordnung zeugen. Beispiele aus der deutschen Sprache wären die regelmäßigen Pluralbildungen von Substantiven: «Mutter – Mütter», «Vater – Väter», «Bruder – Brüder», «Gast – Gäste», «Hand – Hände», die den Stammvokal umlauten; oder die Konjugationen (von lat. «coniugatio», Verknüpfung) der regelmäßigen (schwachen) Verben, von denen hier nur die aktiven Formen des Indikativ Präsens und des Präteritums zitiert werden:

ich	leb-e	ich	lieb-e
du	leb-st	du	lieb-st
er, sie, es	leb-t	er, sie, es	lieb-t
wir	leb-en	wir	lieb-en
ihr	leb-t	ihr	lieb-t
sie	leb-en	sie	lieb-en
ich	leb-t-e	ich	lieb-t-e
du	leb-t-est	du	lieb-t-est
er, sie, es	leb-t-e	er, sie, es	lieb-t-e
wir	leb-t-en	wir	lieb-t-en
ihr	leb-t-et	ihr	lieb-t-et
sie	leb-t-en	sie	lieb-t-en

An das Stamm-Morphem des Verbs treten in den jeweils sechs Fällen vier verschiedene Flexionsendungen («-e», «-(e)st», «-(e)t» und «-en»), die analogisch Tempus (Präsens und Präteritum), Numerus (Singular und Plural) und Person (erste, zweite und dritte) differenzieren. Die Endungen des Präteritums sind allgemein durch ein erweiterndes «t» charakterisiert. Das Partizip I (Präsens) wird durch die Endung «-(e)nd» gebildet: «leb-end», «lieb-end», «wander-nd»; das Partizip II (Perfekt) durch das Präfix «ge-» und die Endung «t»: «ge-leb-t», «ge-lieb-t». An solchen charakteristischen «Paradigmata» (von griech. «paradeigma», Beispiel, Muster) läßt sich die Regelhaftigkeit der Sprache erkennen, für die die Analogisten verschiedene Klassifikationsmodelle erstellt haben.

Zwar gäbe es solche Regelmäßigkeiten, gaben die *Anomalisten* zu, aber überwältigend wären doch die Beispiele *regelwidriger* Wörter und Wortbildungen. Bleiben wir bei der Pluralbildung und der Verbkonjugation. Pluralbildungen benutzen eine ganze Palette von Suffixen, wie die Beispiele

Katze	-n
Mensch	-en
Kind	-er
Hund	-e
Auto	-s

zeigen; oder sie lauten innerflexivisch den Stammvokal um («Mutter – Mütter»); oder sie besitzen keine äußeren Erkennungszeichen («der Geier – die Geier», «der Spieler – die Spieler»); oder sie kommen durch Suffigierung und Umlautbildung zustande («Mann – Männer», «Glas – Gläser», «Maus – Mäuse»). Hinzu kommen Wörter, die an der Opposition Einzahl – Plural nicht teilnehmen: Sammelnamen wie «Vieh», «Geflügel», «Geschrei» oder pluralisch geprägte Namen wie «die Alpen», «die Ferien», «die Masern».

Auch bei der Konjugation von Verben geht es äußerst unterschiedlich und unregelmäßig zu. Verben mit «Ablaut» (starke Verben) stellen die Hauptgruppe der unregelmäßigen Verben, wobei 39 Ablautreihen feststellbar sind: «binde – band – gebunden», «fließe – floß – geflossen», «komme – kam – gekommen» usw. Es kommen Wechsel des Stammvokals vor: «ich lese, du liest, er liest», im Unterschied zu «ich lebe, du lebst, er lebt». Oder es findet ein Konsonantenwechsel statt wie bei «ich leide, ich litt, ich habe gelitten», «ich gehe, ich ging, ich bin gegangen». Aus solchen Beispielen haben die Anomalisten den Schluß gezogen, daß es im lebendigen Sprachgebrauch wesentlich «regelwidriger» zugehe, als es sich die Analogisten träumen lassen. Zumindest gibt es eine Fülle von Einzelfällen, für die keine allgemeine Regel feststellbar ist. Man muß sie lernen und beherrschen, wie sie sind.

Der Widerstreit zwischen den frühen griechischen Analogisten und Anomalisten ist nicht nur sprachwissenschaftsgeschichtlich bemerkenswert. Denn er war die Initialzündung für die Entwicklung einer traditionellen Grammatik, die bis heute mit dem grundsätzlichen Problem zu kämpfen hat, «was ‹regelhaft› an der Sprache sei und wieviel dessen, was sich als ‹Regelwidrigkeit› darstellt, durch weitere Analysen mit Hilfe von Modellalternativen beschrieben werden kann» (Lyons 1971, S. 8). Die Geschichte der traditionellen Grammatik ist ein permanenter Kampf, mit der Spannung zwischen Regelhaftigkeit und Regelwidrigkeit, zwischen Regeln und Ausnahmen fertig zu werden. Sie ist eine mehr als zweitausendjährige Sisyphusarbeit, die immer wieder zu neuen Anstrengungen herausfordert und stets neue Grammatiken hervorbringt, die bessere Modelle und Systematisierungen als ihre Vorgänger anbieten. Auch die Duden-Grammatik, die eine umfassende Darstellung des Aufbaus der deutschen Sprache vom Laut über das Wort zum Satz liefert, ist nur ein Übergangswerk. Neue Grammatiken sind ihr gefolgt (vgl. Gallmann und Sitta 1990; Zifonun, Hoffmann und Strecker 1997).

Rückkehr zu Wilhelm von Humboldt

Kein Studium der (deutschen) Sprache und ihrer Wissenschaft kann auf die Erkenntnisse verzichten, die innerhalb der traditionellen Grammatik gewonnen wurden. Einsichten in «systemähnliche» Wortbildungen (Morphologie), Wortarten, Wortinhalte (Semantik), Satzglieder und Satzkonstruktionen (Syntax) sind ein unverzichtbarer Bestandteil der sprachwissenschaftlichen Arbeit und Ausbildung. Aber die Aneignung dieser Kenntnisse soll nicht der einzige Zweck des linguistischen Studiums sein. Das ist jeden-

falls die Grundüberzeugung derjenigen, die sich auf der Traditionslinie bewegen, welche mit dem Namen Wilhelm von Humboldt
verbunden ist. Denn die grammatische Analyse allein kann niemals
ein «wahres Bild der Sprache» liefern. Sie ist gezwungen, die Sprache als ein totes Werk *(ergon)* zu verobjektivieren und zu zergliedern, ohne sie als lebendige Tätigkeit *(energeia)* begreifen zu können. Gegen die grammatische Reduktion der Sprache, die in ihr nur
ein Werkzeug sieht, das man auseinandernehmen und zusammensetzen kann, steht Humboldts Einwand:

> «Gerade das Höchste und Feinste läßt sich an jenen getrennten Elemen-
> ten nicht erkennen und kann nur (was um so mehr beweist, dass die
> eigentliche Sprache in dem Acte ihres wirklichen Hervorbringens liegt)
> in der verbundenen Rede wahrgenommen oder geahndet werden. Nur
> sie muss man sich überhaupt in allen Untersuchungen, welche in die le-
> bendige Wesenheit der Sprache eindringen sollen, immer als das Wahre
> und Erste denken. Das Zerschlagen in Wörter und Regeln ist nur ein
> todtes Machwerk wissenschaftlicher Zergliederung.» (1963, S. 418 f)

Humboldt lebt. Das Interesse an seinen Forschungen hat in den
letzten Jahren stetig zugenommen. 1985, anläßlich seines 150. To-
destages, gab es eine Reihe von Konferenzen und Kolloquien, die
zu einer vertieften Rezeption seines Werks anregten. Zahlreiche
Sammelbände und umfangreiche Darstellungen von Humboldts
Sprachauffassung sind seitdem erschienen (vgl. Trabant 1986;
Welke 1986; Buchholz 1986; Scharf 1989; Borsche 1990; Trabant
1990; Scharf 1994). Humboldts Schriften wurden ins Englische,
Russische, Japanische, Spanische, Italienische und Französische
übersetzt und werden international diskutiert. Sein Nachlaß wurde
gesichtet und ausführlich kommentiert (vgl. Müller-Vollmer 1993).
Eine Werkausgabe wird vorbereitet. Der erste Band über die «Mexikanische Grammatik» (1994) liegt vor. Jürgen Trabant hat für
dieses Humboldt-Revival das treffende Bild gefunden, das Humboldts Haus in Tegel schmückt: Es ist *Apeliotes*, der Licht und
Wärme bringende jugendliche griechische Wind aus dem Osten,
der zu einer wiederbelebenden Inspiration und Begeisterung anregt
und

> «die Sprachforscher immer wieder heimsucht, wenn sie sich fragen, wel-
> chen Sinn denn die Sprache und welchen Sinn denn die Sprachwissen-

schaft hat. Es ist der Sinn der Sprache selbst, der gegen die Behandlung als ‹todtes Gerippe› aufbegehrt. Je kälter der Blick wird, den die moderne Wissenschaft auf die Sprache wirft, desto größer wird die Sehnsucht nach Licht und Wärme.» (Trabant 1986, S. 206)

Doch was heißt hier «moderne Wissenschaft»? Und wieso kann Humboldts «Licht und Wärme» gegen sie ins Feld geführt werden?

Um diese Fragen zu beantworten, müssen wir in das Jahr 1794 zurückgehen. Ort der Handlung: Jena, wo sich in diesem denkwürdigen Jahr eine Vierer-Gruppe bildet, um das Projekt einer universalen Wissenschaft zu entwerfen, die eine «holistische» (ganzheitliche) Erkenntnis der gesamten Natur ermöglicht, zu der auch die Menschen gehören. Die handelnden Personen: Friedrich Schiller, Johann Wolfgang von Goethe, Alexander und Wilhelm von Humboldt. Nur innerhalb dieser *Jenaer Gruppe '94* konnte sich auch Humboldts Sprachidee herausbilden.

Nach seinen frühen Erfolgen als Dramatiker befand Schiller sich in einer großen Krise. Als unbesoldetem Professor für Geschichte in Jena (seit 1789) ging es ihm finanziell miserabel. Außerdem litt er unter den schrecklichen Folgen einer lebensgefährlichen Erkrankung (Rippenfellvereiterung). Auch seine Diagnose der sozialen und geistigen Situation der Zeit spricht die Sprache der Verzweiflung. Dem Unglücklichen schien alles zerrüttet. In einer Reihe von Briefen «Über die ästhetische Erziehung des Menschen» (Februar 1793 bis Februar 1794) an den Prinzen von Schleswig-Holstein-Augustenburg analysierte er, wie fortschreitende Arbeitsteilung zum Zerfall menschlicher Totalität geführt hat und das Ganze der Welt in fragmentarische Bruchstücke zerschlagen wurde. Alles ist auseinandergerissen und muß zusammengestückelt werden. Sinnliche Erfahrung und geistige Spekulation sind voneinander separiert: Auf der einen Seite stehen die materiell orientierten «Geschäftsmänner» mit pedantischer Beschränktheit und engem Herz; auf der anderen Seite die abstrakten Denker mit leerer Formalität und kaltem Herz. Eine Rettung schien dem fünfunddreißigjährigen Schiller nur eine Erziehung zur Kunst zu bieten, deren Gegenstand die *«lebende Gestalt»* ist, worunter er all das verstand, «was man in weitester Bedeutung *Schönheit* nennt» (Schiller 1966, S. 45).

Im Juli 1794 kam der fünfundvierzigjährige Goethe nach Jena, noch immer unter dem beglückenden Eindruck seiner naturästhetischen Erfahrungen, die er während seiner Italienreise gemacht hatte. Zwischen dem philosophierenden Kunstästhetiker Schiller und dem ästhetischen Naturforscher Goethe fand am 20. Juli jenes «glückliche Ereignis» statt, das ihren «Bund» einleitete. Nach einer Sitzung der Jenaer «Naturforschenden Gesellschaft» knüpften sie ein Gespräch an. Beide waren enttäuscht über die zerstükkelnde Art, mit der die Natur behandelt worden war. Es müßte doch noch eine andere Art geben, sie nicht gesondert und vereinzelt zu untersuchen, sondern sie produktiv wirkend und lebendig erfassen und darstellen zu können.

Einige Tage später wurde auch der fünfundzwanzigjährige Wilhelm von Humboldt, der seit Februar 1794 ebenfalls in Jena lebte und in aristokratischer Zurückgezogenheit an einem Erziehungsprogramm zur umfassenden humanistischen Bildung des Menschen arbeitete, in die Gespräche einbezogen. – Die Gruppe war komplett, als Humboldts zwei Jahre jüngerer Bruder Alexander (Botaniker, Mineraloge und Fachmann für Bergwerks- und Manufakturwesen) im Dezember für einige Tage nach Jena kam. In einem Brief an Schiller vom 6. August 1794 hatte er sein naturkundliches Forschungsprogramm skizziert und an die griechischen Naturforscher erinnert, «die gewiss weitere Gesichtspunkte als unsere elenden Registratoren der Natur» hatten und den «ästhetischen Sinn» mit in die Naturerkenntnis zogen.

Prinzipien einer umfassenden Naturforschung stehen im Mittelpunkt der Gespräche. Es gilt, eine Methode der Naturbetrachtung zu entwickeln, in der kunstphilosophische Reflexion (Schiller), naturästhetische Erfahrung (Goethe), humanistische Bildung (Wilhelm von Humboldt) und wissenschaftlich-ästhetische Naturansicht (Alexander von Humboldt) zusammenkommen können. Aufgefordert von den Freunden, diktiert Goethe im Janur 1795 seinen «Ersten Entwurf einer Allgemeinen Einleitung in die Vergleichende Anatomie», in dem er seine Idee einer typologischen und dynamischen *Morphologie* (von griech. «morphe», Form, Gestalt) entfaltet. Goethe will das Gestalt-Schema erkennen, das im Ganzen der biologischen Natur waltet und sich in den Metamorphosen der Pflanzen und Tiere zeigt, mit dem Menschen als höchster Stufe.

Durch Goethes vergleichende Anatomie angeregt, entwirft Wilhelm von Humboldt 1795 seinen «Plan einer vergleichenden Anthropologie». Im reichen Stoff, den das ganze Leben bietet, gilt es vergleichend das Wesen des Menschen in der Vielfalt seiner Erscheinungen und Möglichkeiten zu erkennen. Humboldt will weder bloß spekulierender Philosoph sein, der abstrakt über den Menschen nachdenkt, noch tatsachenfixierter «Geschäftsmann», der nur Materialien für seine Zwecke sammelt, ohne ihren sich entwickelnden Zusammenhang begreifen zu können. «Um zugleich den Menschen mit Genauigkeit zu kennen, wie er ist, und mit Freiheit zu beurtheilen, wozu er sich entwickeln kann, müssen der praktische Beobachtungssinn und der philosophierende Geist gemeinschaftlich thätig sein» (1903, S. 378).

Wie fruchtbar diese Verbindung sein kann, beweist das Lebenswerk Alexander von Humboldts, der die Natur dort studierte, wo sie ihre größte Kraft und Fülle entfaltet: in den Tropen. 1799 bis 1804 unternahm er seine große Reise durch Mittel- und Südamerika und erforschte ihre Geologie, Meteorologie, Tierformen und menschlichen Lebensweisen. Als Vollender der Morphologie Goethes (vgl. Meyer-Abich 1970) verknüpfte er präzise Beobachtungen und Messungen mit einem ästhetischen Sinn für das Ganze. In seinen «Ansichten der Natur» (1807), die er seinem geliebten Bruder Wilhelm widmete, stellte er seine Forschungsergebnisse als *Naturgemälde* dar: «Überblick der Natur im großen, Beweis von dem Zusammenwirken der Kräfte, Erneuerung des Genusses, welchen die unmittelbare Ansicht der Tropenländer dem fühlenden Menschen gewährt, sind die Zwecke, nach denen ich strebe» (A. v. Humboldt 1992, S. 5).

Was Alexander als Naturforscher leistete, vollbrachte sein Bruder Wilhelm als Sprachforscher. Nach seiner Reise durch das Baskenland entwickelte er 1801 den «Plan zu einer systematischen Encyclopaedie aller Sprachen». Das Projekt wurde durch seine umfangreiche politische Arbeit als Botschafter, preußischer Kulturpolitiker, Hochschulgründer, Staatsminister und Friedenskongreßteilnehmer unterbrochen. Erst als Privatwissenschaftler ohne staatspolitische Pflichten widmete er sich in den letzten fünfzehn Jahren seines Lebens (1820–1835) der philosophisch und ästhetisch geleiteten sprachwissenschaftlichen Forschung. Es sind großartige *Sprachgemälde*, in denen anhand zahlreicher Sprachen

(Sanskrit, Griechisch, Nahuatl, Quechua, Delaware, Javanesisch, Malaiisch, Tahitisch, Chinesisch u. a.) das Programm einer wissenschaftlichen und ästhetischen Betrachtung der Sprachen in ihren Verschiedenheiten, Entwicklungsstufen, Charakteren und «organismischen» Bauformen realisiert wurde.

Am 29. Juni 1820 betritt Humboldt als Sprachwissenschaftler die öffentliche Bühne. Der erste Vortrag an der Preußischen Akademie der Wissenschaften (vgl. Humboldt 1994) hat den Titel «Ueber das vergleichende Sprachstudium in Beziehung auf die verschiedenen Epochen der Sprachentwicklung», der an Goethes vergleichende Anatomie und Humboldts eigenen Plan einer vergleichenden Anthropologie erinnert. Anhand der Sprache soll ausgeführt werden, was die Gruppe '94 gemeinsam wollte:

1. ein *holistisches* Konzept des Ganzen: «Unmittelbarer Aushauch eines organischen Wesens in dessen sinnlicher und geistiger Geltung, theilt die Sprache darin die Natur alles Organischen, dass Jedes in ihr nur durch das Andre, und Alles nur durch die eine, das Ganze durchdringende Kraft besteht» (S. 12);

2. eine *Morphologie* des Baus und des Charakters verschiedener Sprachen, in der sich genaue wissenschaftliche Forschung und ästhetischer Sprachsinn vermitteln und gegen jede Zersplitterung der Sprache in einzelne Wörter und grammatische Muster opponieren;

3. eine *Dynamik*, für die das Erzeugen wesentlicher ist als das Erzeugte, die lebendige Rede wichtiger als das «todte Machwerk» wissenschaftlicher Zergliederung. «Auch die Mundart der rohesten Nation ist ein zu edles Werk der Natur, um, in so zufällige Stücke zerschlagen, der Betrachtung fragmentarisch dargestellt zu werden. Sie ist ein organisches Wesen, und man muss sie, als solches, behandeln» (S. 17);

4. ein *inspirierender Darstellungsstil*, der sich weder auf nackte Tatsachenbeschreibung noch auf mathematische Schematisierung reduziert, sondern auch die dichterischen Möglichkeiten ausnutzt, um begeistern und einladen zu können. Während die wissenschaftliche Prosa für die «Geschäfte» von Spezialisten ausreichend sein mag, löst der rednerische Sprachgebrauch die «Bande, welche die Empfänglichkeit des Gemüths gefesselt halten könnten. (...) Bei jeder Erkentniss, welche die ungetheilten Kräfte des Menschen fordert, tritt der rednerische Sprachgebrauch ein. Von dieser Art der

Erkenntnisse aber fliesst auf alle übrigen erst Licht und Wärme über» (S. 30).

Dieses ‹klassische› Programm, das Humboldt in der Einleitung zu seinem Hauptwerk «Ueber die Kawi-Sprache auf der Insel Java» (1830–35) allgemein ausgeführt und exemplarisch anhand konkreter Untersuchungen über das Verb in den amerikanischen Indianersprachen, über den Dualis oder über die Verwandtschaft der Ortsadverbien mit den Pronomen erprobt hat, spielt im Hauptstrom der ‹modernen› Linguistik keine entscheidende Rolle, der das Gespür für den Zusammenhang von Wissenschaft, Ästhetik und Philosophie verlorenging. Als Humboldt sich 1820 vernehmlich als Sprachforscher zu Wort meldet, hat sich bereits eine neue Traditionslinie gebildet, in der die Sprache nur noch als eine objektive Gegebenheit von Lauten und Formen erscheint, die ihren immanenten Gesetzmäßigkeiten unterliegt. Von Franz Bopps historisch-vergleichender Analyse «Über das Conjugationssystem der Sanskritsprache in Vergleichung mit jenem der griechischen, lateinischen, persischen und germanischen Sprache» (1816) über die junggrammatische Schule der historischen Laut- und Formenlehre bis zu den Mathematisierungen eines synchronen Sprachsystems dominiert ein Außenblick auf die Sprache, der sie nicht mehr als «Aushauch» eines sprachfähigen Wesens «in seiner sinnlichen und geistigen Geltung» ästhetisch erlebt, intuitiv erahnt und wissenschaftlich erkennt.

Doch diese Wende hat Humboldts Sprachidee und Wissenschaftskonzeption nicht besiegen können. Man kann ihre Spuren in Saussures Werk finden; in Wittgensteins «Sprachspiel»-Konzept, das auf das Sprechen als Teil einer Tätigkeit und Lebensform intendiert; oder in dem neo-humboldtschen Programm der «Inhalt-bezogenen Grammatik» (vgl. Trier 1931; Porzig 1950; Jost 1960; Gipper 1963), die in Deutschland unter der Wortführung von Leo Weisgerber (1899–1985) entwickelt und in seinem vierbändigen Hauptwerk «Von den Kräften der deutschen Sprache» (1949–1954) entfaltet worden ist. Daß Humboldt lebt, zeigen auch die zu Beginn dieses Abschnitts erwähnten Arbeiten der letzten Jahre. Sie halten das Bewußtsein wach, daß das wissenschaftsgeschichtlich Überholte wirksam bleibt, solange sich auch die Sprachwissenschaft nach «Licht und Wärme» sehnt und sich von

«Apeliotes» begeistern läßt. Die Rückkehr zu Wilhelm von Humboldt bedeutet kein Revival von Romantik, Idealismus oder Unwissenschaftlichkeit. Sie knüpft an den Beginn einer «anderen Moderne» an und steht, am Ende des 20. Jahrhunderts, im Kontext eines allgemein wiederentdeckten Holismus, der das analytische *Licht* der wissenschaftlichen Aufklärung mit einem intuitiven *Gefühl* für das Ganze verbindet. Wie ein Leitstern strahlt über der gegenwärtigen Sprachwissenschaft Humboldts Einsicht:

> «Die Zergliederung ist nothwendig, um dies Gefühl in Erkenntniss zu verwandeln, sie verdunkelt aber allemal in etwas die Anschauung der lebendigen Eigenthümlichkeit, schon dadurch, dass eben jene Verwandlung des Gefühls in Erkenntniss nie ganz vollständig vor sich gehen kann. Es ist daher der bessere Weg, die Prüfung einer Sprache bei einem Totaleindruck anzufangen, es verbreitet sich alsdann wenigstens jenes Gefühl auf die ganze Folge der Untersuchung. Kehrt man es um, oder bleibt man gar bei der Zergliederung stehen, so erhält man eine lange Reihe von Analysen von Sprachen, ohne die wesentliche Eigenthümlichkeit einer einzigen derselben zu erkennen oder zu fühlen.» (1963, S. 185)

Der europäische Strukturalismus

Als Thomas S. Kuhn die Struktur wissenschaftlicher Revolutionen als «Paradigmenwechsel» darstellte, benutzte er das Wort *Paradigma*, um darauf hinzuweisen, daß innerhalb unterschiedlicher theoretischer Rahmenwerke bestimmte Musterbeispiele eine große Rolle spielen. An ihnen wird exemplarisch vorgeführt, welchen Problemen die Wissenschaft konfrontiert ist und welche Wege zu ihrer Lösung sie vorschlägt. Diesen engen Begriff hat Kuhn später erweitert und lieber von «disziplinärer Matrix» gesprochen. Denn es geht ja nicht allein um einzelne beispielhafte Probleme und Problemlösungen, sondern um grundsätzliche Vorstellungen der Erkenntnisobjekte und ihrer wissenschaftlichen Erkennbarkeit. Auch methodische Werte (wie Einfachheit, Widerspruchsfreiheit, Vollständigkeit) und Regeln zum Aufbau von Theorien spielen dabei eine Rolle. Und nicht zuletzt müssen selbst die strengsten Wissenschaften zu etwas greifen, das sie eigentlich vermeiden wollen. Sie sehen sich gezwungen, Metaphern zu verwenden.

Humboldt hob die Sprache als «lebendigen Organismus» und «bildendes Organ des Gedankens» hervor und widersprach damit ihrer Vergegenständlichung zum «toten Gerippe». Gegen eine anatomische «Zergliederung» in einzelne Wörter und Regeln stellte er einen organisch-physiologischen «Totaleindruck» der ganzen Sprache. Er betonte den «Charakter» einzelner Sprachen, deren «Individualität» niemals vollständig zu beschreiben ist, weil sich jedes Individuum in seiner «unendlichen Natur» einer erschöpfenden Charakterisierung entzieht.

Für dieses methodische Problem hat Humboldt das Bild der *Wolke* gewählt. Wie Wolken «erst in der Ferne vor den Augen Gestalt erhalten» (1994, S. 33), so zeigt sich auch die Totalität einer Sprache nur, wenn wir ihre individuelle Ganzheit empfinden. Um Sprache erkennen zu können, müssen wir uns einzelnen sprachlichen Tatsachen nähern und detaillierte Forschungsarbeit leisten, wodurch paradoxerweise die wolkenartige Gestalt der Sprache sich auflöst.

Sprachen sind keine mechanischen Uhrwerke, die man problemlos auseinandernehmen und zusammensetzen kann. Sie gleichen Wolken, die man aus verschiedenen Entfernungen wahrnehmen und erkennen kann. Dieses naturkundliche Bild wurde im 20. Jahrhundert durch eine neue Metapher aufgehoben, im Doppelsinn dieses Wortes: Es wurde durch die linguistische Vorstellung der *Struktur* ersetzt, in der dennoch die Humboldtsche Sprachidee bewahrt blieb. Was er als den «Bau» einer Sprache thematisiert hatte, wurde im Strukturalismus (von lat. «structura», Bauart) zum zentralen Thema der linguistischen Forschung. Gegen die historische Laut- und Formenlehre des 19. Jahrhunderts, die der sprachgeschichtlichen Entwicklung einzelner Elemente auf der Spur war, wurde eine strukturelle Methode entwickelt, die auf die Sprache als «einheitliches Ganzes» zielte. Doch dieses Ganze, das Ferdinand de Saussure zum konkreten Gegenstand der Sprachwissenschaft erklärt hat, ist wie eine Wolke. Man muß in sie eintauchen, ohne dabei das Ziel aus den Augen zu verlieren, ihren strukturierten Bau erkennen zu wollen.

Mehr oder weniger sind alle linguistischen Untersuchungen, die im Anschluß an Saussure auf die Sprache als «langue» gerichtet sind, an der Struktur-Metapher orientiert. Ein Überblick über die verschiedenen Schulen des klassischen Strukturalismus kann hier nicht geliefert werden (vgl. Lepschy 1969; Bierwisch 1970; Helbig 1971; Albrecht 1988; Dosse 1996; 1997). Statt dessen soll nur ein Wissenschaftler vorgestellt werden, dessen Namen wiederholt aufgetaucht ist: Roman Jakobson. Er hat nicht nur 1929 das Losungswort «Strukturalismus» geprägt:

> «Hätten wir die führende Idee der heutigen Wissenschaft in all ihren vielfältigen Erscheinungsformen in einen Begriff zusammenzufassen, könnten wir kaum eine passendere Bezeichnung finden als *Strukturalismus*. Untersucht man heute wissenschaftlich eine beliebige Gruppe von Phänomenen, so behandelt man sie nicht als mechanische Anhäufung, sondern als ein strukturales Ganzes, und die grundlegende Aufgabe besteht darin, die – statischen oder dynamischen – inneren Gesetze dieses Systems bloßzulegen.» (1971, S. 711)

Auch seine Lebensgeschichte hat Jakobson zu den Zentren der Struktur-Linguistik geführt, die er durch seine Ideen und Forschungsenergie beeinflußt hat. Und sein gesamtes Lebenswerk dokumentiert ebenfalls auf anregende Weise, wie das Wolken-Paradox produktiv bewältigt werden kann: sich in die diffizilsten Details der Sprache zu versenken, ohne das Ganze aus dem Blick zu verlieren.

Die linguistische Karriere Roman Jakobsons, der am 10. Oktober 1896 in Moskau geboren wurde, begann stürmisch. Kaum 19 Jahre alt, gründete er 1915 mit anderen Studenten einen *Moskauer Linguistischen Kreis*. Gemeinsam interessierte man sich vor allem für die sprachlichen Formen, wie sie in der slawischen Folklore (Mythen, Legenden, Märchen, Lieder, Sprachmagie) *poetisch* gestaltet erscheinen, aber auch in der neuen Verskunst der avantgardistischen Zeitgenossen, bei Majakowskij, Chlebnikov und Mandelstam. Man wollte, in enger Zusammenarbeit mit der Petersburger «Gesellschaft zur Erforschung der poetischen Sprache» (OPOJAZ), wissen, wie Verse «gemacht» werden. Poesie besteht aus Wörtern, Verse sind metrische Gebilde, und ihre Wirkung hängt von der Lautgestalt der Wörter und ihren grammatischen Beziehungen ab. Was ist der sprachliche Grund, der die Konstruktion des Poetischen trägt? Die traditionelle Philologie, die ihr Textmaterial historisch eingliederte und dessen Sinn zu interpretieren versuchte, konnte auf diese Frage keine zufriedenstellende Antwort geben. Metrik, Rhythmus, Lautgestaltung und Satzbau mußten linguistisch untersucht werden, um die sprachlichen Kunstwerke als solche empfinden und erkennen zu können.

Als Mitglied einer Rote-Kreuz-Delegation zur Repatriierung russischer Kriegsgefangener kam Jakobson 1920 nach Prag. Hier begegnete er Linguisten, die wie er daran interessiert waren, im Anschluß an Ferdinand de Saussure die Sprache als ein System von Zeichen zu untersuchen. Jakobson lernte den russischen Linguisten Nikolai Trubetzkoy kennen, der sich auf das Studium der *Phoneme* konzentrierte, jener Lauteinheiten, die Saussure als die kleinsten bedeutungsunterscheidenden Elemente der Sprache identifiziert hatte. Sie besitzen selbst keine positive Bedeutung, sondern üben die Funktion aus, Zeichen voneinander differenzieren zu können. 1926 war Jakobson an der Gründung des *Circle Linguistique de Prague* beteiligt, der zum wichtigsten Zentrum der strukturell-funktionalen Linguistik der Zwischenkriegszeit wurde. Die Phonologie stand im Mittelpunkt der Forschung. Sie war der erste im Rohbau verwirklichte Abschnitt des «Strukturalismus» und fand in Trubetzkoys «Grundzüge der Phonologie» 1939 ihre klassische Gestalt. Im Prager Kontext baute Jakobson sein systematisches Programm aus und erprobte es in einzelnen Sachgebieten. Er erforschte die Lautgeschichte der russischen Sprache und promovierte 1930 an der Karls-Universität mit einer Arbeit über die Metrik südslawischer Epen.

1933 ging Jakobson an die Masaryk-Universität in Brünn, wo er einen entscheidenden Schritt über das phonologische System der Prager hinaus unternahm. Das Phonem ist nicht das kleinste Element des Sprachsystems, sondern läßt sich weiter differenzieren. Die Phoneme aller menschlichen Sprachen bestehen aus einem «Bündel distinktiver phonologischer Merkmale», die in einer streng binären Opposition zueinander stehen. Ein Dutzend solcher Merkmale (wie vokalisch/nichtvokalisch; stimmhaft/stimmlos; nasal/oral; dunkel/hell; gerundet/ungerundet; kontinuierlich/diskontinuierlich u. a.; vgl. Jakobson und Halle 1960) bedingen sich eindeutig, wechselseitig und notwendig. Damit sind *Opposition* und *Binarismus* zu den wichtigsten strukturlinguistischen Schlüsselbegriffen geworden.

Die Besetzung der Tschechoslowakei durch die Nazis zwang Jakobson 1938 zur Flucht, zunächst nach Dänemark, wo er mit dem 1934 gegründeten *Kopenhagener Linguistenkreis* um Viggo Brøndal und Louis Hjelmslev zusammenarbeitete. Hier wurde aus Saussures These, daß die Sprache eine Form und keine Substanz ist, die radikalste Konsequenz gezogen und eine streng *mathematische* Theorie der kombinatorischen Sprachstruktur aufgebaut. Auch die *Zweiachsen-Theorie* der Sprache wurde durch Hjelmslevs Unterscheidung zwischen syntagmatischen Zeichenrelationen und paradigmatischen Systembeziehungen präzisiert (vgl. Hjelmslev 1943).

Der Beginn des Zweiten Weltkriegs vertrieb Jakobson nach Norwegen, das er nach dem Einmarsch deutscher Truppen verlassen mußte. Er floh nach Schweden. In Stockholm schloß er 1940 seine Studie über «Kindersprache, Aphasie und allgemeine Lautgesetze» ab, in der er die Gesetzmäßigkeiten freilegte, denen der Spracherwerb und der Sprachverlust in gegenläufiger Richtung folgen.

1941 überquerte Jakobson auf einem Frachter den Atlantik und fand in den USA seine neue und letzte Heimat. Er begann an der Columbia University in New York zu arbeiten, wo er den französischen Anthropologen Claude Lévi-Strauss und den Psychoanalytiker Jacques Lacan traf. (Zusammen mit Lévi-Strauss wird er 1962 die berühmteste und zugleich am heftigsten umstrittene Strukturanalyse eines Gedichts verfassen: «‹Die Katzen› von Charles Baudelaire»; Jakobson 1992, S. 206–232). Durch ihre Vermittlung gewann Jakobson entscheidenden Einfluß auf die Ausbildung und Programmatik des *französischen Strukturalismus* (vgl. Dosse 1996; 1997). 1949 als Professor an die Harvard University in Cambridge/Massachusetts berufen, 1957 mit einer zweiten Professur am Bostoner «Massachusetts Institute of Technology», waren die amerikanischen Jahre eine Phase der interdisziplinären Konsolidierung seiner Arbeit und der Ausweitung ihrer Ergebnisse. Jakobson arbeitete unter anderem mit Physikern (Niels Bohr) zusammen, mit Kybernetikern und Informationstheoretikern (Norbert Wiener und Colin Cherry), mit Neuropsychologen und Aphasieforschern (Alexander Lurija), und entfaltete seinen «integralen Strukturalismus» zu einer umfassenden Sprachtheorie. Er trug dabei entscheidend auch zu einer Umorientierung der *amerikanischen Linguistik* bei, die durch Noam Chomsky, der in Harvard bei Jakobson studierte, eine paradigmatische Wende erfuhr. «Persönlich habe ich viel von diesem europäischen Strukturalismus gelernt, von Roman Jakobson im besonderen, der mein Professor war und ein sehr guter Freund ist; ich brauche nicht in Erinnerung zu rufen, wie wesentlich seine Beiträge bleiben» (Chomsky 1972, zit. in: Holenstein 1975, S. 21).

Am 18. Juli 1982 starb Jakobson und wurde in Cambridge beerdigt. Sein Lebenswerk stand unter dem Motto: «Linguista sum; linguistici nihil a me alienum puto» (Jakobson 1971, S. 555; Ich bin Linguist, nichts Linguistisches weiß ich, das mir fremd wäre).

Jakobsons Strukturalismus wurde aus dem Geist der poetischen Sprache geboren. Die Grammatik der Poesie verband er mit einer Poesie der Grammatik, die das ganzheitliche Gefühl für sprachliche Zusammenhänge mit ihrer akribischen Zergliederung verband. Er hat universelle Strukturen der menschlichen Sprache freigelegt und sich in die lautlichen Mikrostrukturen lyrischer Werke versenkt. Gedichte, Folklore und visueller Zeichengebrauch interessierten ihn ebenso wie kindlicher Spracherwerb und aphasischer Sprachverlust. Er hat die Autonomie der Strukturlinguistik favorisiert und sie zugleich in eine interdisziplinäre Zusammenarbeit integriert. Jakobson war, um es mit Humboldt zu sagen, in die «Wolke» der Sprache eingetaucht; aber es gelang ihm immer wieder, aus ihr herauszutreten und auf der breiten Basis gründlicher Detailkenntnis die Form der Wolke erneut zu erfassen.

Geschichte war der Schlüsselbegriff des 19. Jahrhunderts, wenn es um das Verstehen oder Erklären natürlicher, ökonomischer, sozialer, kultureller und psychologischer Phänomene ging: Evolutionsgeschichte, Geschichte der Klassenkämpfe, Phylogenese der menschlichen Gattung, Ontogenese der Individuen, Kunstgeschichte, Literaturgeschichte. In diesem Kontext etablierte sich auch die Sprachwissenschaft als Sprachgeschichte, von der Hermann Paul 1880 selbstbewußt sagen konnte, daß es keine andere Kulturwissenschaft gibt, «deren Methode zu solchem Grade der Vollkommenheit gebracht werden kann wie die der Sprachwissenschaft» (Paul 1970, S. 5).

Struktur ist die zentrale Metapher des 20. Jahrhunderts. Gegen das diachrone Bewußtsein hat sich eine strukturell-synchrone Methode durchgesetzt, die den Bau aller möglichen Phänomenbereiche untersucht. Auch jetzt war es vor allem die Linguistik, an der sich Anthropologen und Mythenforscher, Zeichentheoretiker und Literaturwissenschaftler, Psychologen und Soziologen orientierten, wenn sie ihre jeweiligen Forschungsgebiete wie eine Sprache als Strukturgebilde untersuchten. Seit Saussure die Sprache zu einem systematisch aufgebauten Objekt erklärt hat, entlehnte das strukturelle Denken seine Begriffe, Methoden und Zielvorstellungen der Linguistik. Aus dem Chor der vielen begeisterten Stimmen sei nur Claude Lévi-Strauss zitiert, der eine «Strukturale Anthropologie» (1969; 1975) entwarf, die «Elementaren Strukturen der Verwandtschaft» (1981) analysierte und die Strukturgesetze von Mythen (1976) freilegte.

> «Die Sprachwissenschaft nimmt im Gesamtzusammenhang der Sozialwissenschaften, zu denen sie unbestreitbar gehört, einen besonderen Platz ein: sie ist nicht eine Sozialwissenschaft wie die anderen, sondern diejenige, die bei weitem die größten Fortschritte erzielt hat; die einzige zweifellos, die den Namen Wissenschaft verdient, die gleichzeitig eine positive Methode formuliert hat und das Wesen der ihrer Analyse unterzogenen Tatsachen kennt.» (1969, S. 43)

Gegen diesen Enthusiasmus wurden zwar auch Bedenken angemeldet. Es wurde vor allem kritisiert, daß der Strukturalismus nur eine Methode liefert. Die operationalen Verfahren der Analyse und Synthese wären zwar anwendbar; aber man würde damit das inhaltliche Wesen der untersuchten Gegebenheiten nicht wirklich erkennen können. Man sähe nur, was sich dem strukturellen Blick zeigt; und das könnte immer nur ein «Simulakrum» sein, eine Art struktureller Hokuspokus, der zwar den realen Gegenständen ähnlich sei, aber nicht unbedingt angemessen. Es wäre nur eine Art von simulativer Ähnlichkeit, wie sie zwischen einem Skelett und einem lebendigen Körper besteht. Doch diese kritischen Einwände konnten den Reiz nicht schmälern, der von der Strukturlinguistik ausging und ihr einen besonderen Platz im Gesamtzusammenhang der Sozialwissenschaften verschaffte (vgl. Wahl 1973; Dosse 1996; 1997).

Die amerikanische Linguistik

Für die deutsche Sprachwissenschaft klang Lévi-Strauss' Lob zunächst sehr befremdlich. Denn die «größten Fortschritte» des europäischen Strukturalismus waren hier kaum zur Kenntnis genommen worden. Die Zentren lagen in Moskau, Prag, Genf, Kopenhagen und Paris. Die Lehr- und Wanderjahre Roman Jakobsons verweisen auf einen Grund dieser Ignoranz. Es war der Nationalsozialismus, der den Anschluß der germanistischen Sprachwissenschaft an die internationale Struktur-Linguistik verhinderte und auch in der Nachkriegszeit verzögerte. Man blieb der Geschichte der deutschen Sprache verhaftet, und bis in die späten sechziger Jahre büffelte man, wenn man Germanistik studierte, die historische Laut- und Formenlehre des Deutschen und die Wörterbücher und Grammatiken des Gotischen, Althochdeutschen und Mittelhochdeutschen, die von den Junggrammatikern in den achtziger Jahren des 19. Jahrhunderts verfaßt worden waren. Wenn man sich der deutschen Gegenwartssprache zuwandte, vertraute man auf die traditionelle Grammatik. Und wenn man sich grundsätzlich mit der Sprache auseinandersetzte, so wurde man vor allem mit der Sprachtheorie Leo Weisgerbers (1899–1985) konfrontiert, der Humboldts Sprachidee nationalistisch verkürzt hatte. Seit Ende der zwanziger Jahre über das Dritte Reich bis in die siebziger Jahre kreiste sein Denken um den volksbetonten Zentralbegriff der «deutschen Muttersprache», in dem sich eine gefühlsmäßige Einstellung zum Deutschtum und zum Weltbild der germanischen Völker ausdrücken sollte. «Deutsches Volk und deutsche Sprache» (Weisgerber 1935) in ihrer geschichtlichen Kraft bildeten den ideologischen Hintergrund der muttersprachlichen Forschung und des muttersprachlichen Unterrichts.

Im politischen Zusammenhang des Kulturkonflikts, der die Restaurationsphase der deutschen Nachkriegszeit ablöste, kam es in den späten sechziger Jahren auch zu einer Neuorientierung innerhalb der germanistischen Sprachwissenschaft. Nicht nur der Muff von tausend Jahren unter den Talaren sollte beseitigt werden. Abgelehnt wurde auch die Deutschtümelei der Germanistik mit ihrer Fixierung auf die Nationalsprache. Man suchte nach neuen Möglichkeiten einer nicht-ideologischen Sprachwissenschaft und entdeckte die amerikanische Linguistik. Sie bot eine moderne Alternative zum traditionellen Rahmenwerk der muttersprachlichen Sprachgeschichte. Um was ging es der Linguistik in den USA?

1. Die amerikanische Sprachwissenschaft war zunächst durch einen Gegenstand herausgefordert, dessen Untersuchung eine neue Methode erforderte. Mit Nationalbewußtsein, traditioneller Grammatik und sprachgeschichtlicher Analyse überlieferter Texte konnte man nichts mehr anfangen, als man sich für die amerikanischen *Indianersprachen* zu interessieren begann: Es war nicht die eigene Sprache und Identität, sondern das sprachlich Fremde, das man verstehen wollte; zu seiner Beschreibung halfen die alten Kategorien der griechisch-lateinischen Grammatik nicht weiter, sondern nur eine strukturelle Methode, die das innere Gesetz der einzelnen Indianersprachen aufzuspüren half; und auch die Methoden der sprachgeschichtlichen Rekonstruktion konnten nicht angewendet werden, da die Sprache der Navahos, Sioux, Hopis oder Crees keine schriftliche Überlieferungsgeschichte kannte, sondern nur in der mündlichen Kommunikation der «native speakers» vorlag. Das erklärt, warum die amerikanische Linguistik sich als «beschreibende Ethnolinguistik» (von griech. «ethnos», Volk) neu begründen mußte.

Den Anfang machte der deutsche Geograph Franz Boas (1858–1942), der auf seinen Expeditionen die Kultur der Eskimos und einiger nordamerikanischer Indianerstämme kennengelernt hatte. Um einen Zugang zu diesen fremden Kulturen zu finden, begann er, ihre Sprachen zu studieren. Überraschend war dabei vor allem die Entdeckung, daß die grammatische Struktur der untersuchten Sprachen sich in komplexen Wortbildungen ausdrückte. Statt syntaktischer Satzkonstruktionen bevorzugten die Indianersprachen die Möglichkeit, semantische Wurzelelemente («stems») mit einer Reihe von Affixen (Präfixe, Infixe und Suffixe) zu verbinden.

Edward Sapir (1884–1939), als Sohn jüdisch-litauischer Eltern in Lauenburg geboren, baute den ethnolinguistischen Ansatz von Boas weiter aus. Ausführliche Feldstudien (Wischram, Takelma, Chinook, Navaho, Kutchin, Nootka, Tlingit u. a.) ließen Strukturen erkennen, die mit den grammatischen Mustern des Indogermanischen wenig zu tun haben. Es überwiegen lexikalische Elemente, die sich in komplexen «Einwortsätzen» mit ihren voran- oder nachgestellten Affixen verbinden. So wird zum Beispiel der Gedanke, der im Deutschen durch den Satz «Ich kam, um ihn ihr zu geben» ausgedrückt wird, im Wischram-Dialekt Chinook durch das in sich geschlossene Wort «i-n-i-a-l-u-d-am» artikuliert, das aus der Wurzeleinheit «-d-» (geben) zusammen mit sechs Präfixen und einem Suffix besteht:

«i-»   Anzeichen für die jüngste Vergangenheit
«-n-»   Subjektkennzeichnung «ich»
«-i-»   Objektcharakterisierung «ihn»
«-a-»   Objektcharakterisierung «ihr»
«-l-»   Anzeige, daß das vorhergehende Präfix als indirektes Objekt aufzufassen ist
«-u-»   Ausdruck einer vom Sprecher wegführenden Bewegung
«-am» ortsbezogene Erweiterung der durch das Wurzelelement «-d-» ausgedrückten Vorstellung des Kommens oder Gehens (vgl. Sapir 1961, S. 71).

Die *fremden* Sprachen forderten eine neue Methodik, die sich nicht mehr auf die Kategorien der traditionellen Grammatik verlassen konnte. Ihr Programm wurde von Leonard Bloomfield (1887–1949), Sohn jüdisch-österreichischer Eltern, formuliert. Durch ihn, der zunächst germanistische Philologie und Indogermanistik studiert hatte, bevor er sich, durch Boas und Sapir angeregt, verschiedenen Indianersprachen zuwandte, wurde die amerikanische Ethnolinguistik auf einen *Deskriptivismus* ausgerichtet, der sich ausschließlich auf eine systematische Beschreibung sprachlicher Formen beschränken sollte. Historische oder psychologische Aspekte sollten keine Rolle spielen. In Bloomfields Hauptwerk «Language» (1933) erhielt der amerikanische Strukturalismus sein beschreibendes Profil. Ausgeschlossen wurde jeder Rückgriff auf innere, «mentalistische» Faktoren wie «Wille», «Vorstellung», «Gedanke», «Bewußtsein» oder «Geist». Allein die *beobachtbaren Manifestationen* des Sprachverhaltens wurden als Gegenstand der Linguistik anerkannt, die sich auf die systematische Beschreibung sprachlicher Regelmäßigkeiten zu beschränken hat. Nur so kann die Linguistik «objektiv» sein und ihren Platz innerhalb der exakten Wissenschaften einnehmen (vgl. Bense, Eisenberg und Haberland 1976).

2. Die Krönung des strukturellen Deskriptivismus bildete «Methods in Structural Linguistics» (1951) von Zellig Harris (1909–1992), der als Sohn jüdisch-russischer Eltern in der Ukraine geboren wurde. Einflußreich wurde dieses zentrale Werk vor allem durch die Verbindung des Deskriptivismus mit *mathematischen* Operationen. Detailliert wurde festgelegt und vorgeschrieben, wie man mittels streng formalisierter «Entdeckungsprozeduren» den strukturellen Aufbau von Sprachen feststellen kann. Auch die eigene Sprache wurde wie eine fremde Sprache analysiert. Ein objektiver Außenblick dominierte die Innensicht derjenigen, die sich sicher im Medium ihrer eigenen Sprache bewegen. Es kam nicht darauf an, «inhaltlich» über sprachliche Phänomene zu sprechen, sondern ihre «formalen» Beziehungen festzustellen und durch ein mathematisches Modell zu systematisieren. Die Wende zur Mathematisierung der Linguistik fand ihren Ausdruck im strukturlinguistischen Zentralbegriff der *Distribution* (von lat. «distributio», Verteilung). Es ging um Verteilungsrelationen sprachlicher Elemente, nicht um ihre Bedeutung oder inhaltliche Beziehung. Auf allen Ebenen der Sprache, von den Phonemen über die Morpheme bis zu den syntaktischen Bausteinen von Sätzen und Satzverbindungen, kam es allein darauf an, wie die einzelnen Einheiten distributionell zusammenspielen. Die Distribution eines Elements wurde als die Summe seiner Umgebungen («environments») definiert, in die es sich relational einfügen läßt. So stehen zum Beispiel die beiden Elemente x und y in «gleicher Distribution» genau dann, wenn es zwei voneinander verschiedene Umgebungen U_1 und U_2 gibt und sowohl x als auch y in beiden Umgebungen vorkommt. «Man» und «child» gehören zur gleichen Distributionsklasse, weil innerhalb einer Äußerung wie «the man disappeared» die Einheit «man» durch «child» ersetzt werden kann und die Äußerung «the child disappeared» ebenfalls zur Sprache gehört.

Endlich kam Noam Chomsky, 1928 in Philadelphia in einem jüdisch-polnischen Elternhaus geboren. Seit mehr als vierzig Jahren ist er der tonangebende Theoretiker der internationalen Linguistik. Das Geheimnis seines überwältigenden Erfolgs ist die Verbindung, die Chomsky zwischen der *mathematisierten Linguistik* und dem *sprachlichen Wissen* herstellte. Denn Chomsky vollzog eine überraschende Wende und revolutionierte die amerikanische Linguistik. Er befreite die sprachwissenschaftliche Forschung von ihrer ausschließlich Fixierung auf beobachtbare Sprachdaten, die es zu beschreiben und zu systematisieren galt. Statt dessen zielte er auf die «Sprachkompetenz», die er zum eigentlichen Gegenstand der Linguistik erklärte. Den Anstoß dazu lieferte eine einfache Feststellung. Wer seine eigene Sprache kompetent beherrscht, weiß mehr, als die Beschreibung oder distributionelle Analyse einer unbekannten Sprache festzustellen erlaubt.

Betrachten wir nur ein einfaches Beispiel. In «Syntactic Structures», seinem ersten Buch, das ihn 1957 auf einen Schlag innerhalb der linguistischen Forschergemeinschaft bekannt machte, zitierte Chomsky die drei Nominalphrasen:

(1) the shooting of the hunters
(2) the growling of lions
(3) the raising of flowers.

Sie alle besitzen die gleiche distributionelle Struktur:

the – V + ing – of + NP.

Aber wir wissen doch, daß (1) im Unterschied zu (2) und (3) *doppeldeutig* ist. Analog zu (2), wo «Löwen» das knurrende Subjekt ist, können wir (1) so verstehen, daß es die Jäger sind, die schießen; analog zu (3), wo «Blumen» das gezüchtete Objekt ist, können wir (1) als Aussage, daß die Jäger erschossen werden, verstehen. Der Phrase «the shooting of the hunters» liegen Chomsky zufolge zwei verschiedene syntaktische Tiefenstrukturen zugrunde, die auf der Oberfläche zu einer strukturellen Doppeldeutigkeit führen: Die Jäger schießen; sie erschießen die Jäger (vgl. 1973, S. 105 f).

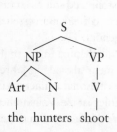
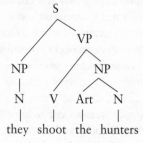

Mit einer Fülle solcher Beispiele wendete Chomsky die strukturlin-guistische Aufmerksamkeit von den beobachtbaren Daten des *externen* Sprachverhaltens zu den sprachlichen Kenntnissen, die «in the mind/brain» kompetenter Sprecher *intern* repräsentiert sind. Sein Entwurf einer Generativen Grammatik, die allen Sätzen einer Sprache ihre Strukturbeschreibungen zuordnet, blieb zwar inner-halb des mathematisierten Rahmens der Strukturlinguistik. Aber er bezog sich nun auf die *Sprachkompetenz* als seinen primären Un-tersuchungsgegenstand. Jetzt sollte es sich wieder darum handeln, exakt darzustellen, was jemand weiß, wenn er seine eigene Sprache kennt.

3. Chomskys Wende zum Wissen hatte eine weitergehende Frage zur Folge: Wie kann diese Kenntnis einer Sprache *erworben* wer-den? In seinen «Aspects of the Theory of Syntax», 1965 am Mas-sachusetts Institute of Technology publiziert und Chomskys ein-flußreichstes Werk, hat er diese Frage in eine universalistische Perspektive gestellt. Es soll nicht darum gehen, die einzelnen Schritte vom kindlichen Lallen bis zur ausgereiften Kompetenz zu beobachten und zu beschreiben. Statt dessen gelte es, das grund-sätzliche Problem zu lösen: Wieso ist der Mensch überhaupt in der Lage, eine Grammatik zu erwerben, die seine Sprachkenntnis re-präsentiert? Chomskys Antwort, die er seit mehr als dreißig Jahren in zahlreichen Büchern und Aufsätzen zu begründen versucht, lau-tet: weil jeder Mensch über eine *angeborene* Sprachfähigkeit ver-fügt, die ihm biologisch-genetisch in Form einer *Universalgramma-tik* einprogrammiert ist. Von den «Aspects» bis zu «Knowledge of Language» (1986) und «The Minimalist Program» (1995) kreisen Chomskys Strukturanalysen und Sprachreflexionen um diesen zentralen Gedanken. Immer weniger interessieren ihn die besonde-ren Grammatiken von Einzelsprachen. Er will die universellen Prinzipien erkennen, die allen Sprachen zugrunde liegen.

Die Verschiedenheiten der Sprachen sind nur Oberflächenphä-nomene, unter denen sich linguistische Universalien verbergen. Zur Begründung dieser Hypothese hat sich Chomsky zunächst auf Roman Jakobson bezogen. Die Bedeutung der strukturalistischen Phonologie bestehe vor allem in der Entdeckung einer geringen Anzahl «distinktiver Merkmale», die in absoluten, von den Einzel-sprachen unabhängigen Begriffen spezifiziert werden können.

«So kann z. B. Jakobsons Theorie der distinktiven Merkmale als eine Hypothese über substantielle Universalien hinsichtlich der phonologischen Komponente einer generativen Grammatik interpretiert werden. Sie besagt, daß jede Ausgabe dieser Komponente aus Elementen besteht, die mit Hilfe einer kleinen Zahl (etwa 15 bis 20) von festgelegten universellen phonetischen Merkmalen charakterisiert werden kann, wobei jedes Merkmal eine substantielle akustisch-artikulatorische Charakteristik aufweist – unabhängig von jeder Einzelsprache.» (Chomsky 1969, S. 44 f)

Was in der universalistisch orientierten Phonologie gelang, hat Chomsky besonders im *syntaktischen* Bereich nachzuvollziehen versucht. Auch der syntaktische Strukturaufbau wird durch universelle *Prinzipien* in einer für alle Sprachen geltenden Weise determiniert. Die Standardversion dieses Prinzipien-Modells wird durch eine einfache universalgrammatische Formel ausgedrückt, das sogenannte *X-bar-Schema* (engl. «bar», Balken, Barriere, Querstrich):

$$x^n \to \ldots x^{n-1} \ldots$$

Wie kam es zu diesem Schema, das sämtlichen grammatischen Konstruktionen in allen Sprachen der Welt zugrunde liegen soll? Zunächst konnte festgestellt werden, daß alle Nominalphrasen (NP), Verbalphrasen (VP) oder Präpositionalphrasen (PP) ein Wort als «Kopf» (head) enthalten. Er gibt der Phrase ihren Namen und bestimmt, wovon die gesamte Phrase handelt. Die deutsche NP «der Metzger aus Hannover» ist durch das Nomen «Metzger» qualifiziert; in der VP «schlachtete seine Opfer» bildet das Verb «schlachten» den Kopf. Diese zentralen Einheiten können innerhalb ihrer jeweiligen Gefüge näher charakterisiert und modifiziert werden. Sie können, wie das Beispiel zeigt, durch weitere Nominal- oder Präpositionalphrasen komplementiert werden. So finden wir:

der Wolf (pp unterm Schafspelz)
die Ermordung (NP der Butterblume)
die Zerstörung (NP der Stadt)
la destruction (pp de la ville)
de vernieling (pp van de stad)
i katastrofi (pp tis poleos)
Sex (pp with Madonna).

Diese Struktur kann in allen Sprachen weiter entfaltet werden, im Deutschen etwa zu «der Metzger aus Hannover mit dem Hackebeil unter seinem Bett». Die komplementierenden Mitspieler, die zusammen mit ihrem Kopf die Nominalphrase bilden, unterliegen dabei einer wiederholt anwendbaren Regel. Die syntaktische Struktur, die sich daraus ergibt, läßt sich mittels eines hierarchischen «Baum-Modells» bildlich vor Augen führen.

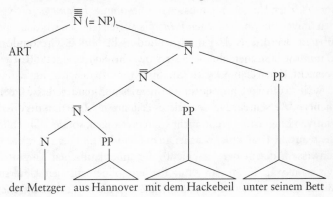

Wenn wir dieses Gebilde von oben nach unten lesen, so erkennen wir eine wiederkehrende Relation. Die Balken über der N-Kategorie indizieren eine geregelte Stufenfolge innerhalb der Gesamtkonstruktion. Wenn wir nun für die Zahl der Querstriche die Variable n einsetzen und für die Nominals die Variable X, so erhalten wir die allgemeine Regel:

$$X^n \rightarrow \ldots X^{n-1} \ldots$$

die nicht nur für Nominalphrasen im Deutschen gilt, sondern prinzipiell für alle Phrasenkonstruktionen in allen Sprachen: Ein Ausdruck der Komplexitätsstufe X^n dominiert eine Kategorie vom selben Typ mit der Komplexitätsstufe X^{n-1}, wobei X für Kategorien wie N, V oder P steht. Die Pünktchen lassen dabei offen, ob die jeweiligen Ergänzungen links oder rechts hinzugefügt werden, vorangehen oder nachfolgen. Sie bieten den verschiedenen Sprachen einen «parametrischen» Spielraum. Während im Deutschen oder Englischen der Kopf einer Phrase vor seinen Mitspielern steht, kann er in anderen Sprachen (wie dem Japanischen oder Türkischen) nachgestellt sein. Das allgemeine X-bar-Schema funktioniert wie ein Mobile, das in den besonderen Einzelsprachen durch Regeln wie «Kopf zuerst» oder «Kopf zuletzt» seine jeweilige Richtung erhält.

Sämtliche syntaktischen Gebilde sämtlicher Sprachen der Welt sollen nach dem X-bar-Schema aufgebaut sein, das in seiner Universalität zugleich zur biologischen Grundausstattung der sprachbegabten Spezies Mensch gehört. Konfrontiert mit einer einzelsprachlichen Umgebung, müssen nur bestimmte *Parameter*, die von den universalgrammatischen *Prinzipien* offengelassen werden, spezifiziert werden (vgl. Fanselow und Felix 1997; Grewendorf, Hamm und Sternefeld 1987; Stechow und Sternefeld 1988; Grewendorf 1995; Chomsky 1996).

Wir wollen Chomskys «Principles-and-parameters (P&P) theory», die seit Beginn der achtziger Jahre im Zentrum der «Kognitiven Linguistik» steht, nicht weiterverfolgen, sondern abschließend auf die Dialektik zwischen dem *Fremden* und dem *Vertrauten* hinweisen, die in der Geschichte der amerikanischen Linguistik wirksam war. Sie begann mit der ethnolinguistischen Untersuchung von Sprachen (Boas, Sapir), die sich nicht in die traditionellen Grammatikmuster der eigenen Sprache integrieren ließen. Das führte zu einem Deskriptivismus, der auch die eigene Sprache verobjektivierte und wie eine Fremdsprache untersuchte (Bloomfield, Harris). Mit seiner mentalistischen Wende kehrte Chomsky zu einer Sprachkompetenz zurück, über die jeder «native speaker» hinsichtlich seiner Sprache intuitiv verfügt. Am Ende steht die Universalisierung: Alle Sprachen unterliegen den gleichen universalgrammatischen Prinzipien, die exemplarisch vor allem an der eigenen Sprache aufgezeigt werden. Von den unterschiedlichen Indianersprachen zur genetisch fixierten Sprachkompetenz aller Menschen, von der Fremdheit des anderen zur Universalisierung des Eigenen: In diesem Wechselspiel zwischen Heterogenität und Homogenisierung entfaltete sich die amerikanische Linguistik zur universalistischen Sprachtheorie, die sich weltweit durchgesetzt hat.

Die kulturhistorische Entwicklungstheorie

Als 1969 die deutsche Übersetzung von Chomskys «Aspects of the Theory of Syntax» erschien, brach in der germanistischen Linguistik eine ungeheure Begeisterung aus. Für diesen Erfolg, der bis heute anhält, war jedoch kaum die technische Regel-Apparatur dieser Ingenieur-Linguistik verantwortlich. Es waren vielmehr die programmatischen Äußerungen Chomskys, der sein «generatives» Modell als eine theoretische Präzisierung von Humboldts Sprachidee des «Erzeugens» und der damit verbundenen «Kreativität» vorstellte. Bereits der erste Satz der «Aspekte» stellte die entscheidende Weiche: «Die Idee, daß die Sprache auf einem Regelsystem beruht, das die Interpretation ihrer unendlich vielen Sätze bestimmt, ist keineswegs neu. Vor gut 100 Jahren kam sie in Wilhelm von Humboldts berühmter aber wenig gelesener Einführung in die allgemeine Sprachwissenschaft zum Ausdruck» (S. 9). Auch andere Titel wie «Sprache und Geist» (1970), «Cartesianische Linguistik» (1971), «Über Erkenntnis und Freiheit» (1973), «Reflexionen über die Sprache» (1977) oder «Sprache und Verantwortung» (1981) stießen auf ein großes Interesse. Sie ermöglichten den Anschluß der nationalsprachlich orientierten Germanistik an die amerikanische Linguistik und ihre universalistische Perspektive. Doch diese Neuorientierung blieb nicht unwidersprochen.

Gegen das generative Paradigma wurde nicht nur seitens der Humboldtianer Einspruch erhoben, die in Chomskys Referenz ein Mißverständnis sahen und Humboldt kritisch gegen Chomsky ins Feld führten (vgl. Scharf 1994). Widerspruch regte sich auch bei Sprachwissenschaftlern, die dem mathematisierten Chomsky-Paradigma vorwarfen, daß es aufgrund seiner Intention all das vernachlässigen muß, was die soziale, kulturgeschichtliche und weltbezogene Dimension der Sprache betrifft. Um diese zur Geltung zu bringen, bezogen sie sich auf eine Tradition, die als «historisch-materialistisch» galt und zur gleichen Zeit wie Chomskys «Aspekte» populär wurde. Ebenfalls 1969 erschien die deutsche Ausgabe «Denken und Sprechen» des sowjetischen Psychologen Lew S. Wygotski; sie initiierte eine Sprachwissenschaft, die sich im linken universitären Spektrum der siebziger und achtziger Jahre ansiedelte. Sie hat, mitverursacht durch die Implosion des Staatssozialismus, an Bedeutung verloren. Aber die politischen Umstände sollten kein Grund sein, sie nicht mehr zur Kenntnis zu nehmen. Wie steht es um ihren wissenschaftlichen Erkenntnisanspruch und -gehalt? Was heißt das: *Materialismus* in der Sprachwissenschaft?

Die spezifische Farbe, die der Begriff «Materialismus» hat, ist zunächst sein kritischer, oft polemisch-aggressiver Zug. In all seinen Formen äußert sich die radikale Kritik an allen Versuchen, die Wirklichkeit durch übersinnliche Transzendenz zu begreifen, sei es in Metaphysik, Religion, idealistischer Geistphilosophie oder in solchen Wissenschaften, in der begriffliche Abstraktionen und theoretische Modelle für die Wirklichkeit selbst konstitutiv sein sollen. Dagegen steht mißtrauisch der Begriff «Materialität», mit dem die Welt aus sich selbst heraus begriffen werden will. Noch in den sublimsten Formen des Geistes wird ihre Grundlage im materiellen Gesamtprozeß der Welt freizulegen versucht. Das zentrale Diktum, daß das Sein das Bewußtsein bestimme, lebt aus diesem Mißtrauen, daß einem durch den Trug des Geistes, er sei an und für sich, das Fell über die Ohren gezogen wird. – Auch Materialismus in der Sprachwissenschaft bedeutet zunächst Kritik an jeder Konzeption, für die Sprache eine von den materiellen Lebensverhältnissen isolierte Gegebenheit ist oder ein System, das nur seine eigene Ordnung in sich besitzt.

In der deutschen Philosophie hat Hegel den Idealismus der Intelligenz, des Geistes und der Sprache am eindrucksvollsten entfaltet: In den sprachlichen Zeichen hat es der menschliche Geist mit seinen eigenen Produkten zu tun. Er hat sich etwas Äußerliches geschaffen, in dem er sich seiner innerlichen Vorstellungen und Gedanken anschauend und ausdrücklich bewußt wird. Gegen diese Privilegierung des Geistes, der sich in den «willkürlichen» Zeichen der Sprache äußert, haben Karl Marx und Friedrich Engels in der «Deutschen Ideologie» (1845/46) vehement opponiert. Gegen die «voraussetzungslosen Deutschen» haben sie darauf verwiesen, daß Bewußtsein und Geist nicht vom Himmel fallen. Statt dessen gelte es anzuerkennen, daß die Menschen natürliche Wesen sind, die ihr Leben erhalten müssen; daß sie im Prozeß der Bedürfnisbefriedigung stets neue Bedürfnisse entwickeln; daß sie sich in gesellschaftlichen Formen fortpflanzen; und daß sie in der Produktion ihres

Lebens zusammenwirken. Diese vier Momente liefern auch den Grund ihres Bewußtseins und ihrer Sprache:

> «Jetzt erst, nachdem wir bereits vier Momente, vier Seiten der ursprünglichen, geschichtlichen Verhältnisse betrachtet haben, finden wir, daß der Mensch auch ‹Bewußtsein› hat. Aber auch dies nicht von vornherein, als ‹reines› Bewußtsein. Der ‹Geist› hat von vornherein den Fluch an sich, mit der Materie ‹behaftet› zu sein, die hier in der Form von bewegten Luftschichten, Tönen, kurz der Sprache auftritt. Die Sprache ist so alt wie das Bewußtsein – die Sprache *ist* das praktische, auch für andere Menschen existierende, also auch für mich selbst erst existierende wirkliche Bewußtsein, und die Sprache entsteht, wie das Bewußtsein, erst aus dem Bedürfnis, der Notdurft des Verkehrs mit anderen Menschen.» (S. 30)

Während dieser Gedanke in der deutschen Sprachwissenschaft ohne Resonanz blieb, rückte er ins Zentrum der sowjetischen «Kulturhistorischen Entwicklungstheorie des Psychischen». Zusammen mit seinen Freunden und Mitarbeitern A. N. Leontjew und Alexander R. Lurija unternahm Lew S. Wygotski den Versuch, den allgemeinen Hinweis von Marx und Engels durch experimentelle Untersuchungen und theoretische Überlegungen sachhaltig zu fundieren. Das menschliche Bewußtsein wurde in seiner Besonderheit aus den Eigentümlichkeiten der menschlichen Lebensweise hergeleitet, deren allgemeinste Form in der Arbeitstätigkeit vorliegt. Bewußtsein wurde als Qualität einer «vermittelten» Tätigkeit thematisiert, die durch Arbeitsmittel gekennzeichnet ist, welche gemäß menschlicher Zwecke die Aneignung der Natur ermöglichen. Bewußt tätig zu sein setzt im Bereich des Psychischen selbst Mittel voraus: «Werkzeuge geistiger Produktion», Zeichen. Diese Zeichen (artikulierte Sprache, Formen der Numerierung und des Zählens, algebraische Symbolik, Schemata, Schrift …) sind nicht natürliche Reize oder voraussetzungslos gegebene geistige Manifestationen, sondern geschaffene Mittel zur bewußten Verhaltensregulierung und intersubjektiven Kommunikation.

Zum ausgezeichneten Forschungsobjekt wählte Wygotski das sprachliche Zeichen. Das *bedeutsame Wort* wurde als elementare Teileinheit des sprachlichen Denkens untersucht: der Sprache in ihrer Eigenschaft als Verbindung von Lautganzem und Bedeutung, des Denkens in seiner Eigenschaft als gedankliche Verallgemeinerungsleistung. Als Mittel des sprachlichen Denkens muß es erworben werden. Auf diesen Erwerb und seine Gesetzmäßigkeiten konzentrierte sich die Forschung Wygotskis und seiner Mitarbeiter. Einige der Ergebnisse wurden in «Denken und Sprechen» 1934 kurz nach seinem frühen Tod veröffentlicht. Hier ist jener Prozeß der kindlichen Bedeutungsaneignung rekonstruiert worden, der, beginnend mit einer diffusen Semantisierung von Lautgestalten und schließlich in der Kenntnis des begrifflichen Gehalts eines Worts endend, die individualgeschichtliche Entwicklung des sprachlichen Bewußtseins in seiner Stufenfolge erkennen läßt. Der system- und sinnhafte Aufbau des Bewußtseins, begründet durch das bedeutsame Wort als «Mikrokosmos des Bewußtseins» (Wygotski 1969, S. 359), wird nicht als gegeben analysiert, sondern in seiner Entstehungsgeschichte etappenweise rekonstruiert.

Im siebenten, dem Schlußkapitel dieses für eine materialistische Bewußtseins- und Sprachtheorie wegweisenden Buchs entwickelte Wygotski unter dem Titel «Gedanke und Wort» eine Theorie, die als *Interiorisationstheorie* von seinen Schülern und Anhängern ausgebaut wurde: Die Leistungsmöglichkeit und der systematisch-sinnhafte Aufbau des sprachlichen Denkens und bewußten Sprechens sind das innerpsychische Ergebnis einer zunehmenden Verinnerlichung. *Von außen nach innen,* von der externen sozialen sprachlichen Kommunikation bis hin zu jener inneren Ebene in der Dynamik des sprachlichen Denkens, wo die äußere Gestalt der Sprache zunehmend «verdampft», ohne sich dabei in reinen Geist aufzulösen, verläuft der Prozeß, dessen Rekonstruktion das «subjektive» Bewußtsein als das in den Kopf umgesetzte Materielle einer äußeren gesellschaftlichen Kommunikation begreifen läßt.

Alle möglichen Sprachkonzeptionen, die von einer Priorität des Inneren ausgehen, sei es in Form angeborener Prinzipien, vorsprachlicher Bewußtseinszustände, unmittelbarer Intelligenzleistung oder eines Geistes, der sich seine äußeren Mittel schafft, sind damit *vom Kopf auf die Füße* gestellt worden. Spracherwerb und Ausbildung geistiger Operationen verlaufen vom äußeren Umgang mit Gegenständen über ein «egozentrisches» Sprechen für sich und andere bis zur inneren zusammengedrängten psychischen Tätigkeit. Das Ergebnis dieses Interiorisationsprozesses ist eine verallgemeinerte, reduzierte, automatisierte, geistige Handlung, auch wenn diese ihren äußeren Ursprungsformen ganz unähnlich geworden ist.

In diesem Prozeß spielt die sprachliche Tätigkeit eine herausragende Rolle. Denn sie ermöglicht einerseits, daß der sprachlernende Mensch sich langsam vom unmittelbaren Umgang mit den Dingen lösen kann und auf deren gegenständliche Stütze zu verzichten lernt. Sie garantiert andererseits, daß die Aneignung einer gesellschaftlichen Erfahrung in einer kontrollierten Form verläuft. Die Sprechtätigkeit ist nicht privat, sondern unterliegt der allgemeinen Anforderung nach kommunikativer Verständlichkeit. Auch das Denken als letzte Etappe der Interiorisation bleibt folglich, selbst wenn es sich wegen seiner Blitzartigkeit, Produktivität und schwierigen Feststellbarkeit der unmittelbaren Beobachtung entzieht, an die gesellschaftlichen Bedeutungen gebunden, die in den sprachlichen Zeichen kristallisiert sind. Es ist eine Resterscheinung der verkürzten und automatisierten sprachlichen Tätigkeit, die man als solche nur noch an der Peripherie des Bewußtseins im Auge hat (vgl. Galperin u. a. 1967; Lurija und Judowitsch 1970; Leontev 1971; Keseling u. a. 1974; Schmitz 1979).

Gleichsam leitmotivisch zieht sich durch die kulturhistorischen Analysen der Sprechtätigkeit die Auffassung, daß die *Bedeutung* sprachlicher Zeichen auf eine Erfahrung verwiesen ist, die der Mensch im Prozeß vergegenständlichender Arbeit gemacht hat. Von A. N. Leontjew wurde sie zum Beispiel definiert als «die ideelle, geistige Form, in der die gesellschaftliche Erfahrung, die gesellschaftliche Praxis der Menschheit enthalten ist» (1973, S. 219). Einen Schritt weiter ging Klaus Holzkamp, sprachtheoretisch die Konsequenz ziehend aus der grundlegenden Einsicht von Marx, daß die gegenständliche Welt zunehmend bearbeitete Welt, Vergegenständlichung menschlicher Tätigkeit und als solche selbst «bedeutungsvoll» ist: In sprachlichen Zeichen wird als Bedeutung nichts anderes fixiert und auf den Begriff gebracht als die «gegenständliche Bedeutungshaftigkeit», die die Dinge als Ergebnisse und Mittel menschlicher Arbeit besitzen. Bedeutung sprachlicher Zeichen verweist auf «Gegenstandsbedeutung», auf die Bedeutung von Welttatbeständen für den Menschen. In «Symbolbedeutungen» wird festgehalten, was als Gegenstandsbedeutung Entäußerung menschlicher Tätigkeit ist. Nur so kann auch der Verweisungscharakter der Sprache geklärt werden, die generelle Beziehbarkeit von sprachlichen Zeichen auf sinnliche Gegebenheiten.

> «Solange man davon ausgeht, daß die Menschen einer Welt gegenüberstehen, die mit ihnen nichts zu tun hat, wird man niemals verstehen, wie der Mensch mit seinem Symbol diese Welt je erreichen kann. – Tatsächlich stehen das Symbol und die Sache in einem inneren Zusammenhang miteinander, wenn auch nicht in einem der unvermittelten Wesensähnlichkeit. Die Welt des Menschen ist eine von ihm durch vergegenständlichende gesellschaftliche Arbeit angeeignete Welt. Bedeutungen liegen ‹in› den Dingen, weil der Mensch im historischen Prozeß durch kooperative Produktion Bedeutungen in ihnen vergegenständlicht hat.» (Holzkamp 1973, S. 151 f)

In allgemeinster Form hat Holzkamp damit nichts Geringeres zu erklären versucht als die Inhaltlichkeit der sprachlichen Zeichen, ihren möglichen Verweischarakter auf etwas außerhalb ihrer selbst. Die Welt ist nicht das bedeutungslose und unstrukturierte Fremde, dem wir nur willkürliche Zeichen einschreiben, wie es die linguistische Relativitätstheorie unterstellt. Und die Sprache ist kein autonomes System, das mit der sozial-geschichtlich bearbeiteten und angeeigneten Wirklichkeit nichts zu tun hat und nur als geistiges Phänomen für sich funktioniert. Bedeutsame Sprache ist ein «Mittel» zur Wahrnehmung und Erkenntnis einer Welt, die sich der Mensch im Verlauf seiner Geschichte als seine bedeutungshaltige Heimat selbst geschaffen hat. Innerhalb des materialistischen Paradigmas stellt sich deshalb der Sprachwissenschaft die Aufgabe, das Verhältnis zwischen Gegenstands- und Symbolbedeutungen, die im Prozeß der gesellschaftlichen Entwicklung zunehmend selbständig werden und sich in diskursiven Symbolwelten paradigmatisch und syntagmatisch organisieren, konkret zu untersuchen.

Linguistische Pragmatik

1969 war für die deutsche Sprachwissenschaft ein entscheidendes Datum. In diesem Jahr wurden mehrere Weichen gestellt. Unterschiedliche Forschungsprogramme traten in Konkurrenz zueinander und eröffneten verschiedene Möglichkeiten. Mehr oder weniger sind alle Forschungsstrategien, die heute in der Linguistik verfolgt werden, Realisierungen von Programmen, die Ende der sechziger Jahre populär geworden sind.

Eine wachsende Zahl von Forschern, Hochschullehrern und Studenten, die sich nicht mehr mit den traditionellen Methoden und Zielen der historischen Sprachwissenschaft begnügen wollten, wagten einen Neuanfang und knüpften dort an, wo die moderne europäische Struktur-Linguistik begonnen hatte: bei Saussure, dessen «Grundfragen» 1967 in einer Neuauflage erschienen war. – Chomskys Modell einer Generativen Grammatik war durch die deutsche Übersetzung seiner «Aspekte» 1969 bekannt geworden und fand viele begeisterte Nachfolger. – Wygotskis «Denken und Sprechen», ebenfalls 1969 erschienen, bot vor allem den marxistisch orientierten Studenten der germanistischen Linguistik eine politisch motivierte Alternative zur «abstrakten» System-Linguistik: Sprache wurde als ein «Werkzeug» betrachtet, das der Mensch als gesellschaftliches Wesen im tätigen Verkehr mit anderen Menschen gebraucht. – Und nicht zuletzt erschien 1969 auch der sprachphilosophische Essay «Speech Acts» von John Searle, der die sprachwissenschaftliche Aufmerksamkeit auf das richtete, was man mit Sprache *tun* kann. Die *Theorie der Sprechakte* (in deutscher Übersetzung 1972 publiziert) inaugurierte ein neues Paradigma innerhalb der Forschung, das unter dem Sammelbegriff «Linguistische Pragmatik» ebenfalls eine Hauptströmung der gegenwärtigen Sprachwissenschaft bildet (vgl. Wunderlich 1972; 1976; Grewendorf 1979, Hindelang 1983; Ulkan 1992).

Die grundlegende Idee des «Sprechakts» war zwar nicht ganz neu. Aber es war Searle gelungen, verschiedene sprachphilosophische und sprachtheoretische Gedankenstränge so zu bündeln, daß sie den linguistischen Erklärungsversuchen der Sprache eine klare Perspektive boten. Vor allem bedankte er sich bei seinem Lehrer John Langshaw Austin, der in einer Reihe von Vorlesungen an der Oxford University (1952–1954) über «Words and Deeds» (Worte und Taten) und in seinen William James Lectures an der Harvard University/Massachusetts 1955 das Problem zu lösen vesucht hatte: «How to do things with words». Es ging um die Klärung der Frage, wie und wozu sprachliche Äußerungen *gebraucht* werden können, deren Zweck sich nicht in bloßen Aussagen über Sachverhalte erschöpft (vgl. Austin 1972). Der Richter, der zum Angeklagten sagt: «Hiermit verurteile ich Sie zu einer lebenslangen Freiheitsstrafe», formuliert nicht nur einen grammatisch wohlgeformten Satz oder eine sachhaltige Aussage, die wahr oder falsch sein kann. Er berichtet auch nicht über die Verurteilung. Er vollzieht vielmehr eine *performative* Handlung. Er spricht Recht. Die Äußerung selbst *ist* die Verurteilung. «Der Name ‹performativ› stammt natürlich von ‹to perform›, ‹vollziehen›: man ‹vollzieht› Handlungen. Es soll andeuten, daß jemand, der eine solche Äußerung tut, damit eine Handlung vollzieht – man faßt die Äußerung gewöhnlich nicht einfach als bloßes Sagen auf» (S. 27 f).

Mit dieser Wendung zum Handlungsaspekt folgte Austin dem späten Wittgenstein, dessen «Philosophical Investigations/Philosophische Untersuchungen» 1953 postum in Oxford erschienen waren. An vielen Beispielen hatte Wittgenstein deutlich gemacht, «daß das Sprechen der Sprache ein Teil ist einer Tätigkeit» (1960, S. 300). Was Logiker und Grammatiker über den Bau der Sprache gesagt haben, betraf nur einen kleinen Teil dessen, wozu Wörter, Zeichen oder Sätze gebraucht werden können. Auch die Bedeutung von Wörtern ist im Sprachgebrauch verankert, in der Mannigfaltigkeit von «Sprachspielen» wie Bitten, Befehlen, Versprechen, Vermuten, Danken, Fluchen, Erzählen usw. Wer äußert, daß er unter Schmerzen leidet, benennt oder beschreibt seinen Schmerz nicht, sondern ersetzt das Schreien durch Wortausdrücke, mit denen er um Hilfe bittet. «Jedes Zeichen scheint *allein* tot. *Was* gibt ihm Leben? – Im Gebrauch *lebt* es. Hat es da den lebenden Atem in sich? – Oder ist der *Gebrauch* sein Atem?» (S. 435)

Wittgenstein, der 1929 Wien verlassen hatte und nach Cambridge gegangen war, war zu seinen Überlegungen unter anderem durch den Psychologen Karl Bühler angeregt worden, der seit 1922 in Wien lehrte und in seiner «Sprachtheorie» 1934 ein Vierfelderschema skizziert hatte, das man berücksichtigen müßte, wenn man den «Gesamtgegenstand der Sprachwissenschaft» nicht aus den Augen verlieren will (Bühler 1978, S. 49 ff). Bühler unterschied zwischen:

– der konkreten *Sprechhandlung* (H), die von einzelnen Sprechern in bestimmten Situationen vollzogen wird;

- dem gemachten *Sprachwerk* (W), das aus der unmittelbaren Praxis des individuellen Sprechens «entbunden» ist und als ein Produkt des Handelns beschrieben, analysiert und reflektiert werden kann;
- dem sinnverleihenden *Sprechakt* (A), mit dem ein Sprecher etwas Bestimmtes meint oder intendiert, wenn er zum Beispiel von seinen Abenteuern mit einem Pferd «erzählt» oder über die Gattung der Pferde zoologisch «informiert» oder davor «warnt», Pferdefleisch zu essen;
- dem strukturierten *Sprachgebilde* (G), zum Beispiel der deutschen Sprache, wie sie von Grammatikern als ein systemähnlicher Bau in seiner architektonischen Form untersucht wird.

Innerhalb dieser Vierergruppe bestehen sechs Grundrelationen, die sich räumlich durch ein gekreuztes Viereck veranschaulichen lassen:

$$
\begin{array}{ccc}
H & \!\!\!-\!\!\! & W \\
\big| & \!\!\!\times\!\!\! & \big| \\
A & \!\!\!-\!\!\! & G
\end{array}
$$

Mit diesem Modell hat Bühler systematisiert, was er von Saussure und Humboldt gelernt hat. Er griff auf Humboldts Unterscheidung zwischen Sprache als «ergon» (Werk) und «energeia» (Tat) zurück und erinnerte an Saussures Trennung von «langue» (Sprache) und «parole» (Sprechen), die er auf eine originelle Weise miteinander verschränkte:

	I	II
1	Sprechhandlung parole	Sprachwerk ergon
2	Sprechakt energeia	Sprachgebilde langue

Die horizontale Achse (I–II) deutet an, daß es sich dabei um einen Vorgang der Entsubjektivierung handelt: vom subjektbezogenen Sprechen zur subjektentbundenen Sprache. Die vertikale Achse (1–2) drückt aus, daß Handlungen und Werke konkreter sind als

Akte und Gebilde, die auf einer höheren Formalisierungsebene angesiedelt sind.

Vor diesem Hintergrund, eingegliedert in die Traditionslinie Humboldt-Saussure-Bühler-Wittgenstein-Austin, erhellt sich der Sinn der «Sprechakttheorie», die Searle 1969 pointiert in seiner Grundhypothese zusammengefaßt hat, «daß eine Sprache sprechen bedeutet, Sprechakte in Übereinstimmung mit Systemen konstitutiver Regeln zu vollziehen» (1971, S. 61). Eine Erläuterung dieser Aussage kann deutlich machen, womit es die linguistische Pragmatik zu tun hat.

1. Sprache wird nicht mehr nur als ein System oder ein Gebilde begriffen, das aus einer Menge von Zeichen oder von Sätzen besteht. Entscheidend ist, daß *Sprache gesprochen* wird. Mit dieser Wendung opponiert die Sprechakttheorie gegen das Chomsky-Paradigma, das Sprache auf ihr grammatisches Gerüst bezieht und sich für ihren kommunikativen Gebrauch nicht interessiert.

2. Die elementaren Einheiten der Sprache können deshalb nicht das Wort, der Satz oder der Text sein. Eine Sprache wird gesprochen, indem sprachliche Formen für bestimmte Zwecke gebraucht werden. Das Interesse der *Sprechakt*theorie übersteigt dabei die konkrete Ebene des tatsächlichen Sprechens. Sie untersucht nicht die Äußerungsakte (parole) einzelner Individuen, sondern die Handlungsintention, die der Sprecher mittels des Äußerungsaktes hinsichtlich eines Hörers verfolgt. Es geht nicht um die Handlung, *daß* man etwas sagt, sondern um den Akt, den man vollzieht, *indem* man etwas sagt und dies zum Beispiel als Versprechen oder Negierung, als Wunsch oder Empfehlung meint.

3. Sprechakte sind Formen *regelgeleiteten* Handelns. Diese Regeln sind keine normativen Vorschriften einer traditionellen Grammatik oder generativen Regeln zur Strukturbeschreibung im Sinne Chomskys. Als Regeln des Sprachgebrauchs betreffen sie die Bedingungen, unter denen Sprechakte funktional möglich sind. Aufgrund welcher Regeln ist etwa die Äußerung «ich komme morgen» als Versprechen oder als Warnung verstehbar?

4. Von besonderer Wichtigkeit sind dabei Regeln mit *konstitutivem* Gehalt. Während «regulative» Regeln bestehende Tätigkeiten, die von der Existenz der Regeln logisch unabhängig sind, nachträglich zu organisieren versuchen (Beispiel: Anstandsregeln

beim Essen), ist die Beziehung zwischen Sprechakten und ihren Regeln konstitutiv: Diese Regeln schaffen überhaupt erst die Möglichkeit, Sprechakte vollziehen zu können. Genausowenig wie es ohne Schachregeln kein Schachspielen geben kann, gibt es ohne Sprechaktregeln keine Sprechakte. Der Vollzug eines Sprechakts ist logisch von der Existenz zu befolgender Regeln abhängig. Ein Versprechen ist durch die Regeln «konstituiert», die seine Artikulation und sein Verständnis als Versprechen möglich machen.

5. Dieses konstitutive Verhältnis zwischen Sprechakten und ihren Regeln entzieht sich deshalb auch einer rein beschreibenden Methode. Denn man kann nicht beobachten, ob jemand in Übereinstimmung mit Regeln handelt oder nicht. Vorausgesetzt ist eine Kenntnis der Regeln selbst, da sonst nicht zwischen regelgerechtem und regelwidrigem Sprachgebrauch unterschieden werden könnte. Searle betonte, daß er «nicht das Verhalten einer Gruppe von Menschen, sondern Aspekte meiner Beherrschung einer regelgeleiteten Fähigkeit» (S. 33) beschreibt. Es geht um die Feststellung der konstitutiven Bedingungen möglicher Sprechakte, nicht um die Beobachtung oder Beschreibung des wirklichen Sprachverhaltens. Mit Bühler gesagt: Sprechakte liegen auf der gleichen Abstraktionsebene wie die «langue» als Sprachgebilde. Das erhellt den *sprachtheoretischen Erklärungsanspruch* der linguistischen Pragmatik, die sich nicht mit der beschreibenden Feststellung dessen begnügt, was als Sprachmaterial gegeben ist. Sie will die konstitutiven Regeln feststellen, die es ermöglichen, Sprechakte zu vollziehen, wobei die konkreten Bedingungen und Abläufe des Sprechens selbst nicht zur Diskussion stehen.

Interdisziplinäre Linguistik

Die Hauptströmungen der modernen Linguistik sind sprachtheoretisch und -systematisch ausgerichtet. Sie wollen das Sprachliche der Sprache freilegen und erklären, was Sprache ist, in einzel- oder universalsprachlicher Perspektive. Auch die Sprechakttheorie untersucht nicht den tatsächlichen Sprachgebrauch, sondern zielt auf die konstitutiven Regeln gelingender Sprechakte. Gegenüber diesem theoretischen Erkenntnisinteresse haben sich in den letzten Jahrzehnten neue Problembereiche eröffnet. Einige von ihnen sind bereits im 3. Kapitel aufgetaucht, in dem ausgewählte Probleme vorgestellt worden sind. Sie alle zeichnen sich durch zusätzliche Gesichtspunkte aus, die durch ein kleines «und» oder einen Bindestrich gekennzeichnet werden können: Sprache und Sprechen (Gesprächs-Linguistik); Sprache und Sprachwerk (Text-Linguistik); Sprache und Geist (Psycho-Linguistik); Sprache und Gesellschaft (Sozio-Linguistik); Sprache und Geschichte (Historio-Linguistik). Hinzu kommen Computer-, Kontakt-, Bio-, Poeto- oder Fremdsprachenerwerbs-Linguistik. Diese Forschungsrichtungen bleiben zwar der theoretischen Linguistik verbunden, von der sie sich ihre begrifflichen Unterscheidungen und systematischen Entwürfe vorgeben lassen. Aber sie erweitern deren Modelle, um ein ganzheitliches Bild der Sprache zeichnen zu können. Stichworte zur Charakterisierung dieser Bindestrich-Linguistiken müssen hier genügen (vgl. Helbig 1990).

1. Der *Gesprächs-Linguistik* liegt eine einfache Feststellung zugrunde: Menschen *sprechen* eine Sprache und befolgen nicht nur linguistische Regeln. Ohne «Sprechen» gibt es keine «Sprache». Das wußte auch Saussure, der in seinen «Grundfragen» eine «linguistique de la parole» in Aussicht stellte, die sich auf den Kreislauf des Sprechens zwischen mindestens zwei Personen zu konzentrieren hätte. Karl Bühler hat im Anschluß an Saussure von «Sprechhandlungen» gesprochen, Hjelmslev von «Sprachgebrauch», Leontev von «Sprechtätigkeit», Bloomfield von «Sprachverhalten». Chomsky differenzierte zwischen «Sprachkompetenz» und «Sprachperformanz», dem «aktuellen Gebrauch der Sprache in konkreten Situationen» (1969, S. 14). All diese Formulierungen mündeten in eine linguistische Teildisziplin, die sich seit den frühen siebziger Jahren als ein eigenständiger Forschungsbereich etabliert hat. Der Gesprächs-Linguistik liegt die Feststellung zugrunde, daß das Sprechen in der Regel keine monologische Tätigkeit ist, sondern sich in *Dialogform* (von griech. «dialegesthai», zwischen-sprechen, sich unterhalten) entfaltet. Wer eine Sprache spricht, spricht mit anderen Menschen. Ohne Miteinander-Reden könnte kein Kind erwerben, was für sein Menschsein von herausragender Bedeutung ist. Die gesprächsanalytische Forschung setzt diese grundsätzliche Einsicht als

selbstverständlich voraus, wenn sie ihre konkreten Fragestellungen zu beantworten versucht: Welchen Regeln oder Regelmäßigkeiten folgen Gespräche? Wie werden Gespräche eröffnet? Welche «Gesprächsschritte» werden unternommen, und wie finden «Sprecherwechsel» («turns») statt, sei es in Form einer reibungslosen Gegenseitigkeit oder einer gewaltsamen Unterbrechung? Wie werden Gespräche beendet? Welche Rolle spielt das non-verbale Verhalten (Gestik und Mimik)? Auch das kommunikative Verhalten in unterschiedlichen Situationen oder Institutionen, vom alltäglichen Small talk bis zur Bundestagsdebatte oder zum Sprechen im Gericht, ist ein Thema der Gesprächsanalyse, über die man sich in Einführungen von Henne und Rehbock (1982), Brinker und Sager (1989) und Fritz und Hundsnurscher (1994) informieren kann.

2. Während Gespräche dialogische Handlungen sind, sind Texte «Sprachwerke», die Bühler zufolge «aus dem Standort im individuellen Leben und Erleben ihres Erzeugers entbunden» (1978, S. 53) sind und hinsichtlich dieser Verselbständigung gestaltet werden können. Im Zentrum der *Text-Linguistik* stehen deshalb nicht mehr die konkreten Sprechsituationen, sondern die sprachlichen Mittel, durch die etwas Gesprochenes oder Geschriebenes als ein Text (von lat. «textum», Gewebe, Geflecht) produziert oder verstanden werden kann. Anfänglich entwickelte sich die Textlinguistik aus der Kritik einer rein satzbezogenen Grammatik. Man mußte *vom Satz zum Text* fortschreiten, um satzübergreifende Phänomene (z. B. zurückgreifende oder vorwärtsweisende Pronominalisierungen) analysieren zu können. Dieser enge «textgrammatische» Ansatz wurde bald erweitert, um die beiden Grundfragen beantworten zu können: Welche allgemeinen Bedingungen muß ein Sprachwerk erfüllen, um als Text zu gelten und nicht nur als Abfolge einzelner Sätze? Textualität oder Texthaftigkeit erforderten eine ganzheitliche Perspektive, die *vom Text zum Satz* verläuft und zu erkennen erlaubt, worin die thematische oder stilistische Kohärenz der Satzverbindungen begründet ist. Und welche besonderen Eigenschaften kennzeichnen einzelne Texte als Beispiele bestimmter Textsorten, z. B. als Zeitungskommentar, Prosaerzählung, Gedicht, Gebrauchsanweisung oder Werbeanzeige? (Vgl. Coseriu 1980; Heinemann und Viehweger 1991; Brinker 1992; Vater 1992.)

3. «Sprachen werden *gelernt*, Wörter können *vergessen* werden, Gedanken werden *ausgedrückt* und dann von anderen mehr oder weniger *verstanden* – fast immer, wenn wir im Alltag über Sprache sprechen, tun wir das in Begriffen, die zugleich auf *psychische Sachverhalte* hinweisen» (Linke, Nussbaumer und Portmann 1996, S. 326). Auch die Linguistik hat dieses alltägliche Sprachverständnis nie ganz außer Kraft gesetzt. Selbst die radikalste Entsubjektivierung, die Sprache zu einem strukturierten Formgebilde vergegenständlicht hat, blieb immer dem «Bewußtsein der Sprechenden» (Saussure 1967, S. 164) verbunden. Die assoziativen Beziehungen zwischen Wörtern zum Beispiel, von denen Saussure sprach, sind Teile eines «trésor mental». Vorstellungen (Signifikate) und Lautbilder (Signifikanten) sind psychische Realitäten, die in den Gehirnen einer Gesamtheit von Individuen existieren und den sozialen Kreislauf des Sprechens ermöglichen.

Was die Sprachtheorie allgemein voraussetzt, hat die *Psycho-Linguistik* zu ihrem speziellen Untersuchungsobjekt erklärt. Ihre Geburtsstunde schlug 1953, als sich amerikanische Linguisten und Psychologen an der Indiana University in Bloomington trafen und das interdisziplinäre Forschungsprogramm der «Psycholinguistics» entwarfen (vgl. Osgood und Sebeok 1965). Der Akzent lag dabei auf der Linguistik, und es galt, Probleme zu lösen wie: Entspricht einer Grammatik eine psychologische Realität «in the mind/brain» kompetenter Sprecher? Wie ist unser sprachliches Wissen im Kopf repräsentiert, und wie kommt es da hinein? Wie ist das «mentale Lexikon» strukturiert? Sprachen sind, psycholinguistisch gesehen, nicht nur grammatische Gebilde, sondern «hochkomplexe Systeme aus Lauten und Bedeutungen, deren Wirklichkeitsinstanz letztlich im Kopf der Menschen liegt, die sie beherrschen und verwenden» (Miller 1995, S. 10). Spracherwerbsforschung, Sprachwissensforschung und Sprachprozeßforschung bilden die drei Hauptbereiche der Psycholinguistik, die sich zur Lösung ihrer Probleme auch den Sprachstörungen zuwandte. Wenn man *neuro-* oder *patho*-linguistisch feststellen kann, wie etwas nicht mehr funktioniert, kann man plausible Hypothesen aufstellen, wie es normalerweise zugeht (vgl. Leuninger 1989; Hörmann 1991; Keller und Leuninger 1993; Schwarz 1996; Zimmer 1996; Aitchison 1997; Rickheit und Strohner 1997).

4. Bereits Saussure hat gegen eine rein psycholinguistische Untersuchung den Verdacht geäußert, daß ihr das Wesen der Sprache zu entgehen droht. «Sie führt nicht über die individuelle Ausübung hinaus und berührt nicht das Zeichen selbst, das seiner Natur nach sozial ist» (1967, S. 20). Aber dieser ergänzende Hinweis blieb der Abstraktion verhaftet, daß alle Mitglieder einer Sprachgemeinschaft im wesentlichen durch das gleiche «soziale Band» der Sprache verbunden sind. Der Schritt vom Individuum zur Gesellschaft war nur eine Verallgemeinerung des Individuellen zu einem kollektiven Gesamtsubjekt. Die Systemlinguistik ist dieser Strategie gefolgt. Nicht zufällig erklärt Noam Chomsky zum Gegenstand der linguistischen Theorie einen «idealen Sprecher-Hörer, der in einer völlig homogenen Sprachgemeinschaft lebt» (1969, S. 13).

Die *Sozio-Linguistik* teilt zwar die Überzeugung, daß sprachliche Systeme oder linguistische Kompetenzen ihrem Wesen nach sozial sind. Aber sie widerspricht der Idealisierung einer homogenen Sprachgemeinschaft und wendet die Aufmerksamkeit auf die «Heterogenitäten» und «Varietäten» der Sprache und des Sprachgebrauchs, für die unterschiedliche soziale Bedingungen verantwortlich gemacht werden. Bereits die *Dialekt*geographie des 19. Jahrhunderts hat territoriale Differenzen untersucht und Dialekte in «soziallinguistischer» Hinsicht interpretiert. Dieser Aspekt wurde durch die Feststellung unterschiedlicher *Soziolekte* verstärkt. Sprachliche Besonderheiten sozialer Gruppen, Schichten und Klassen rückten in den Mittelpunkt der Forschung (vgl. Ammon, Dittmar und Mattheier 1987/88; Schlieben-Lange 1991).

Die allgemeine Problemstellung wurde dabei, grob gesagt, in drei Richtungen spezifiziert. Erstens stellte Joshua Fishman die generelle *makro-soziolinguistische* Frage: «Wer spricht welche Sprache wie und wann und mit wem unter welchen sozialen Umständen und mit welchen Absichten und Konsequenzen?» Untersucht wird die Nutzung des allgemein verfügbaren Sprachsystems innerhalb bestimmter sozialer Gebrauchssituationen. Soziale Funktionen und Faktoren greifen gleichsam nur von außen («exogen») in die Sprache ein (vgl. Fishman 1975).

Zweitens entwickelte sich eine soziologisch orientierte *Varietäten-Linguistik*, die das Sprachsystem selbst «endogen» (von innen) auflöst und in seine alternativen Varianten (Soziolekte) differenziert. Zu Beginn der siebziger Jahre spielte in dieser Hinsicht vor allem Basil Bernsteins Unterscheidung von einem «elaborierten» und einem «restringierten» Code eine große Rolle, für die unterschiedliche Sozialisationen innerhalb der Mittel- bzw. Unterschicht verantwortlich gemacht wurden (vgl. Bernstein 1972). Später kamen Untersuchungen der Stadtsprache, des Gastarbeiterdeutsch, der Jugendsprache und der Frauensprache hinzu (vgl. Labov 1976/78; Nabrings 1981).

Drittens entstand eine *interaktionelle* Soziolinguistik, die Sprechhandlungen unter den sich verändernden Bedingungen des Miteinander-Sprechens untersucht. Unterschiedliche Gesprächssituationen, differenzierte Beziehungen zwischen den Gesprächspartnern und heterogene institutionalisierte Kontexte (Schule, Familie, Gericht, Kneipe, Arbeitsplatz u. a.) werden berücksichtigt, um ihren Einfluß auf die kommunikative Interaktion zu erhellen (vgl. Koefer 1994).

5. Soziolinguistische Varietäten lassen sich auf der Ebene einer synchronen Beschreibung nicht befriedigend erklären. Sie zeigen ihr wahres Wesen im Prozeß des *Sprachwandels*. Dialekte und Soziolekte sind in geschichtliche Prozesse eingebunden, die sich in bestimmten Unterschieden sedimentiert haben. Die Dialektforschung war schon immer nicht nur geographisch orientiert, sondern versuchte auch, die festgestellten Differenzen sprachgeschichtlich, zum Beispiel durch historische Lautverschiebungen, zu erklären. Auch Untersuchungen des Gastarbeiterdeutsch, der Jugend- und Szenesprache, der «feministischen» Sprache der Veränderung oder der deutschen Gegenwartssprache nach dem Fall der Mauer (vgl. Stevenson 1995) verweisen auf die geschichtliche Dynamik, die sich im Sprachsystem und Sprachgebrauch niederschlägt, mehr oder weniger unmittelbar. Man kann an diesen Phänomenen erkennen, was jeder weiß: Sprachgeschichte hat sich nicht nur einst vollzogen, etwa in den Übergängen vom Indogermanischen zum Neuhochdeutschen, sondern sie vollzieht sich auch hier und heute. Sprachwandel ist erfahrbar im Neben- und Gegeneinander verschiedener Generationssprachen, aber auch in den Veränderungen des individuellen Sprechens im Lauf der Zeit (vgl. Glück und Sauer 1990).

Vor dem Hintergrund dieser Erfahrungen gewann die *Historio-*

Linguistik eine neue Aktualität. Sie steht nun nicht mehr nur als Hilfsdisziplin den philologischen Fächern (vor allem Germanistik, Anglistik, Romanistik und Slawistik) zur Verfügung, um einen Zugang zu Texten einer älteren Sprachstufe zu eröffnen. Sprachgeschichtsforschung ist zu einer Wissenschaft eigenen Rangs geworden, die sich dem Prozeß des Sprachwandels überhaupt zuwendet, ihn auch an konkreten Erscheinungen der gegenwärtigen Entwicklung aufzeigt und eine erklärende Antwort auf die Frage nach dem Warum zu geben versucht. Warum ändern sich überhaupt Sprache und Sprachgebrauch? Gibt es hier sprachinterne (endogene) Ursachen, die in der Sprache selbst liegen, etwa im ununterbrochenen Widerstreit zwischen angestrebter Ökonomie und größtmöglicher Differenziertheit? Oder sind es externe (exogene) Faktoren, die dabei die entscheidende Rolle spielen? Vielleicht liegt die Lösung ja auch in der Mitte oder, besser gesagt, jenseits dieser Differenz. Sprachwandel wäre dann gleichsam ein «Phänomen der dritten Art», weder durch die objektive Dynamik der Sprache noch durch subjektive Absichten der Sprecher verursacht, sondern durch eine «unsichtbare Hand» gesteuert und bewirkt, die zahlreiche individuelle intentionale Sprechhandlungen in eine kausale Konsequenz überführt, die als solche nicht geplant war (vgl. Keller 1994).

6. Wir beenden hier unseren Streifzug durch verschiedene Bindestrich-Linguistiken, auch wenn wir damit noch längst nicht alle vorgestellt haben. Im breiten Spektrum der Sprachwissenschaft befinden sich auch:

• die *Anthropo-Linguistik*, die sprachliche Variationen im Hinblick auf kulturelle Gepflogenheiten und Vorstellungen der Menschen in ihren Verschiedenheiten untersucht;

• die *Bio-Linguistik*, welche die biologischen Grundlagen der Sprache freizulegen und ihre Entwicklung evolutionstheoretisch zu erklären versucht;

• die *Didaktische Linguistik*, die auf sprachwissenschaftliche Methoden und Theorien zurückgreift, um das schulische Lehren und Lernen von Sprachen (vor allem der Erstsprache) zu effektivieren;

• die *«Deutsch als Fremdsprache»-Linguistik*, die sich zu einem eigenen Forschungs- und Lehrgebiet entwickelt hat, um die Schwierigkeiten zu bewältigen, die sich bei der Vermittlung der Erstsprache als Zweitsprache ergeben;

• die *Computer-Linguistik*, die Sprache vor allem hinsichtlich der Probleme analysiert und synthetisiert, die sich im Bereich der maschinellen Übersetzung, der Speicherung und dem Wiederfinden von Informationen und der Künstlichen Intelligenz stellen;

• die *Mathematische Linguistik*, die Kombinationsmechanismen von formalen und natürlichen Sprachen zu berechnen sucht unter Verwendung von Begriffen und Operationsweisen aus Algebra, Informatik und Statistik;

• die *Krypto-Linguistik*, die unbekannte oder chiffrierte Texte zu dechiffrieren versucht;

• die *Philosophische Linguistik*, die auf die gewöhnliche Sprache zurückgreift, um philosophische Vorstellungen zu präzisieren oder philosophische Irrtümer und metaphysische Fallen zu vermeiden;

• die *Poeto-Linguistik*, die auf die Differenz zwischen alltäglicher Sprache und künstlerischem Sprachgebrauch zielt und den Reiz der «Poetizität» zu begreifen versucht;

• die *Theo-Linguistik*, die nicht nur die Sprache von Bibelgelehrten und Theologen untersucht, sondern sich dem religiösen Sprechen in der Fülle seiner Erscheinungen zuwendet und es in seinem transzendenten Bedeutungsgehalt zu entziffern sucht;

• die *Kontakt-Linguistik*, die miteinander kontrastierte Sprachen und Sprechweisen unter den allgemeinen Bedingungen eines Sprachenkontakts in mehrsprachigen Migrationsgesellschaften untersucht;

• die *Feministische Linguistik*, die gesellschaftliche Benachteiligungen von Frauen auch in und mit der Sprache diagnostiziert und zu beseitigen versucht;

• die *Geronto-Linguistik*, die sich auf die Veränderungen der sprachlichen Fähigkeiten im Prozeß des Alterns konzentriert;

• die *Schrift-Linguistik*, die sich mit Schriftsystemen und -gebrauchsweisen beschäftigt und die vielfältigen (psychischen, geistigen, kulturellen, politischen) Konsequenzen reflektiert, die sich daraus ergeben.

Das Phänomen Sprache zeigt sich in vielen Formen, denen sich die Sprachwissenschaft als eine in sich differenzierte Disziplin zuwendet, ohne daß sich ein einzelnes Forschungsprogramm als ‹die Linguistik› zu behaupten oder zu inthronisieren vermag.

Nachwort

Gilt es also gar nicht, wovon in diesem Buch die Rede war, die Frage zu beantworten: Was kann, was will die Linguistik? Zwar haben wir das Wort «Linguistik» als einen allgemeinen Begriff verwendet, der etwas Gemeinsames festzustellen versucht, das den verschiedenen sprachwissenschaftlichen Problemen und ihren Lösungsversuchen, den alternativen Verfahrensweisen und paradigmatischen Strömungen der Linguistik zugrunde liegt. Wir haben von der Sprachwissenschaft im Singular gesprochen, obwohl es sie doch nur im Plural gibt.

Diese Spannung verweist auf eine sprachphilosophische Frage, die von den griechischen Philosophen gestellt wurde und noch heute widerstreitend beantwortet wird. Auf der einen Seite stehen die Verfechter der lebendigen Mannigfaltigkeit, die nur die sich wandelnde Vielfalt des Konkreten als wirklich anerkennen. Schon Heraklit gab zu bedenken, daß wir nicht in den gleichen Fluß steigen können; denn ständig fließt uns anderes und wieder anderes Wasser zu. Auf der anderen Seite gibt es die Vertreter des Abstrakten, die auch einem allgemeinen Begriff eine bestehende Realität zuordnen. Platon hat es in seiner Ideenlehre als Grundüberzeugung formuliert: Es gibt etwas Identisches, Abstraktes und Allgemeines, das es uns erlaubt, die unterschiedlichen Erscheinungsformen unter einen gemeinsamen Begriff zu fassen.

Der philosophische Streit soll uns nicht weiter interessieren. Der Hinweis diente nur dazu, die Aufmerksamkeit auf die Tatsache zu lenken, daß man nicht vorschnell von ‹der Linguistik› reden sollte. Auch in der sprachwissenschaftlichen Forschung und Lehre geht es so fließend und differenziert zu wie im Gebrauch der Sprache. Im Vorwort wurde die Eröffnungsfrage «Was ist Sprache?» pragmatisch gewendet: «Was können wir mit der Sprache tun?» Am Ende bleibt die Feststellung, daß auch die Frage «Was kann, was will die Linguistik?» strenggenommen nur beantwortet werden kann, wenn man sich aus der Nähe ansieht, was einzelne Sprachwissenschaftler/innen tun, was sie können und was sie wollen, wie sie ihre Forschung begründen und in der Lehre tätig sind.

Alles spielt sich konkret ab. Das Studium der Sprachwissenschaften ist eingebunden in unterschiedliche Bedingungen, die an den einzelnen Seminaren und Instituten herrschen. Die existierende Vielfalt ist auf keinen gemeinsamen Nenner zu bringen. Es gibt sprachwissenschaftliche Fachbereiche, die großzügig ausgestattet sind, über ausreichendes und kompetentes Personal, genügend Räume und ausgezeichnete Bibliotheken verfügen. Die Studienordnung ist systematisch aufgebaut und zeichnet den Studierenden einen Weg vor, dem sie gesichert folgen können. Einzelne Forschungsprogramme sind schwerpunktmäßig entwickelt worden und geben dem Studium ein klares Profil. Aber auch gegenteilige Erfahrungen können gemacht werden: zu wenig Lehrende für die Masse der Studierenden, Bibliotheken, die unter Geldmangel leiden und sich kaum die erforderliche Fachliteratur anschaffen können, Studiengänge ohne Struktur, eher an den eingespielten Vorlieben der einzelnen Lehrenden orientiert als an der Logik des Fachs und seiner didaktischen Vermittlung.

So unterschiedlich wie die institutionellen Bedingungen sind die Akzente, die gesetzt werden. Während zum Beispiel an einer Universität vor allem Verfechter der kognitiven Linguistik à la Chomsky tätig sind, die davon überzeugt sind, daß die Computermetapher am besten die menschliche Erkenntnis- und Sprachfähigkeit zu begreifen erlaubt, sind an einer anderen Universität Sprachwissenschaftler vertreten, die sich an Humboldts humanistischer Sprachidee orientieren und vehement einer technologischen Ausrichtung der Linguistik widerstreiten. An einigen sprach- und literaturwissenschaftlichen Fachbereichen sind neue Zusatz- oder Aufbaustudiengänge (Deutsch als Fremdsprache, linguistische Datenverarbeitung, Medien- und Informationswissenschaft, interkulturelle Linguistik) entwickelt worden, um gezielter für die Nachfrage des Arbeitsmarkts zu qualifizieren, während anderenorts ein jahrzehntelang eingespielter Konservatismus vorherrscht oder die Vogel-Strauß-Taktik, den Kopf in den Sand zu stecken in der Hoffnung, daß die «Legitimationskrise» der Geisteswissenschaften von allein vorbeigeht.

Nicht zuletzt spielt auch die Persönlichkeit der Lehrenden eine

Rolle. Man trifft Professoren, die immer wieder die gleichen Themen und Lehrveranstaltungen anbieten, das Interesse an ihrem Fachgebiet verloren haben und die Studierenden als eine unvermeidliche Last empfinden. Oder man begegnet aufgeschlossenen und neugierigen Menschen, die ihre Forschungs- und Lehrtätigkeit als Berufung verstehen, innovativ im Erproben neuer Möglichkeiten sind und jederzeit für die Studierenden ein offenes Ohr haben. Es gibt emotionslose Rationalisten, die ihre Arbeit mit kalter Perfektion machen, und begeisterungsfähige Forscher, denen jedes sprachliche Phänomen als eine Herausforderung erscheint, das sie in seiner sinnlichen Qualität verstehen wollen. Für sie spielt die Sprache der Literatur eine größere Rolle als der Algorithmus einer mathematisierten Grammatik. An den Universitäten ist es, mit einem Wort gesagt, wie im Leben.

Und die Studierenden? Auch ihre Charaktere, Vorlieben und Fähigkeiten unterscheiden sich in vielfacher Hinsicht. Hochmotivierte, die sich voller Energie, Ernst und Lust dem Studium verschreiben, treffen auf Kommilitonen und Kommilitoninnen, die den Weg des geringsten Widerstands gehen, sich durch das Studium wursteln und an seinem Ende noch immer nicht wissen, was sie eigentlich hätten studiert haben können. Einige lesen interessiert wissenschaftliche Neuerscheinungen aus eigenem Antrieb, um auch gegen angebotene Lehrmeinungen opponieren zu können, andere beschränken ihre Lektüre auf das Nötigste und betrachten die Bibliothek als Feindesland, von dem es sich fernzuhalten gilt.

Auf all diese konkreten Bedingungen und Umstände der universitären Bildung und Ausbildung ist in diesem Kursbuch nicht näher eingegangen worden. Die Logik des Fachs und die Fülle seiner wissenschaftlichen Probleme und Erkenntnisse standen im Mittelpunkt. Spätestens an dieser Stelle sollte der Verdacht bestätigt werden, daß diesem Buch Zuversicht zugrunde liegt. Es geht von der Überzeugung aus, daß das Leben der Universität von der wissenschaftlichen Arbeit abhängt und von den Persönlichkeiten der Lehrenden und Studierenden, die sie leisten. Die Institution stellt nur einen äußeren Rahmen dar. Sie selbst ist nicht die Bedingung oder die bestimmende Ursache für ein interessantes Studium, das die Sprache und die Sprachwissenschaft so ernst nimmt, wie sie es verdienen.

Die bevorzugte Form, in der heute über Studium und Universität gesprochen wird, ist die Klage: Massenuniversität, praxisferne Studiengänge, Unübersichtlichkeit, Perspektivlosigkeit, Geldmangel, faule Professoren. Auf diesen Ton wurde hier verzichtet. Statt dessen wurde ein Einblick in das erstaunliche Phänomen der Sprache zu geben versucht und in die Leistungsfähigkeit der Linguistik. Ist das Studium der Sprachwissenschaft zu empfehlen? Wer sich für die hier dargestellten Probleme interessiert, ist jedenfalls nicht am falschen Platz, wenn er sich darauf einläßt und den Sinn des Studierens in seiner ursprünglichen Bedeutung (von lat. «studere», etwas eifrig betreiben, sich bemühen) ernst nimmt.

Anhang

Studienführer und Studierhilfen

Vorinformationen über Studienmöglichkeiten und Studienorte können dabei helfen, Entscheidungsunsicherheiten zu mildern. Hilfreich in dieser Beziehung sind die Bücher:

Reichart, Klaus: Handbuch Berufswahl. Entscheidungshilfen für Abiturienten. Frankfurt 1997.

Zacharias, Gerhard: Wie finde ich meinen Studienplatz? München 1992.

Auch verschiedene Einrichtungen und Institutionen bieten ihre Hilfe an:

– Die Arbeitsämter kommen den Schüler/innen bereits in der Schule entgegen, und Berufsinformationszentren der Bundesanstalt für Arbeit (BIZ) gibt es in allen größeren Städten. Ihre Datenbank KURS informiert aktuell und differenziert über das bestehende Studienangebot.
– Die einzelnen Hochschulen haben zentrale Studienberatungsstellen eingerichtet.
– Studienfachberatung gehört zu den Aufgaben der Lehrenden an den universitären Fachbereichen der jeweiligen Hochschule.
– Studentenvertretungen bieten Studienberatungen an.

Alphabetisch geordnete Hinweise über Berufsinformationszentren, Studienorte und Ausbildungseinrichtungen findet man in verschiedenen *Studienführern*:

Beyer, Heinz-Jürgen und Anne-Katrin Nörenberg: Studienführer Sprach- und Literaturwissenschaften. München 1995, 2. Aufl.

Härle, Gerhard und Uwe Meyer: Studienführer Germanistik. München 1997, 2. Aufl.

Hermann, Dieter und Margarethe van Oordt: Studieren, aber wo? Hochschulorte in Deutschland. Frankfurt 1993.

Studieren kostet Geld. Viele Studierende arbeiten nebenbei, um sich ihr Studium finanzieren zu können. Staatliche Zuschüsse sind durch das Bundesausbildungsförderungsgesetz (*BAföG*) geregelt, ein kompliziertes Gesetzeswerk mit zahlreichen Verwaltungsvorschriften. Am besten informiert

man sich darüber bei der Antrags- und Vergabestelle der «Förderungsab-
teilung des Studentenwerks» (BAföG-Amt) der jeweiligen Hochschule.

Auch gibt es für «überdurchschnittlich Begabte» eine Reihe von *Stipendien* verschiedener Stiftungen. Einen detaillierten Überblick liefert die Bro-
schüre «Förderungsmöglichkeiten für Studierende», herausgegeben von:

Deutsches Studentenwerk e. V.
Weberstr. 55
53113 Bonn
Tel.: 02 28/2 69 06 – 0

Tips und Hinweise zur Studienfinanzierung, Versicherung, Wohnungs-
suche usw. findet man auch in:

Jung, Michael und Ralf Mahler: Studieren und (Über-)Leben. Fragt sich
nur wie? München 1989.
Schindler, Thomas: Studienfinanzierung und Stipendien. Düsseldorf
1995.

Für Studierende der Sprachwissenschaften empfiehlt sich ein Studien- und
Praktikumsaufenthalt im *Ausland*. Für das Erlernen einer Fremdsprache
gibt es keine bessere Möglichkeit als die kommunikative Praxis. Der Deutsche Akademische Austauschdienst (DAAD) bietet die entsprechenden Informationen, die auch bei den Akademischen Auslandsämtern der Hochschulen erhältlich sind:

DAAD (Hg.): Studium, Forschung, Lehre. Förderungsmöglichkeiten im
Ausland für Deutsche 1996/97.
Deutscher Akademischer Austauschdienst
Kennedyallee 50
53175 Bonn
Tel.: 02 28/8 82 – 0
Inernet: http:/www.daad.de

Während des Studiums muß viel geschrieben werden. Die wissenschaftliche Ausbildung vertraut nicht nur auf die mündliche Kommunikation in
Seminaren, sondern findet vor allem im Medium der Schrift statt. Die Lektüre von Fachliteratur und das Verfassen eigener Texte gehören zu den zentralen Anforderungen des Studierens. Mündliche Referate, die man in Seminaren vorträgt und zur Diskussion stellt, müssen in der Regel schriftlich
ausgearbeitet werden. Hausarbeiten über empfohlene oder selbstgewählte
Themen (10 bis 15 Seiten bei Proseminaren; 15 bis 25 Seiten bei Hauptse-
minaren) erfordern Fähigkeiten und Techniken des Schreibens, die man
sich aneignen muß. Am Ende des Studiums müssen umfangreiche (bis zu
100 Seiten) Diplom-, Magister- oder Staatsexamensarbeiten geschrieben

werden. Wie bewältigt man die Angst vor dem leeren Blatt oder dem PC? Wie wird man mit der Unsicherheit fertig, die schriftlichen Anforderungen nicht bewältigen zu können? Wie verfaßt man wissenschaftliche Texte? Wie gestaltet man das Typoskript? Beratende Hilfe bieten die Lehrenden an. Aber sie können nur den Prozeß des eigenen Schreibens unterstützen, der sich über Versuch, Korrektur, Verbesserung und neuen Versuch entwickelt. Es gibt dazu eine Reihe von Anregungen, Hilfestellungen und Empfehlungen, die man zu Rate ziehen kann. Ihre Zahl hat in dem Maß zugenommen, in dem die schriftliche Unsicherheit der Studierenden wuchs. Während jahrzehntelang das Standardwerk von Georg Bangen: Die schriftliche Form germanistischer Arbeiten (Stuttgart 1990, 9. Aufl.) als Richtlinie diente, sind in den letzten Jahren zahlreiche *Schreibhilfen* erschienen:

Bünting, Karl-Dieter, Axel Bitterlich und Ulrike Pospiech: Schreiben im Studium. Berlin 1996.

Franck, Norbert: Fit fürs Studium. München 1998.

Gerhards, Gerhard: Seminar-, Diplom- und Doktorarbeit. Bern/Stuttgart/Wien 1995, 8. Aufl.

Kammer, Manfred: Bit um Bit. Wissenschaftliches Arbeiten am PC. Stuttgart/Weimar 1997.

Kruse, Otto: Keine Angst vor dem leeren Blatt. Frankfurt 1997, 5. Aufl.

Kürschner, Wilfried: Taschenbuch Linguistik. Berlin 1994.

Poenicke, Klaus: Wie verfaßt man wissenschaftliche Arbeiten? Mannheim/Wien/Zürich 1988, 2. Aufl.

Rückriem, Georg, Joachim Stary und Norbert Franck: Die Technik wissenschaftlichen Arbeitens. Paderborn/München/Wien/Zürich 1997, 10. Aufl.

Standop, Ewald: Die Form der wissenschaftlichen Arbeit. Heidelberg/Wiesbaden 1994, 14. Aufl.

Theisen, Manuel René: ABC des wissenschaftlichen Arbeitens. München 1995, 2. Aufl.

Linguistik im Internet

Wissenschaftliches Arbeiten ist in einer ‹Informationsgesellschaft› zunehmend auf Neue Medien angewiesen. Der PC ist nicht nur Hilfsmittel zum Schreiben von Texten. Die steigende Informationsflut erfordert neue Techniken der Informationsbeschaffung und -anbietung. Sie finden im INTERNET ein riesiges, über die ganze Welt zerstreutes Netzwerk von Anbietern und Nutzern. Zu seinem wichtigsten Teil hat sich das *www* (World Wide Web) entwickelt, das seit Anfang der neunziger Jahre aufgebaut wurde, um computergespeicherte Informationen verfügbar zu machen, die ‹hypertextuell› auf der Benutzeroberfläche sichtbar sind. Durch die standardisierte Programmsprache *html* (Hyper Text Markup Language) werden verschiedene Dokumente (Fließtext, Graphiken, Bilder, Tabellen, Audio, Video) miteinander verknüpft. Die html-Dateien werden durch das *http* (Hypertext Transfer Protocol) übertragen. Auch wenn das Potential dieses Neuen Mediums und die tatsächliche Situation im Bereich des Netzzugangs noch weit auseinanderklaffen, so wird sich diese Lücke doch zunehmend schließen. Die deutschen Hochschulen sind bereits über das Wissenschaftsnetz des DFN-Vereins (Deutsches Forschungs-Netz) an das Internet angeschlossen und stellen den Dozenten und Studierenden ihre Möglichkeiten zur Verfügung. Studienorte, Forschungsinstitute und -programme, Veranstaltungsangebote, Studiengänge, Prüfungsanforderungen, Datenbanken u. a. sind bereits im Netz präsent.

Zur Information und Orientierung einige Buchempfehlungen; eine Auswahl von universitären Lehr- und Forschungsstätten, die große Internet-Angebote liefern; einige Top Sites für Sprachwissenschaftler/innen; und einige Adressen von sprachwissenschaftlich relevanten Organisationen.

Bücher

Bollmann, Stefan (Hg.): Kursbuch Neue Medien. Mannheim 1996, 2. Aufl.

Cölfen, Elisabeth, Hermann Cölfen und Ulrich Schmitz: Linguistik im Internet (mit beigefügter CD-ROM). Opladen 1997.

Gabriel, Norbert: Kulturwissenschaften und Neue Medien. Darmstadt 1997.

Horvath, Peter: Online-Recherche. Wiesbaden 1996, 2. Aufl.

Lammarsch, Joachim und Helge Steenweg: Internet & Co. Elektronische Fachkommunikation auf akademischen Netzen. Bonn/Paris/Reading (Mass.) 1995.

Pitter, Keiko u.a.: Studieren mit dem Internet. München/Wien 1997; http://www.magpie.org/estgi.

Rutenfranz, Uwe: Wissenschaft im Informationszeitalter. Opladen 1997.

Universitäre Lehr- und Forschungsstätten
  (Computational) Linguistics Institutes:
http://www.ims.uni-stuttgart.de/info/FTPServer.html
  Humboldt-Universität Berlin, Computerlinguistik:
http://www.compling.hu-berlin.de/
  Universität Chemnitz, Germanistik:
http://www.tu-chemnitz.de/phil/germanistik
  Universität Düsseldorf, Germanistisches Seminar:
http://www.phil-fak.uni-duesseldorf.de/germ/
  Universität Duisburg, Computerlinguistik:
http://verdi.uni-duisburg.de
  Universität Essen, LINSE (Linguistik-Server Essen):
http://www.uni-essen.de/fb3/linse/home.htm
  Universität Freiburg, Computerlinguistik:
http://www.coling.uni-freiburg.de/
  Universität Freiburg, Pragmatisches Colloquium:
http://ella.phil.uni-freiburg.de/gk/pkhome.htm
  Universität Koblenz, Computerlinguistik:
http://www.uni-koblenz.de/~compling/
  CIS (Centrum für Informations- und Sprachverarbeitung) München:
http://www.cis.uni-muenchen.de/
  Universität München, Sprachwissenschaften (Fak. 14):
http://www.fak14.uni-muenchen.de/
  Universität Osnabrück, Institut für Semantische Informationsverarbeitung:
http://hal.cl-ki.uni-osnabrueck.de/
  Universität Regensburg, Sprach- und Literaturwissenschaft:
http://www.uni-regensburg.de
  Universität des Saarlandes, Saarbrücken, Computerlinguistik und Phonetik:
http://coli.uni-sb.de/
  Universität Stuttgart, Institut für maschinelle Sprachverarbeitung:
http://www.ims.uni-stuttgart.de/IMS-de.html

Universität Tübingen, Seminar für Sprachwissenschaft:
http://www.sfs.nphil.uni-tuebingen.de/

Top Sites für Linguisten
Archive of Linguistics and Phonetics:
http://www.hensa.ac.uk/ftp/mirrors/uunet/pub/linguistics
BABEL-System HPSG, am Lehrstuhl für Computerlinguistik der Humboldt-Universität zu Berlin:
http://www.compling.hu-berlin.de/~stefan/Babel/
Noam Chomsky:
http://web.mit.edu/afs/athena.mit.edu/ofg/1/linguistics/www/chomsky.home.html
Noam Chomsky Archive, maintained by Z Magazine, USA:
http://www.worldmedia.com/archive/
http://www.lbbs-org/
COSMAS, am Institut für deutsche Sprache Mannheim:
http://www.ids-mannheim.de/~cosmas/
European Network in Language and Speech:
http://www.cogsci.ed.ac.uk/elsnet/home.html
GEIST (German Encyclopedic Internet Service Terminal):
http://www.geist.de
Human Languages Page (Sprachen der Welt):
http://www.willamette.edu/~tjones/Language-Page.html
Internet-Quellen zu den Sprach- und Literaturwissenschaften:
http://www.uni-mannheim.de/users/bibsplit/litrech.html
Language and Linguistics, English server:
http://english-www.hss.cmu.edu/langs
Lingsoft Inc., Helsinki:
http://www.lingsoft.fi/
Linguistic Links:
gopher://ukoln.bath.ac.uk:7070/11/Link/Tree/Literature/Linguistics
The Linguist List Network (Mailingliste):
http://www.sfs.nphil.uni-tuebingen.de/linguist
Linguistics Materials on the Web, at the University of Rochester:
http://www.ling.rochester.edu/linglinks.html
LINSE (Linguistik-Server Essen):
http://www.uni-essen.de/fb3/linse/home.htm
SLIF (Studentisches Linguistik-Forum) Köln:
http://www.spinfo.uni-koeln.de/mweidner
TITUS (Thesaurus Indogermanischer Text- und Sprachmaterialien)

http://titus.uni-frankfurt.de/
   Verbmobil:
http://www.dfki.uni-ab.de/verbmobil/
   Web-Accessible Linguistic Sources, Departments and Information:
http://www.emich.edu/~linguist/datasources.html

Organisationen
   Association for Computational Linguistics:
http://www.cs.columbia.edu/~acl/
   Deutsche Gesellschaft für Sprachwissenschaft:
http://coral.lili.uni-bielefeld.de/DGfS/
   DGfS, Sektion Computerlinguistik:
http://coral.lili.uni-bielefeld.de/DGfS/SektionCL
   Gesellschaft für Angewandte Linguistik (GAL), Wuppertal:
http://www.uni-wuppertal.de/FB4/gal/welcome/html
   Gesellschaft für Linguistische Datenverarbeitung, Bonn:
http://cll.ikp.uni-bonn.de/GLDV
   Institut für deutsche Sprache, Mannheim:
http://www.ids-mannheim.de
   International Phonetic Association:
http://www.arts.gla.ac.uk/IPA/ipa.html
   International Quantitative Linguistics Association:
http://www.ldv.uni-trier.de:8080/~iqla
   Summer Institute of Linguistics:
http://www.sil.org/

Linguistische Fachwörterbücher und Nachschlagewerke

Fachwissenschaften erfordern Fachbegriffe. Oft ist die alltägliche Umgangssprache zu vage oder zu vieldeutig, um die systematischen Erkenntnisse der Wissenschaft ausdrücken zu können. Es mag für Studienanfänger oft enttäuschend oder gar erschreckend sein, wenn sie mit hochspezialisierten Terminologien konfrontiert werden und nur noch Fachchinesisch verstehen. Sie wollen etwas über Sprache erfahren und sehen sich statt dessen verstrickt in das komplizierte Gewebe einer linguistischen Begrifflichkeit, die meistens aus dem griechisch-lateinischen Wortbestand übernommen worden ist: Paradigma, Syntagma, Phonem, Morphem, Distribution, Konstituentenstruktur, Generativismus, Synchronie, Diachronie usw. Sinn und Nutzen der Fachbegriffe begründen sich aus dem Wunsch nach definierter Eindeutigkeit, ökonomischer Ordnung und theoretischer Systematik. Fachspezifische Wörterbücher bieten eine gute Hilfe, um die Hindernisse vor einer Wissenschaft abzubauen, deren Aneignung, Verarbeitung und Weitergabe heute stärker als je zuvor von der Beherrschung der entsprechenden Fachsprache abhängt. Auch Handbücher und Nachschlagewerke können dazu helfen, sich im terminologischen Dickicht zurechtzufinden. Empfehlenswert ist vor allem das «Lexikon der Sprachwissenschaft» von Hadumod Bußmann, das mit seinen rund 3000 Stichworten und weiterführenden Literaturangaben eine zuverlässige Orientierungshilfe bietet.

Abraham, Werner: Terminologie zur neueren Linguistik. Tübingen 1988, 2. Aufl.

Althaus, Hans Peter, Helmut Henne und Herbert Ernst Wiegand (Hg.): Lexikon der germanistischen Linguistik. Tübingen 1980, 2. Aufl.

Arnold, Heinz Ludwig und Volker Sinemus (Hg.): Grundzüge der Literatur- und Sprachwissenschaft. Band 2: Sprachwissenschaft. München 1974.

Bußmann, Hadumod: Lexikon der Sprachwissenschaft. Stuttgart 1990, 2. Aufl.

Cherubim, Dieter: Grammatische Kategorien. Tübingen 1976.

Conradi, Rudi (Hg.): Lexikon der sprachwissenschaftlichen Termini. Leipzig 1985.

Crystal, David: Die Cambridge Enzyklopädie der Sprache. Darmstadt 1995.

Engler, Rudolf: Lexique de la terminologie saussurienne. Utrecht/Anvers 1968.

Glück, Helmut: Metzler Lexikon Sprache. Stuttgart/Weimar 1993.

Handbücher zur Sprach- und Kommunikationsforschung. Mitbegründet von Gerold Ungeheuer. Herausgegeben von Hugo Steger und Herbert Ernst Wiegand. Berlin/New York (HSK).

HSK 1: Dialektologie. 2 Bde., hg. von Werner Besch u. a. 1982.

HSK 2: Sprachgeschichte. 2 Bde., hg. von Werner Besch u. a. 1984/1985 (2. Aufl. 1998).

HSK 3: Sociolinguistics/Soziolinguistik. 2 Bde., hg. von Ulrich Ammon u. a. 1987.

HSK 4: Computational Linguistics/Computerlinguistik, hg. von István S. Bátori u. a. 1989.

HSK 5: Wörterbücher/Dictionaries/Dictionnaires. 3 Bde., hg. von Franz Josef Hausmann u. a. 1989/1991.

HSK 6: Semantik/Semantics, hg. von Armin von Stechow u. a. 1991.

HSK 7: Sprachphilosophie. 2 Bde., hg. von Marcelo Dascal u. a. 1992/1996.

HSK 8: Linguistic Disorders and Pathologies, hg. von Gerhard Blanken u. a. 1993.

HSK 9: Syntax, hg. von Joachim Jacobs u. a. 1993.

HSk 10: Schrift und Schriftlichkeit/Writing and Its Use. 2 Bde., hg. von Hartmut Günther u. a. 1994.

HSK 11: Namenforschung. 2 Bde., hg. von Hans Eichler u. a. 1995/1996.

HSK 12: Kontaktlinguistik. 2 Bde., hg. von Hans Goebl u. a. 1996/1997.

HSK 13: Semiotik. 2 Bde., hg. von Roland Posner u. a. 1997/1998.

Kempke, Günter: De Gruyter Wörterbuch Deutsch als Fremdsprache. Berlin/New York 1998.

König, Werner: dtv-Atlas zur deutschen Sprache. München 1978.

Kürschner, Wilfried: Grammatisches Kompendium. Systematisches Verzeichnis grammatischer Grundbegriffe. Tübingen/Basel 1997, 3. Aufl.

Lewandowski, Theodor: Linguistisches Wörterbuch. 3 Bde. Heidelberg 1994, 6. Aufl.

Newmeyer, Frederick J. (Hg.): Linguistics. The Cambridge Survey. 4 Bde. Cambridge 1988.

Sommerfeld, Karl-Ernst und Wolfgang Spiewok: Sachwörterbuch für die deutsche Sprache. Leipzig 1989.

Bio-Bibliographien

Wer ein bestimmtes linguistisches Problem lösen will, sollte sich darum kümmern, was dazu bereits veröffentlicht worden ist. Auch wenn das Studium zu eigenständigem Forschen und Nachdenken anzuregen und anzuleiten versucht, so ist es doch in eine wissenschaftliche Forschung eingebunden, an der man teilnimmt. Es gibt kaum ein Thema, zu dem nicht eine Fülle von Veröffentlichungen vorliegt. Wissenschaftliches Arbeiten ist ein Zusammenspiel von eigenen Überlegungen und fremden Gedanken. Die Recherche dessen, was zu einem bestimmten Thema bereits vorgedacht worden ist, gehört zur wissenschaftlichen Tätigkeit. Dazu gibt es eine Reihe bibliographischer Hilfsmittel, welche die Suche nach den entsprechenden Publikationen erleichtern. Einige sind abgeschlossene Monographien, andere erscheinen in regelmäßiger Folge, um über den Stand der Forschung auf dem laufenden zu halten. Wer sich für einzelne Wissenschaftler/innen und deren Arbeit und Lebensgeschichte interessiert, sollte auch einen Blick in entsprechende biographische Handbücher oder «Who's Who» werfen.

Bibliographie linguistique. Publiée par le Comité International Permanent des Linguistes.

Bibliographie Linguistischer Literatur. Bibliographie zur allgemeinen Linguistik und zur anglistischen, germanistischen und romanistischen Linguistik.

Eisenberg, Peter und Bernd Wiese: Bibliographie zur deutschen Grammatik 1984–1994. Tübingen 1995, 3. Aufl.

Gauger, Hans Martin und Wolfgang Pöckl (Hg.): Wege in die Sprachwissenschaft. 44 autobiographische Berichte. Tübingen 1991.

Germanistik. Internationales Referatenorgan mit bibliographischen Hinweisen.

Gipper, Helmut und Hans Schwarz (Hg.): Bibliographisches Handbuch zur Sprachinhaltsforschung. Köln/Opladen 1962 ff.

Kratylos. Kritisches Berichts- und Rezensionsorgan für indogermanische und allgemeine Sprachwissenschaft.

Kreuder, Hans-Dieter: Studienbibliographie Linguistik. Stuttgart 1993, 3. Aufl.

Kürschner, Wilfried (Hg.): Linguisten-Handbuch. Biographische und bibliographische Daten deutschsprachiger Sprachwissenschaftlerinnen und Sprachwissenschaftler der Gegenwart. 2 Bde. Tübingen 1997.

Linguistic Bibliography for the Year ... and Supplements for Previous Years.

Modern Language Association: International Bibliography of Books and Articles on the Modern Languages and Literatures. Vol. 3: Linguistics.

Munske, Horst und Gaston Van der Elst: Erlanger Bibliographie zur germanistischen Sprachwissenschaft. Erlangen 1993, 2. Aufl.

Stammerjohann, Harro (Hg.): Lexicon Grammaticorum. Who's Who in the History of World Linguistics. Tübingen 1996.

Studienbibliographien Sprachwissenschaft. Im Auftrag des Instituts für deutsche Sprache Mannheim herausgegeben von Ludger Hoffmann, Band 1 (1990) bis Band 9 (1994); ab Band 10 von Manfred W. Hellmann.

Einführungen in die Linguistik

In der Regel beginnt man sein sprachwissenschaftliches Studium mit Einführungskursen und Proseminaren, die zu einer ersten Orientierung innerhalb der Fachdisziplin dienen. Der Schritt in die Linguistik als Studienfach hat dabei vor allem mit der Schwierigkeit zu kämpfen, sich einen neuen Blick auf die Sprache anzueignen, die doch zum Vertrautesten gehört, was man kennt. Das erklärt die Fülle von Einführungen, die einen ersten systematischen Einblick in die Ziele, Arbeitsweisen, Begrifflichkeiten und theoretischen Erklärungsmodelle der Linguistik bieten. Einige von ihnen sind Standardwerke, die Generationen von Studierenden einen allgemeinen Einstieg erleichtern, andere konzentrieren sich auf spezielle Problemfelder und Forschungsprogramme. Welche Einführungen in den Seminaren bevorzugt gelesen, bearbeitet und besprochen werden, hängt weitgehend von den Vorlieben und Intentionen der Lehrenden ab. Einen umfassenden Einblick, der allerdings einige Vorkenntnisse erfordert, bietet das «Studienbuch Linguistik» von Linke, Nussbaumer und Portmann.

Beaugrande, Robert-Alain de und Wolfgang Ulrich Dressler: Einführung in die Textlinguistik. Tübingen 1981.

Bechert, Johannes und Wolfgang Wildgen: Einführung in die Sprachkontaktforschung. Darmstadt 1991.

Bergmann, Rolf, Peter Pauly und Michael Schlaefer: Einführung in die deutsche Sprachwissenschaft. Heidelberg 1991, 2. Aufl.

Bünting, Karl-Dieter: Einführung in die Linguistik. Weinheim 1996, 15. Aufl.

Clément, Danièle: Linguistisches Grundwissen. Opladen 1996.

Coseriu, Eugenio: Einführung in die Allgemeine Sprachwissenschaft. Tübingen/Basel 1992, 2. Aufl.

Crystal, David: Einführung in die Linguistik. Stuttgart/Berlin/Köln/Mainz 1975.

Dürr, Michael und Peter Schlobinski: Einführung in die deskriptive Linguistik. Opladen 1994, 2. Aufl.

Edmondson, Willis und Juliane House: Einführung in die Sprachlehrforschung. Tübingen/Basel 1993.

Frey, Evelyn: Einführung in die Historische Sprachwissenschaft des Deutschen. Heidelberg 1994.

Gadler, Hanspeter: Praktische Linguistik. Tübingen/Basel 1992, 2. Aufl.

Gauger, Hans Martin, Wulf Oesterreicher und Rudolf Windisch: Einführung in die romanische Sprachwissenschaft. Darmstadt 1981.

Geier, Manfred, Manfred Kohrt, Christoph Küper und Franz Marschallek: Sprache als Struktur. Tübingen 1976.

Gross, Harro: Einführung in die germanistische Linguistik. München 1990, 2. Aufl.

Henrici, Gert und Claudia Riemer (Hg.): Einführung in die Didaktik des Unterrichts Deutsch als Fremdsprache, mit Videobeispielen. 2 Bde. Baltmannsweiler 1996.

Heyd, Gertrude: Aufbauwissen für den Fremdsprachenunterricht (DaF). Tübingen 1997.

Linke, Angelika, Markus Nussbaumer und Paul R. Portmann: Studienbuch Linguistik. Tübingen 1996, 3. Aufl.

Lühr, Rosemarie: Neuhochdeutsch. Einführung in die Sprachwissenschaft. München 1996, 5. Aufl.

Lyons, John: Einführung in die moderne Linguistik. München 1995, 8. Aufl.

Mair, Christian: Einführung in die anglistische Sprachwissenschaft. Darmstadt 1997.

Pelz, Heidrun: Linguistik. Eine Einführung. Hamburg 1996, 2. Aufl.

Schlobinski, Peter: Empirische Sprachwissenschaft. Opladen 1996.

Schmitt-Brandt, Robert: Einführung in die Indogermanistik. Tübingen/Basel 1998.

Schwarz, Monika und Jeannette Chur: Semantik. Ein Arbeitsbuch. Tübingen 1996, 2. Aufl.

Szemerényi, Oswald: Einführung in die vergleichende Sprachwissenschaft. Darmstadt 1990, 4. Aufl.

Ternes, Elmar: Einführung in die Phonologie. Darmstadt 1987.

Vater, Heinz: Einführung in die Sprachwissenschaft. München 1996, 2. Aufl.

Vater, Heinz: Einführung in die Textlinguistik. München 1994, 2. Aufl.

Volmert, Johannes: Grundkurs Sprachwissenschaft. München 1997, 2. Aufl.

Welte, Werner: Sprache, Sprachwissen und Sprachwissenschaft. Frankfurt 1995.

Grammatiken, Wörterbücher, Sprachgeschichten

Die *grammatische* Forschung gehört seit ihren griechischen Anfängen zu den Schwerpunkten der Linguistik. Warum genügt nicht eine Grammatik, zum Beispiel die Duden-Grammatik, in der man sich verläßlich über den Aufbau der deutschen Sprache informieren kann? Weil alle wissenschaftlichen Grammatiken mit dem Problem zu kämpfen haben, daß die Sprache nur ein «systemähnliches» Gebilde ist, in dem immer wieder auf eine neue Art Ordnung zu schaffen versucht werden kann. Dabei spielt auch der theoretische Ansatz eine entscheidende Rolle, den man vertritt. Eine traditionelle Grammatik sieht anders aus als eine mathematisierte System-Grammatik, eine «Phrasenstrukturgrammatik», die hierarchische Verhältnisse zwischen syntaktischen Konstruktionseinheiten abbildet, hat ein anderes Profil als eine «Dependenzgrammatik», die das Verb in den Mittelpunkt der Analyse stellt, eine «inhaltsbezogene» Grammatik setzt andere Schwerpunkte als eine rein «formbezogene» strukturelle Grammatik. – Über den *lexikalischen* Reichtum der Sprache, über den vieldeutigen Bedeutungsgehalt und die etymologische Herkunft ihrer Wörter, informieren zahlreiche Wörterbücher, von denen das 33bändige Werk der Brüder Grimm noch immer als eine philologische Glanzleistung und unerschöpfliche Fundgrube fasziniert. – Neben Grammatiken und Wörterbüchern stellen *Sprachgeschichten* ein drittes Standbein der sprachwissenschaftlichen Forschung dar. Sie rekonstruieren die Etappen des Sprachwandels von seinen indogermanischen Anfängen bis zu den Entwicklungstendenzen der Gegenwart. Die zweibändige «Deutsche Sprachgeschichte» von Hans Eggers, 1963 zuerst veröffentlicht, überzeugt dabei vor allem durch die Berücksichtigung der sprechenden und sprachschaffenden Menschen, die in vielen laut- und formbezogenen Darstellungen keine große Rolle spielen.

Grammatiken
Admoni, Wladimir G.: Der deutsche Sprachbau. München 1982, 4. Aufl.
Bergmann, Rolf und Peter Pauly: Neuhochdeutsch. Arbeitsbuch zur Grammatik der deutschen Gegenwartssprache. Göttingen 1992.
Boettcher, Wolfgang und Horst Sitta: Deutsche Grammatik III: Zusammengesetzter Satz und äquivalente Strukturen (= Band III zur «Deutschen Grammatik» von Hans Glinz). Frankfurt 1972.

Duden: Grammatik der deutschen Gegenwartssprache. Mannheim/Leipzig/Wien/Zürich 1995, 5. Aufl.

Eichler, Wolfgang und Karl-Dieter Bünting: Deutsche Grammatik. Kronberg 1989, 4. Aufl.

Eisenberg, Peter: Grundriß der deutschen Grammatik. Stuttgart/Weimar 1994, 3. Aufl.

Engel, Ulrich: Deutsche Grammatik. Heidelberg 1991, 2. Aufl.

Erben, Johannes: Deutsche Grammatik. Frankfurt 1983, 12. Aufl.

Gallmann, Peter und Horst Sitta: Deutsche Grammatik. Zürich 1990.

Genzmer, Herbert: Deutsche Grammatik. Leipzig 1995.

Glinz, Hans: Die innere Form des Deutschen. Bern 1973, 6. Aufl.

Glinz, Hans: Deutsche Grammatik I: Satz – Verb – Modus – Tempus. Frankfurt 1971, 2. Aufl.

Glinz, Hans: Deutsche Grammatik II: Kasussyntax – Nominalstrukturen – Wortarten – Kasusfremdes. Frankfurt 1971.

Götze, Lutz und Ernest W. B. Hess-Lüttich: Knaurs Grammatik der deutschen Sprache. München 1989.

Haider, Hubert: Deutsche Syntax – generativ. Tübingen 1993.

Heidolph, Karl-Erich, Walter Flämig und Wolfgang Motsch: Grundzüge einer deutschen Grammatik. Berlin 1980.

Helbig, Gerhard: Deutsche Grammatik. München 1993, 2. Aufl.

Helbig, Gerhard und Joachim Buscha: Deutsche Grammatik. Leipzig 1991, 13. Aufl.

Hentschel, Elke und Harald Weydt: Handbuch der deutschen Grammatik. Berlin 1990.

Heringer, Hans-Jürgen: Lesen – lehren – lernen. Eine rezeptive Grammatik des Deutschen. Tübingen 1988.

Heringer, Hans-Jürgen: Deutsche Syntax – Dependentiell. Tübingen 1996.

Jung, Walter: Grammatik der deutschen Sprache. Leipzig 1988, 9. Aufl.

Sommerfeld, Karl-Ernst und Günter Starke: Einführung in die Grammatik der deutschen Gegenwartssprache. Tübingen 1988, 2. Aufl.

Weber, Heinz J.: Dependenzgrammatik. Tübingen 1997, 2. Aufl.

Zifonun, Gisela, Ludger Hoffmann und Bruno Strecker: Grammatik der deutschen Sprache. 3 Bde. Berlin/New York 1997.

Wörterbücher

Duden: Deutsches Universalwörterbuch. Mannheim/Wien/Zürich 1989, 2. Aufl.

Duden: Etymologie. Herkunftswörterbuch der deutschen Sprache. Mannheim/Wien/Zürich 1989, 2. Aufl.

Duden: Fremdwörterbuch. Mannheim/Wien/Zürich 1990, 5. Aufl.

Duden: Sinn- und sachverwandte Wörter. Wörterbuch der treffenden Ausdrücke. München/Wien/Zürich 1986, 2. Aufl.

Duden: Das große Wörterbuch der deutschen Sprache in acht Bänden. Mannheim/Leipzig/Wien/Zürich 1993 ff, 2. Aufl.

Grimm, Jacob und Wilhelm Grimm: Deutsches Wörterbuch. 33 Bde. München 1984 (Nachdruck der Ausgabe Leipzig 1854 ff).

Klappenbach, Ruth und Wolfgang Steinitz (Hg.): Wörterbuch der deutschen Gegenwartssprache. 6 Bde. Berlin 1978, 9. Aufl.

Kluge, Friedrich: Etymologisches Wörterbuch der deutschen Sprache. Berlin/New York 1995, 23. Aufl.

Paul, Hermann: Deutsches Wörterbuch. Tübingen 1992, 9. Aufl.

Pfeifer, Wolfgang/Autorenkollektiv: Etymologisches Wörterbuch des Deutschen. München 1997, 3. Aufl.

Wahrig, Gerhard: Deutsches Wörterbuch. München 1996, 6. Aufl.

Duden online:

http://www.duden.bifab.de

Grimmsches Wörterbuch:

http://www.gedg.de/~uxaw

Dictionaries:

http://www.ims.uni-stuttgart.de/info/Dictionaries/html

Paderborn List of Dictionaries:

http://math-www.uni-paderborn.de/HTML/Dictionaries.html

Verzeichnis von Wörterbüchern und Lexika:

http://www.laum.uni-hannover.de/iln/bibliotheken/woerterbuecher.html

Sprachgeschichten

Boretzky, Norbert: Einführung in die historische Linguistik. Reinbek bei Hamburg 1977.

Eggers, Hans: Deutsche Sprachgeschichte. Band 1: Das Althochdeutsche und das Mittelhochdeutsche; Band 2: Das Frühneuhochdeutsche und das Neuhochdeutsche. Reinbek bei Hamburg 1986.

Moser, Hans, Hans Wellmann und Norbert Richard Wolf: Geschichte der deutschen Sprache. Heidelberg 1981.

Polenz, Peter von: Deutsche Sprachgeschichte vom Spätmittelalter bis zur Gegenwart. Berlin 1991.

Schmidt, Wilhelm: Geschichte der deutschen Sprache. Stuttgart 1996, 7. Aufl.

Schweikle, Günther: Germanisch-deutsche Sprachgeschichte im Überblick. Stuttgart 1990, 3. Aufl.

Sonderegger, Stefan: Grundzüge deutscher Sprachgeschichte. Berlin 1979.

Stedje, Astrid: Deutsche Sprache gestern und heute. München 1996, 3. Aufl.

Wells, Christopher J.: Deutsch. Eine Sprachgeschichte bis 1945. Tübingen 1990.

Wolff, Gerhart: Deutsche Sprachgeschichte. Tübingen/Basel 1994, 3. Aufl.

Fachzeitschriften

Man sollte sich gelegentlich Zeit nehmen, um einen Blick in die in den Bibliotheken ausliegenden Fachzeitschriften zu werfen. Denn hier kann man Aufsätze, Buchbesprechungen und Informationen finden, die den aktuellen Stand der Forschung und ihre Organisationsform dokumentieren. Auch theoretische Auseinandersetzungen über unterschiedliche Forschungsprogramme oder alternative Lösungsversuche strittiger Probleme finden oft in Zeitschriften ein besseres Forum als in abgeschlossenen Büchern. Zudem bieten Zeitschriften auch jüngeren Wissenschaftler/innen eine gute Möglichkeit, für ihre Erkenntnisse oder programmatischen Vorstellungen ein Publikationsorgan zu finden. D die meisten Zeitschriften von einzelnen Forschungsinstitutionen oder sprachorientierten Vereinigungen herausgegeben werden oder thematisch auf einen Schwerpunkt ausgerichtet sind, unterscheiden sich auch die entsprechenden Beiträge. Während zum Beispiel im «International Journal of American Linguistics», in «Language» und «Word» vor allem Beiträge im Rahmen des amerikanisch-strukturalistischen Paradigmas veröffentlicht werden, richten sich «Disskussion Deutsch» oder «Praxis Deutsch» an Deutschlehrer aller Schulformen in Ausbildung und Praxis. Mit ein wenig Übung entwickelt man bald einen sicheren Blick für das, was in den einzelnen Zeitschriften zu finden ist. Oft bietet schon der Titel einen programmatischen Hinweis auf die dominierenden Themenschwerpunkte und Zielvorstellungen.

Anthropological Linguistics, Bloomington (Ind.)
Archiv für das Studium der neueren Sprachen und Literaturen, Braunschweig; ab 1979 Berlin
Beiträge zur Linguistik und Informationsverarbeitung, München
Cahiers Ferdinand de Saussure (CFS), Genève; fortgesetzt als Revue de Linguistique Générale
Deutsch als Fremdsprache, Leipzig
Deutsche Sprache, Berlin/München/Bielefeld
Der Deutschunterricht, Seelze
Diskussion Deutsch, Frankfurt
Folia linguistica, Den Haag

Forschungsberichte des Instituts für deutsche Sprache Mannheim, Mannheim

Foundations of Language, Dordrecht

Germanistische Linguistik, Hildesheim

Indogermanische Forschungen, Berlin

International Journal of American Linguistics, Baltimore

Journal of Linguistics, London

Kopenhagener Beiträge zur Germanistischen Linguistik, Kopenhagen

Language, Baltimore

LiLi. Zeitschrift für Literaturwissenschaft und Linguistik, Göttingen

Lingua, Amsterdam

Linguistic Analysis, New York

Linguistic Inquiry, Cambridge (Mass.)

Linguistische Arbeiten und Berichte, Berlin

Linguistische Berichte, Braunschweig

Linguistische Forschungen, Wiesbaden

Muttersprache, Wiesbaden

Die Neueren Sprachen, Frankfurt

Osnabrücker Beiträge zur Sprachtheorie (OBST), Oldenburg

Poetica, München

Praxis Deutsch, Seelze

Sprachdienst, Wiesbaden

Die Sprache, Wien

Sprache im technischen Zeitalter, Stuttgart

Theoretical Linguistics, Berlin / New York

Wirkendes Wort, Bonn

Word, New York

Zeitschrift für Dialektologie und Linguistik (ZDL), Stuttgart

Zeitschrift für Germanistik, Berlin / Bern / Frankfurt

Zeitschrift für Germanistische Linguistik (ZGL), Berlin

Zeitschrift für Phonetik, Sprachwissenschaft und Kommunikationsforschung (ZPSK), Berlin; ab 1993 Sprachtypologie und Universalienforschung (STUF)

Zeitschrift für Sprachwissenschaft, Göttingen

Linguistic Journals:

http://www.sfs.nphil.uni-tuebingen.de / linguist / journals

The Web Journal of Modern Language Linguistics:

http://www.ncl.ac.uk / ~njw5

Verzeichnis der zitierten und erwähnten Bücher

Dieses Buch kann zwar keine vollständige Orientierung auf dem umfangreichen Feld der sprachwissenschaftlichen Tätigkeit bieten. Es hat in bestimmte Richtungen gewiesen und Hauptströmungen der Linguistik vorgestellt. Die abschließende Bibliographie kann deshalb nicht beanspruchen, alle wichtigen Veröffentlichungen zu allen Forschungsprogrammen und Schwerpunkten der Linguistik aufzuführen. Aber sie vermittelt doch einen umfassenden Blick auf den Reichtum sprachwissenschaftlicher Erkenntnis und dokumentiert die Bücher, die in der Geschichte und Gegenwart der Linguistik eine wegweisende oder systematisch zusammenfassende Rolle gespielt haben. Nicht zuletzt lassen sie auch die Einflüsse erkennen, die auf den Verfasser dieser *Orientierung* gewirkt haben, als er sich seinen Weg durch die linguistischen Erkenntnisanstrengungen, die Vielfalt sprachbezogener Probleme und die Mannigfaltigkeit der «Sprachspiele» bahnte. Im Unterschied zu Humboldts Einsicht, daß der sprachbegabte Mensch unendlichen Gebrauch von endlichen Mitteln machen kann, habe ich hier nur einen endlichen Gebrauch von unbegrenzten Angeboten gemacht.

Abraham, Werner: Linguistik der uneigentlichen Rede. Tübingen 1997.

Adamzik, Kirsten: Probleme der Negation im Deutschen. Münster 1987.

Ahlzweig, Claus: Muttersprache – Vaterland. Opladen 1994.

Aitchison, Jean: Wörter im Kopf. Tübingen 1997.

Albrecht, Jörg: Europäischer Strukturalismus. Tübingen/Basel 1988.

Ammon, Ulrich, Norbert Dittmar und Klaus J. Mattheier (Hg.): Sociolinguistics/Soziolinguistik, 2 Bde. Berlin/New York 1987/88.

Anrich, Ernst (Hg.): Die Idee der deutschen Universität. Darmstadt 1964.

Arens, Hans: Sprachwissenschaft. Freiburg/München 1969, 2. Aufl.

Austin, John L.: Zur Theorie der Sprechakte. Stuttgart 1972.

Barthes, Roland: Poétique de récit. Paris 1977.

–: Elemente der Semiologie. Frankfurt 1979.

Bátori, István und Heinz J. Weber (Hg.): Neue Ansätze in maschineller Sprachübersetzung. Tübingen 1986.

Bátori, István, Winfried Lenders und Wolfgang Putschke (Hg.): Computational Linguistics/Computerlinguistik. Berlin/New York 1989.

Bauer, Friedrich: Grundzüge der Neuhochdeutschen Grammatik für höhere Bildungsanstalten und zur Selbstbelehrung für Gebildete. Nördlingen 1850.

Bense, Elisabeth, Peter Eisenberg und Hartmut Haberland (Hg.): Beschreibungsmethoden des amerikanischen Strukturalismus. München 1976.

Benveniste, Emile: Probleme der allgemeinen Sprachwissenschaft. München 1974.

Bernstein, Basil: Studien zur sprachlichen Sozialisation. Düsseldorf 1972.

Bierwisch, Manfred: Probleme und Methoden des Strukturalismus. Frankfurt 1970.

Blanken, Gerhard (Hg.): Einführung in die linguistische Aphasiologie. Freiburg 1991.

Blanken, Gerhard, Jürgen Dittmann u. a. (Hg.): Linguistic Disorders and Pathologies. Berlin/New York 1993.

Bloomfield, Leonard: Language. London 1967.

Blumensath, Heinz (Hg.): Strukturalismus in der Literaturwissenschaft. Köln 1972.

Boas, Franz: Handbook of American Indian Languages. Washington, DC 1911.

Bopp, Franz: Über das Conjugationssystem der Sanskritsprache in Vergleichung mit jenem der griechischen, lateinischen, persischen und germanischen Sprache. Frankfurt 1816.

Borsche, Tilman: Wilhelm von Humboldt. München 1990.

Brinker, Klaus und Sven F. Sager: Linguistische Gesprächsanalyse. Berlin 1989.

Brinker, Klaus: Linguistische Textanalyse. Berlin 1992, 2. Aufl.

Brockman, Jan (Hg.): Die dritte Kultur. München 1996.

Buchholz, Ulrike: Das Kawi-Werk Wilhelm von Humboldts. Münster 1986.

Bühler, Karl: Sprachtheorie. Jena/Stuttgart 1993.

Campbell, Joseph: The Hero with a Thousand Faces. Princeton (N. J.) 1973.

Carroll, Lewis: Alice hinter den Spiegeln. Frankfurt 1975.

Chomsky, Noam: Aspekte der Syntax-Theorie. Frankfurt 1969.

–: Sprache und Geist. Frankfurt 1970.

–: Cartesianische Linguistik. Tübingen 1971.

–: Über Erkenntnis und Freiheit. Frankfurt 1973.

–: Strukturen der Syntax. The Hague/Paris 1973.

–: Reflexionen über die Sprache. Frankfurt 1977.

–: Regeln und Repräsentationen. Frankfurt 1981.

–: Sprache und Verantwortung. Frankfurt 1981.

–: Knowledge of Language. New York 1986.

–: The Minimalist Program. Cambridge (Mass.)/London 1995.

–: Probleme sprachlichen Wissens. Weinheim 1996.

Cölfen, Elisabeth, Hermann Cölfen und Ulrich Schmitz: Linguistik im Internet. Opladen 1997.

Coseriu, Eugenio: Textlinguistik. Tübingen/Basel 1994, 3. Aufl.

Davidson, Donald: Wahrheit und Interpretation. Frankfurt 1990.

Dijk, Teun A. van: Textwissenschaft. München 1980.

Dölling, Johannes (Hg.): Logische und semantische Aspekte der Negation. Berlin 1988.

Dosse, François: Geschichte des Strukturalismus. Band 1: Das Feld des Zeichens, 1945–1966. Hamburg 1996; Band 2: Die Zeichen der Zeit, 1967–1991. Hamburg 1997.

Dreyfus, Hubert L.: Die Grenzen künstlicher Intelligenz. Königstein 1985.

Dunant, Sarah (Hg.): The War of the Words. Reading 1994.

Eco, Umberto: Semiotik und Philosophie der Sprache. München 1985.

–: Apokalyptiker und Integrierte. Frankfurt 1986.

Eisenberg, Peter: Grundriß der deutschen Grammatik. Stuttgart 1986.

Erlich, Victor: Russischer Formalismus. München 1964.

Fanselow, Gisbert und Sascha W. Felix: Sprachtheorie 1. Tübingen/Basel 1997 (Nachdruck der 3. Aufl. 1993).

–: Sprachtheorie 2, Tübingen/Basel 1997, 4. Aufl.

Feyerabend, Paul: Wider den Methodenzwang. Frankfurt 1976.

Fishman, Joshua: Soziologie der Sprache. München 1975.

Fränkel, Hermann: Grammatik und Sprachwirklichkeit. München 1974.

Frank, Karsta: Sprachgewalt. Tübingen 1992.

Frege, Gottlob: Logische Untersuchungen. Göttingen 1986, 3. Aufl.

Freud, Sigmund: Gesammelte Werke, Band XIV. London 1948.

–: Zur Psychopathologie des Alltagslebens. Frankfurt/Hamburg 1954.

Fritz, Gert und Franz Hundsnurscher (Hg.): Handbuch der Dialoganalyse. Tübingen 1994.

Fromkin, Victoria A.: Errors in Linguistic Performance. New York 1980.

Frühwald, Wolfgang, Hans Robert Jauß, Reinhart Koselleck, Jürgen Mittelstraß und Burkhart Steinwachs: Geisteswissenschaften heute. Frankfurt 1991.

Galperin, P. J., Alexander N. Leontjew u. a.: Probleme der Lerntheorie. Berlin 1967.

Gauger, Hans-Martin, Wolf Oesterreicher, Helmut Henne, Manfred Geier und Wolfgang Müller: Sprachgefühl? Heidelberg 1982.

Gauger, Hans-Martin und Herbert Heckmann: Wir sprechen anders. Frankfurt 1988.

Geach, Peter: Reference and Generality. Ithaca (N. Y.) 1962.

Geier, Manfred u. a.: Sprachbewußtsein. Stuttgart 1979.

Geier, Manfred: Linguistische Analyse und literarische Praxis. Tübingen 1989.

–: Das Sprachspiel der Philosophen. Reinbek bei Hamburg 1989.

Gibson, William: Die Neuromancer Trilogie. Hamburg 1996.

Giese, Bettina: Untersuchungen zur sprachlichen Täuschung. Tübingen 1992.

Gipper, Helmut: Bausteine zur Sprachinhaltsforschung. Düsseldorf 1969, 2. Aufl.

–: Gibt es ein sprachliches Relativitätsprinzip? Frankfurt 1972.

Glück, Helmut und Wolfgang Werner Sauer: Gegenwartsdeutsch. Stuttgart 1990.

Godel, Robert: Les sources manuscrites du Cours de linguistique générale de Ferdinand de Saussure. Genf 1957.

Greenberg, Joseph H. (Hg.): Language Universals. Cambridge (Mass.) 1963.

Grewendorf, Günter (Hg.): Sprechakttheorie und Semantik. Frankfurt 1979.

Grewendorf, Günther, Fritz Hamm und Wolfgang Sternefeld: Sprachliches Wissen. Frankfurt 1987.

Grewendorf, Günther: Sprache als Organ – Sprache als Lebensform. Frankfurt 1995.

Habermas, Jürgen: Zur Logik der Sozialwissenschaften. Tübingen 1967.

Hansen, Detlef: Spracherwerb und Dysgrammatismus. München/Basel 1996.

Harris, Zellig S.: Methods in Structural Linguistics. Chicago 1951.

Heidegger, Martin: Was ist Metaphysik? Frankfurt 1975, 11. Aufl.

Heinemann, Wolfgang: Negation und Negierung. Leipzig 1983.

Heinemann, Wolfgang und D. Viehweger: Textlinguistik. Tübingen 1991.

Helbig, Gerhard und Helga Ricken: Die Negation. Leipzig 1975.

Helbig, Gerhard: Geschichte der neueren Sprachwissenschaft. Opladen 1989, 8. Aufl.

–: Entwicklung der Sprachwissenschaft seit 1970. Opladen 1990.

Henne, Helmut und Helmut Rehbock: Einführung in die Gesprächsanalyse. Berlin 1982, 2. Aufl.

Heringer, Hans-Jürgen (Hg.): Holzfeuer im hölzernen Ofen. Tübingen 1982.

Heyse, Johann Christian August: Theoretisch-praktische deutsche Grammatik oder Lehrbuch zum reinen und richtigen Sprechen, Lesen und Schreiben der deutschen Sprache. Hannover 1814.

Hielscher, Martina, Gert Rickheit und Ulrich Schade: Aphasie. Tübingen 1998.

Hindelang, Götz: Einführung in die Sprechakttheorie. Tübingen 1983.

Hjelmslev, Louis: Prolegomena zu einer Sprachtheorie. München 1974.

Hörmann, Hans: Einführung in die Psycholinguistik. Darmstadt 1991, 3. Aufl.

Holenstein, Elmar: Roman Jakobsons phänomenologischer Strukturalismus. Frankfurt 1975.

–: Sprachliche Universalien. Bochum 1985.

Holzkamp, Klaus: Sinnliche Erkenntnis. Frankfurt 1973.

Hülsen, Reinhard: Zur Semantik anaphorischer Pronomina. New York/Köln 1994.

Hughes, Robert: Political Correctness oder die Kunst, sich selbst das Denken zu verbieten. München 1994.

Humboldt, Alexander von: Ansichten der Natur. Stuttgart 1992.

Humboldt, Wilhelm von: Schriften zur Sprachphilosophie (Werke in fünf Bänden, Band III). Darmstadt 1963.

–: Gesammelte Schriften, Erster Band 1785–1795. Berlin 1968.

–: Bildung und Sprache. Paderborn 1985, 4. Aufl.

–: Mexikanische Grammatik. Paderborn 1994.

–: Über die Sprache. Tübingen/Basel 1994.

Jacobs, Joachim: Syntax und Semantik der Negation im Deutschen. München 1982.

Jäger, Ludwig: Zu einer historischen Rekonstruktion der authentischen Sprach-Idee Ferdinand de Saussures. Düsseldorf 1975.

Jäger, Ludwig und Christian Stetter (Hg.): Zeichen und Verstehen. Aachen 1986.

Jäger, Ludwig und Bernd Switalla (Hg.): Germanistik in der Mediengesellschaft. München 1994.

Jakobson, Roman und Morris Halle: Grundlagen der Sprache. Berlin 1960.

Jakobson, Roman: Kindersprache, Aphasie und allgemeine Lautgesetze. Frankfurt 1969.

–: Selected Writings II. The Hague 1971.

–: Form und Sinn. München 1974.

–: Hölderlin – Klee – Brecht. Frankfurt 1976.

–: Poetik. Frankfurt 1979.

–: Semiotik. Frankfurt 1992.

Janota, Johannes (Hg.): Methodenkonkurrenz in der germanistischen Praxis. Tübingen 1993.

Jespersen, Otto: Language. New York 1923.

Jones, Steven: CyberSociety. Thousand Oaks (Cal.) 1995.

Jost, Leonhard: Sprache als Werk und wirkende Kraft. Bern 1960.

Kaplan, David: Neurolinguistic and Linguistic Aphasiology. Cambridge (Mass.) 1987.

Kean, Marie-Louise (Hg.): Agrammatism. Orlando 1985.

Keller, Jörg und Helen Leuninger: Grammatische Strukturen – Kognitive Prozesse. Tübingen 1993.

Keller, Rudi: Sprachwandel. Tübingen/Basel 1994, 2. Aufl.

Keseling, Gisbert u. a.: Sprach-Lernen in der Schule. Köln 1974.

Klau, Peter: Das Internet. Bonn 1995.

Klemperer, Victor: LTI. München 1969.

Knobloch, Clemens: Sprache und Sprechtätigkeit. Tübingen 1994.

Koefer, Armin: Institutionelle Kommunikation. Opladen 1994.

Kretschmer, Bernd: Das Internet Dschungelbuch. Düsseldorf 1995.

Küper, Christoph: Linguistische Poetik. Stuttgart 1976.

Kürschner, Wilfried: Studien zur Negation im Deutschen. Tübingen 1983.

Kuhn, Thomas S.: Die Struktur wissenschaftlicher Revolutionen. Frankfurt 1967.

Kurz, Gerhard: Metapher, Allegorie, Symbol. Göttingen 1988, 2. Aufl.

Labov, William: Sprache im sozialen Kontext. Kronberg 1976/1978.

Lacan, Jacques: Schriften I/II. Olten/Freiburg 1973/1975.

Lang, Hermann: Die Sprache und das Unbewußte. Frankfurt 1973.

Lapp, Edgar: Linguistik der Ironie. Tübingen 1997, 2. Aufl.

Leischner, Anton: Aphasie und Sprachentwicklungsstörungen. Stuttgart 1979.

Lenneberg, Eric H.: Biologische Grundlagen der Sprache. Frankfurt 1972.

Leontev, Aleksej A.: Sprache, Sprechen, Sprechtätigkeit. Stuttgart/Berlin/Köln/Mainz 1971.

Leontjew, A.N.: Probleme der Entwicklung des Psychischen. Frankfurt 1973.

Lepschy, Giulio: Die strukturelle Sprachwissenschaft. München 1969.

Leuninger, Helen: Reflexionen über die Universalgrammatik. Frankfurt 1979.

–: Neurolinguistik. Opladen 1989.

–: Reden ist Schweigen, Silber ist Gold. München 1996.

Lévi-Strauss, Claude: Strukturale Anthropologie. Frankfurt 1969.

–: Strukturale Anthropologie II. Frankfurt 1975.

–: Mythologica I–IV. Frankfurt 1976.

–: Die elementaren Strukturen der Verwandtschaft. Frankfurt 1981.

Lorenzer, Alfred: Sprachzerstörung und Rekonstruktion. Frankfurt 1970.

Lucy, John A.: Language Diversity and Thought. Cambridge (Mass.) 1992.

Lurija, Alexander R. und F. J. Judowitsch: Die Funktion der Sprache in der geistigen Entwicklung des Kindes. Düsseldorf 1970.

Lyons, John: Einführung in die moderne Linguistik. München 1971.

Lyotard, Jean-François: Das postmoderne Wissen. Graz/Wien 1986.

Maas, Utz: Als der Geist der Gemeinschaft eine Sprache fand. Opladen 1984.

Malotki, Ekkehart: Hopi Time. Berlin 1983.

Marcuse, Herbert: Der eindimensionale Mensch. Neuwied/Berlin 1967.

Martinet, André: Grundzüge der Allgemeinen Sprachwissenschaft. Stuttgart 1963.

Marx, Karl und Friedrich Engels: Die deutsche Ideologie (1845/46). Marx-Engels-Werke Band 3. Berlin 1958.

Medvedev, Pavel: Die formale Methode in der Literaturwissenschaft. Stuttgart 1976.

Meringer, Rudolf und Karl Mayer: Versprechen und Verlesen. Stuttgart 1895 (Neudruck Amsterdam 1978).

Meyer-Abich, Adolf: Die Vollendung der Morphologie Goethes durch Alexander von Humboldt. Göttingen 1970.

Miller, George A.: Wörter. Frankfurt 1995.

Mitchell, William J.: City of Bits. Cambridge (Mass.)/London 1995.

Müller-Vollmer, Kurt: Wilhelm von Humboldts Sprachwissenschaft. Paderborn 1993.

Münker, Stefan und Alexander Roesler (Hg.): Mythos Internet. Frankfurt 1997.

Nabrings, Kirsten: Sprachliche Varietäten. Tübingen 1998.

Osgood, Charles E. und Thomas S. Sebeok: Psycholinguistics. Baltimore 1965.

Panse, Friedrich, Günther Kandler und Anton Leischner: Klinische und sprachwissenschaftliche Untersuchungen zum Agrammatismus. Stuttgart 1952.

Parmenides: Vom Wesen des Seienden. Frankfurt 1986.

Paul, Hermann: Prinzipien der Sprachgeschichte. Tübingen 1970.

Pérennec, Marie-Hélène: Pro-Formen des Deutschen. Tübingen 1996.

Peuser, Günter: Aphasie. München 1978.

– (Hg.): Brennpunkte der Patholinguistik. München 1978.

Pinker, Steven: Der Sprachinstinkt. München 1996.

Popper, Karl: Alles Leben ist Problemlösen. München 1994.

Porzig, Walter: Das Wunder der Sprache. Tübingen/Basel 1993, 9. Aufl.

Propp, Vladimir: Morphologie des Märchens. Frankfurt 1975.

Pusch, Luise: Das Deutsche als Männersprache. Frankfurt 1984.

–: Alle Menschen werden Schwestern. Frankfurt 1990.

Putnam, Hilary: Repräsentation und Realität. Frankfurt 1991.

Qian, Minru: Untersuchungen zur Negation in der deutschen Gegenwartssprache. Heidelberg 1987.

Rheingold, Howard: Virtuelle Gemeinschaft. Bonn 1994.

–: Virtuelle Welten. Reinbek bei Hamburg 1995.

Rickheit, Gert und Hans Strohner: Psycholinguistik. Tübingen 1997.

Ricœur, Paul: Die lebendige Metapher. München 1986.

Rötzer, Florian (Hg.): Die Telepolis. Mannheim 1995.

Samel, Ingrid: Einführung in die feministische Sprachwissenschaft. Berlin
1995.

Sapir, Edward: Die Sprache. München 1961.

Saussure, Ferdinand de: Mémoire sur le système des voyelles dans les
langues indo-européennes. Leipzig 1878 (Nachdruck Hildesheim 1987).

–: Grundfragen der allgemeinen Sprachwissenschaft. Berlin 1967, 2. Aufl.
(Neuauflage 1986).

–: Cours de linguistique générale. Kritische Ausgabe. Wiesbaden
1968/1974 (Nachdruck 1989).

–: Linguistik und Semiologie. Frankfurt 1997.

Scharf, Hans-Werner (Hg.): Wilhelm von Humboldts Sprachdenken. Essen
1989.

Scharf, Hans-Werner: Das Verfahren der Sprache. Paderborn 1994.

Scheerer, Thomas M.: Ferdinand de Saussure. Darmstadt 1980.

Schiller, Friedrich: Über die ästhetische Erziehung des Menschen in einer
Reihe von Briefen. In: Schiller dtv-Gesamtausgabe Band 19. München
1966, S. 5–95.

Schiwy, Günther: Der französische Strukturalismus. Reinbek bei Hamburg 1969.

Schlieben-Lange, Brigitte: Soziolinguistik. Stuttgart 1991, 3. Aufl.

Schmitz, Ulrich: Gesellschaftliche Bedeutung und sprachliches Lernen.
Weinheim/Basel 1979.

–: Computerlinguistik. Opladen 1992.

Schwarz, Monika: Einführung in die Kognitive Linguistik. Tübingen/Ba-
sel 1996, 2. Aufl.

Searle, John: Sprechakte. Frankfurt 1971.

–: Geist, Hirn, Wissenschaft. Frankfurt 1986.

Serner, Walter: Die Tigerin. München 1982.

Slocum, Jonathan (Hg.): Machine Translation Systems. Cambridge (Mass.) 1988.

Smith, George W.: Computers and Human Language. New York 1991.

Starobinski, Jean: Wörter unter Wörtern. Frankfurt/Berlin/Wien 1980.

Stechow, Arnim von und Wolfgang Sternefeld: Bausteine syntaktischen Wissens. Opladen 1988.

Sternberger, Dolf, Gerhard Storz und W. E. Süskind: Aus dem Wörterbuch des Unmenschen. Hamburg 1968, 3. Aufl.

Stetter, Christian: Schrift und Sprache. Frankfurt 1997.

Stevenson, Patrick (Hg.): The German Language and the Real World. Oxford 1995.

Stickel, Gerhard: Untersuchungen zur Negation im heutigen Deutsch. Braunschweig 1970.

Stone, Allucquère R.: The War of Desire and Technology at the Close of the Mechanical Age. Cambridge (Mass.)/London 1995.

Striedter, Jurij (Hg.): Texte der russischen Formalisten II. München 1972.

Sucharowski, Wolfgang: Sprache und Kognition. Opladen 1996.

Thibault, Paul J.: Re-reading Saussure. London/New York 1997.

Todorov, Tzvetan: Poetik der Prosa. Frankfurt 1972.

Trabant, Jürgen: Apeliotes oder Der Sinn der Sprache. München 1986.

–: Traditionen Humboldts. Frankfurt 1990.

Trier, Jost: Der deutsche Wortschatz im Sinnbezirk des Verstandes. Heidelberg 1931.

Trömel-Plötz, Senta (Hg.): Gewalt durch Sprache. Frankfurt 1984.

Trubetzkoy, Nikolai: Grundzüge der Phonologie. Prag 1939 (Göttingen 1989, 7. Aufl.).

Turkle, Sherry: Leben im Netz. Reinbek bei Hamburg 1998.

Ulkan, Maria: Zur Klassifikation von Sprechakten. Tübingen 1992.

Vater, Heinz: Einführung in die Textlinguistik. München 1992.

Vaughan-Nichols, Steven: Inside the World Wide Web. Indianapolis 1995.

Vogler, Christopher: The Writer's Journey. Studio City (Cal.) 1992.

Wahl, François: Einführung in den Strukturalismus. Frankfurt 1973.

Weinrich, Harald: Linguistik der Lüge. Heidelberg 1966.

Weisgerber, Leo: Deutsches Volk und deutsche Sprache. Frankfurt 1935.

–: Von den Kräften der deutschen Sprache. Vier Bände. Düsseldorf 1949–1954.

Welbers, Ulrich (Hg.): Das Integrierte Handlungskonzept Studienreform. Neuwied/Kriftel/Berlin 1997.

Welke, Klaus (Hg.): Sprache – Bewußtsein – Tätigkeit. Berlin 1986.

Whorf, Benjamin Lee: Sprache, Denken, Wirklichkeit. Reinbek bei Hamburg 1963 (21. Aufl. 1997).

Wiedenmann, Nora: Versprecher und die Versuche ihrer Erklärung. Trier 1992.

Wiener, Norbert: Kybernetik. Reinbek bei Hamburg 1968.

Winograd, Terry und Fernando Flores: Erkenntnis Maschinen Verstehen. Berlin 1989.

Wittgenstein, Ludwig: Schriften. Frankfurt 1960.

–: Vermischte Bemerkungen. Frankfurt 1977.

Wunderli, Peter: Ferdinand de Saussure und die Anagramme. Tübingen 1972.

Wunderlich, Dieter (Hg.): Linguistische Pragmatik. Frankfurt 1972.

Wunderlich, Dieter: Studien zur Sprechakttheorie. Frankfurt 1976.

Wygotski, Lew S.: Denken und Sprechen. Stuttgart 1969.

Zimmer, Dieter E.: So kommt der Mensch zur Sprache. München 1996, 3. Aufl.

Berufsfelder

Die Zeit, in der das Studium auf eine lebenslange Berufsperspektive vorbereitet hat, ist vorbei. Es gibt keine Garantie mehr, nach einem erfolgreichen Studienabschluß einen angemessenen Arbeitsplatz zu finden. Akademiker-Arbeitslosigkeit ist zu einem sozialen Problem geworden. Doch diese unsichere Situation sollte kein Grund sein, auf ein geisteswissenschaftliches Studium zu verzichten, wenn man über die dazu nötige Lust, Energie und Voraussetzung verfügt. Denn ganz so schlecht, wie viele beklagen, denen das Studium von Sprach- und Literaturwissenschaften, von Informations-, Medien- und Kommunikationstheorie nur als eine ‹unnütze› geistige Beschäftigung ohne praktischen Nutzen erscheint, ist die Situation ja nicht. Gerade die zunehmende Reduzierung des produktiven Sektors zugunsten linguistischer, kommunikativer, medialer und informationeller Dienstleistungen hat neue Berufsmöglichkeiten entstehen lassen. Stichwortartig seien einige Bereiche aufgeführt, in denen sprach- und kommunikationsrelevante Berufsfelder existieren.

Zentral ist noch immer der Bereich der *Bildung*. Staatsexamen qualifizieren für Lehrämter im Schulsektor. Eine Dissertation eröffnet eine Chance, in der universitären Forschung und Lehre tätig zu werden. Magisterabschlüsse bieten die Möglichkeit, in der öffentlichen Kultur- und Wissenschaftsverwaltung arbeiten zu können, in der Erwachsenenbildung (Volkshochschule), in nichtstaatlichen Bildungsorganisationen (Parteien, Gewerkschaften, Kirchen, Wirtschaftsverbände) oder im Berufsfeld «Deutsch als Fremdsprache», sei es im Rahmen eines Auslandslektorats oder innerhalb der Sprachschulung für fremdsprachliche Mitbürger im eigenen Land.

Medien benötigen nicht nur gute Entertainer, sondern auch qualifizierte Sprach- und Literaturwissenschaftler/innen. Publizistische Berufe gibt es in den Printmedien (Presse, Buch- und Zeitschriftenverlage). Medien- und Kommunikationspädagogen werden gebraucht, um den Vermittlungsprozeß zu effektivieren oder zu reflektieren. Auch die Neuen Medien, die in der Informationsgesellschaft eine zunehmend wichtigere Rolle spielen, bieten neue Arbeitsfelder vor allem für Linguisten, die die nötigen Techniken beherrschen.

Im *Kulturbetrieb* ist auf gut ausgebildete Geisteswissenschaftler nicht zu verzichten, wenn er nicht zu einer völlig geistlosen Unterhaltungsmaschinerie werden will. Theater, Film, Funk und Fernsehen sind auf Innovationen angewiesen, an denen Sprach- und Literaturwissenschaftler mitwirken können. Auch Jugendarbeit und Kulturmanagement sind mögliche Berufsfelder.

Zunehmend hat die *freie Wirtschaft* die Qualifikationen von Hochschulabsolventen zu schätzen gelernt, die über mündliche und schriftliche Ausdrucksfähigkeit verfügen; die durch die Auseinandersetzung mit verschiedenen Lehrmeinungen in Alternativen zu denken gelernt haben; die sich in fächerübergreifenden, interdisziplinär ‹vernetzten› Zusammenhängen bewegen können; die aufgrund der Freiräume des Studiums selbständiges Arbeiten erprobt haben; die über Kommunikationsfähigkeit, Teamgeist, Flexibilität und soziale Kompetenz verfügen. Überall dort, wo Aspekte der Unternehmenskultur, -psychologie und -kommunikation als Zusatzschlüssel zum Erfolg erkannt werden, gewinnen die sogenannten K&K-Berufe (Kommunikation und Kreativität) an Bedeutung. Durch «Sekundäre Dienstleistungen» (Betreuen, Beraten, Ausbilden, Weiterbilden, Informieren, Planen) soll der menschliche Geist gefördert und intensiviert werden, um die Produktion zu verbessern. Verkaufs-, Führungs- und Messetrainings sowie Seminare zur Präsentation, Moderation und Teamentwicklung befinden sich zunehmend in geisteswissenschaftlicher Hand.

Die *Sprachtechnologie* gehört zu den Wachstumsbranchen der Zukunft. Die Neuen Medien, in denen Telekommunikation, Computertechnologie und herkömmliche Medien zusammenwachsen, nehmen einen immer größeren Platz in der Medien- und Informationsgesellschaft ein. Linguistische Informationswissenschaft und Computerlinguistik, linguistische Daten- und Textverarbeitung, technologische Spracherkennung und -produktion expandieren. Auch die Entwicklung Künstlicher Intelligenz und automatischer Sprachübersetzung erfordert spezifische Qualifikationen im sprachwissenschaftlichen Bereich.

Sprachdiagnostik und *-therapie* gewinnen in dem Maß an Bedeutung, in dem sich die Schere zwischen sprachlichen Anforderungen und Störungen öffnet. Legasthenie, Analphabetismus, Sprachentwicklungsstörungen und sprachpathologische Ausfälle sind zu gesellschaftlichen Problemen geworden, zu deren Lösung linguistisch kompetente Fachleute beitragen können.

Diese Hinweise bieten zwar keine Sicherheit für eine erfolgreiche Karriere. Aber sie plädieren doch dafür, daß man sich nicht allzu bange machen lassen sollte, wenn man sich dafür entscheidet, zwischen Schule und Beruf einige Jahre mit einem Studium zuzubringen, in dem Sprache und Sprachvermögen im Mittelpunkt stehen. Wer sich für genauere Informationen interessiert, kann dazu eine Reihe von Veröffentlichungen hinzuziehen, die von Praktikern und Bildungsforschern geschrieben wurden oder von Institutionen des Arbeitsmarkts angeboten werden.

Blätter für Berufskunde, hg. von der Bundesanstalt für Arbeit (Postfach/ 90478 Nürnberg, oder erhältlich bei den örtlichen Arbeitsämtern):
Heft 3 – XH04 – Sprachwissenschaftler/-in, Computerlinguist/-in, Phonetiker/-in;
Heft 3 – XH01 – Germanist/Germanistin;
Heft 3 – IIIA01, B01, C01 – Lehrer an Grund- und Haupt-, Realschulen, Gymnasien;
Heft 3 – XH03 – Neusprachlicher Philologe.

abi – Berufswahl-Magazin, hg. von der Bundesanstalt für Arbeit (zehnmal jährlich).

Beyer, Heinz-Jürgen und Anne-Katrin Nörenberg: Sprach- und Literaturwissenschaften. München 1995, 2. Aufl., Kapitel 1.11.

Deters, Jürgen und Carsten Winter: Karriere in der Medienbranche. Frankfurt/New York 1997.

Gallo, Claudio (Hg.): Freie Laufbahn. Berufe für Geisteswissenschaftler. Mannheim 1996, 2. Aufl.

Härle, Gerhard und Uwe Meyer: Studienführer Germanistik. München 1997, 2. Aufl., Kap. 5.

Hochschulrektorenkonferenz (Hg.): Weiterführende Studienangebote an den Hochschulen der Bundesrepublik Deutschland. Bonn 1993, 9. Aufl.

Informationsdienst «Arbeitsmarkt Bildung/Kultur & Sozialwesen» beim Wissenschaftsladen Bonn, Buschstr. 85, 53113 Bonn, Fax: 0228/265287, Tel.: 0228/201610 (erscheint wöchentlich); http://www.wilabonn.de

Konegen-Grenier, Christiane: Berufschancen für Geisteswissenschaftler. Köln 1997 (= Beiträge zur Gesellschafts- und Bildungspolitik Bd. 216, hg. vom Institut der deutschen Wirtschaft Köln).

UNI Magazin. Perspektiven für Beruf und Arbeitsmarkt, hg. von der Bundesanstalt für Arbeit (erscheint monatlich); http://www.unimagazin.de

Namenregister

Eine Auswahl